言不必称希腊

NOT NECESSARY TO INVOKE ALWAYS GREECE

以图证史（上）

从希腊出发
追索西方虚构历史

河清 著

中国大百科全书出版社

图书在版编目（CIP）数据

言不必称希腊 / 河清著. —北京：中国大百科全书出版社，2024.1

（以图证史：上）

ISBN 978-7-5202-1460-5

Ⅰ.①言… Ⅱ.①河… Ⅲ.①文化史—古希腊—通俗读物 Ⅳ.①K125-49

中国国家版本馆CIP数据核字（2023）第221698号

出 版 人	刘祚臣
策 划 人	郭银星
责任编辑	常晓迪
特邀审读	辛晓征 战 歌
校 对	马 跃
责任印制	李宝丰
封面设计	王 薇 王 不
版式设计	博越创想
出版发行	中国大百科全书出版社
地 址	北京阜成门北大街 17 号
邮 编	100037
网 址	http://www.ecph.com.cn
印 刷	北京君升印刷有限公司
开 本	710 毫米×1000 毫米 1/16
字 数	1025 千字（上下册）
印 张	61（上下册）
版 次	2024 年 1 月第 1 版
印 次	2024 年 3 月第 4 次印刷
定 价	198.00 元（上下册）

西方"历史"（history）可谓"他的故事"（his-story）

——笔者

目录

行旅现场引发的疑问

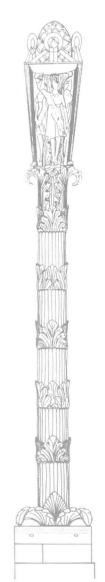

源远流长的西方历史、考古和文物造假

引子

今年正月，大年初四到十八（2019 年 2 月 8—22 号），我背包客一人，终于去了早就该去的希腊。2015 年，我由东向西去了伊朗和土耳其。这一回继续向西，完成了亚欧交界处的三国游。

从拙著《艺术的阴谋》2005 年出版算起，已长期没写书了。闲云野鹤，悠游湖畔，习惯了。一直自责太懒，没有把游历伊朗和土耳其的见闻经历写出来。但这一次，在离开希腊的前一天晚上，忽然下了决心要把这次希腊行记写出来。

因为在希腊的这 13 天，几乎每天都被震撼，每天都受刺激，而且是创伤性刺激（traumatisme）！

印象中，民国时期爱用音译西语名词，灵感（inspiration）一词，好像被译成"因斯霹雷训"之类。我几乎天天都因斯霹雷，霹雷得我外焦内糊，七窍生烟。

希腊的博物馆里，太多簇新簇新的东西，但标注的都是公元前几百、几千年的"古物"。任何物件总是要放在空气里、地下或水中吧，而这些"古物"居然毫无几千年时间留下的痕迹！

陶罐总要有点尘垢，铜器总要有点铜绿蚀痕，大理石雕像总要有点破旧老化吧……没有！崭新崭新。

古希腊从神话到历史，从未闻有什么厚葬的文化。为什么迈锡尼——一个很小的石头寨子，可以出土那么多的随葬品？金山银山啊。

古希腊号称"世界中心"的德尔菲城，为什么是建在一个鸟不拉屎的荒凉高山的陡坡上，小得连村庄都算不上，怎么可能是世界中心？

那些几千年的"古物"，不仅新，而且数量多，满展柜满展柜的，经常是体量巨大……惊心动魄，太震撼了！

事实上，从第一天看完卫城，走进卫城博物馆开始，我就开始受到惊吓。展区首先看到的，是一尊标为"前8世纪"，但却是崭新崭新的大陶罐。我的眼睛开始不适应了。

是自己眼睛坏了？还是这件陶罐过了2700多年，真的就是这么新？

继续往前走，成百上千的陶器件件都是那么新，件件标注都是公元前（BC）几百年……终于我开始怀疑起这些古物的真假来。

30多年前1985年，我考上浙江美术学院研究生，西方美术史专业。读到西方艺术史的开宗者、德国人温克尔曼称赞古希腊艺术的名句——"高贵的简洁，静穆的伟大"（noble simplicity, quiet grandeur），心中涌起的那个崇高啊，那份敬仰啊久久不能平歇。

对于古希腊艺术的时代序列，不敢说像小和尚念经那样背诵如流，那也是相当的熟悉：几何风格（前900—前700年）、东方风格（前700—前600年）、古风时代（前600—前480年）、古典时代（前480—前323年），最后是希腊化时代（前323—前31年）。

古希腊花瓶的样式也熟记于心。除了几何风格和东方风格，还有黑绘式（前625—前500年）、红绘式（前500—前300年），以及看上去挺好看其实是用于墓葬的白底绘冥瓶……

那时看的都是画册，图片拍得很精美。我们年轻，心思也单纯，都相信书。书上标什么年代，就信是什么年代。没得说。

如今来到希腊，看到实物了，亲临那些鼎鼎大名、如雷贯耳的古希腊遗址，发现反差太大，终于疑窦丛生。

毕竟人是有眼睛，有常识的。我本是艺术史专业，中国两三千年历史的文物也看过不少。虽不是考古鉴定的专业人士，终究还有普通人的常识。对，就是常识，普通人的常识。

希腊博物馆和古代遗址给你的信息，离常识实在太远，太离谱，让人不得不起疑心怀疑它。

其实最近这些年，我对西方历史已经有所怀疑。只是没想到希腊的博物馆，将如此多崭新物品一律标为"公元前"，脱离常识已经到了，说得难听点，叫令人发指。

另一个没想到的，希腊地理自然环境的贫瘠，超出了我以前的想象。去之前，已知道希腊国土80%是高山山地，是欧洲最多山的国家（图1）。去了之后，尤其去了伯罗奔尼撒半岛，才真切感受到，这个人称欧洲文明发源地

图1 希腊80%是高山山地，伯罗奔尼撒半岛大部分是高山

引子

的国家，竟然大部分都是荒凉贫瘠人稀的地区（人口刚过 1000 万），根本不具备原生人类重大文明的地理条件和人口条件。

本书分为上下两册。

上册　言不必称希腊

包括行旅现场引发的疑问和源远流长的西方历史、考古和文物造假两部分文字。

第一部分是逐日记录，先来让读者跟随我游希腊，分享我在这 13 天里的即兴感想，在博物馆和遗址现场生发的疑问。

是游记？算是。但也是一部拷问眼睛、追究常识、怀疑神圣的思索日记。

我在博物馆即兴而起的怀疑，感觉展品不对劲，读者会觉得这些怀疑缺乏根据。西方人不会如此造假吧？不要急，先不忙下结论。暂时让这种似乎没有根据的怀疑慢慢积累，让这种不对劲的感觉慢慢发酵。

我也不想立即说服读者。先跟着我一起看，一起分享我"现场的疑问"。

当然，写书过程中发现新证据，也回头追补了一些明确否定。

第二部分是从希腊出发，看西方和世界历史。从一种更大的时空范围，来追究希腊和世界其他地区的遗址和文物，分析此中真伪，发现破绽和证据。

我们会发现，西方历史造假、考古造假和文物造假源远流长。

西方古代历史原本是一片空白。只是从 15—16 世纪开始，西方人为了给自己修家谱，就给自己编造了一个辉煌灿烂的古希腊古罗马祖宗。祖宗和自己之间隔了 1000 年，不好意思，只好说"黑暗的中世纪"。

古代欧洲，是一片马赛克碎片般的氏族社会。没有统一的行政管理国家，没有统一的语言，小国寡民，氏族部落忽兴忽灭。也没有时间概念，没有像中国那样有专门的史官来记录历史。没有时间的起点和坐标，打打杀杀，而且还没有纸张等载体，全无记录历史的可能。

许多西方学者承认，西方古代历史是近代伪造，都是在中国纸张传到西方以后才编撰出来。

17 至 18 世纪法国耶稣会士让·阿尔端（Jean Hardouin，1646—1729）公开表示：除少数例外，"所有古希腊古罗马历史的古典著述都是假的！都是13 世纪的僧侣们杜撰出来的……希腊语版本的《旧约》和《新约》也是后来伪造。"（维基百科法文版）一句话把西方古代历史全部推倒！

19 至 20 世纪瑞士历史学家罗伯特·巴尔多夫（Robert Baldauf）同样语出惊人："我们的（古）罗马人和希腊人，原都是意大利人文主义者！"（Our Romans and Greeks have been Italian humanists）直接戳破：今天所谓"古希腊历史""古罗马历史"，都是 15 世纪意大利人文主义者虚构出来的。

西方历史造假，正被越来越多的西方学者所揭露。

19 世纪，为了证明自己的祖宗，证明自己祖宗在古代曾经阔过，西方弄出了一门现代田野"考古学"。之所以要搞这种考古学，就是因为西方缺少像中国那样连绵不断的古籍，只得挖地下的"文物"，发现地上的"遗址"，来证明自己的古代历史。然而，这个考古学从一开始就不靠谱，显得像一门伪造古物的"造古学"：

西方考古学的开山祖、德国人施里曼（H. Schliemann），是一位只上过三年学的土豪。他先是到美国淘金矿开银行，后来与俄罗斯做军火生意发了大财。因为他从小热爱荷马史诗，所以发迹后，一心要找到特洛伊城。

1870 年，他在土耳其一位英国朋友购买的土地上一挖……哇欧，找到了特洛伊城的遗址！

之后他来到希腊伯罗奔尼撒半岛一座荒凉的高山脚下一挖……哇欧，挖到了阿伽门农的墓！

西方现代考古学第二号人物英国人伊文思（A. J. Evans），闻风向施里曼请教，1900 年也跑到希腊克里特岛买了一块地，往下一挖……哇欧，挖到了希腊神话米诺斯王宫的迷宫！

西方现代考古学就这样开场了。

希腊神话和荷马史诗，并非是历史。荷马这个人是否存在过，西方学界也无定论。据说他是个盲人，生活于前 9 世纪。盲人荷马，据说曾在特洛伊废墟间行吟……

西方考古学要把希腊神话和荷马史诗考证为历史，简直就是把《封神榜》《镜花缘》中的演义人物，考证为真实历史人物。

没关系，重要的是传说。有了传说，就可以用考古学加以证明，然后就成为"历史"。

传说＋考古＝历史

传说支持考古，考古印证传说，循环论证。

传说虚无缥缈，给"造古"留下了巨大的空间。传说中的事谁也没见过，没有实证。只要指认或者制造一个"考古发现"，说成古迹就行。

除了古希腊考古，西方还有一门专门的"圣经考古学"：把圣经考证为历史。所以，西方人不仅到希腊"发掘"遗址，还耗费大量财力物力，去埃及、两河（亚述巴比伦）和波斯等地，搞圣经考古。所谓埃及学、亚述学等，相当意义上是为了证明《圣经》是历史。

西方文物造假，更是历史悠久。从14—15世纪意大利人伪造"古代抄本"卖钱，米开朗琪罗率先造假售卖古代雕塑以来，西方文物造假与时俱进，生意兴隆。

善良的中国人，历来尊重书。一般都相信，只要书上写的那都是真的。而西方历史造假、考古造假和文物造假，编写伪史，制造假知识，肆无忌惮无底线，远远超出了中国人的想象……

下册 光从中华来

都说世界有"四大文明古国"。但人们基本不去深究一个简单的地理事实：其他三条河的文明都处于高温热带沙漠气候（图2），不适宜于农业。

而农业文明是人类文明的基础。没有农业文明为基础，哪能产生什么其他文明成果？上天眷顾中华，唯有中国的黄河长江这个世界上最大的两河流域，是一块真正肥沃的膏腴之地，养育出了人类最主要的古代农业文明。

尤其是，埃及尼罗河三角洲和两河巴比伦苏美尔地区，4000—5000年前都是大海。印度河流域的"古印度文明"遗址，是英国殖民官员约翰·休伯特·马歇尔（J. H. Marshall）在19世纪20年代才新建伪造。这三个"古代文明"都是西方为了矮化中华文明而虚构出来的。

历史的真相是：中华大地是人类文明的主要发源地。

中华文明不仅向东传播到朝鲜和日本，向南传布南洋，也向西传播至波斯阿拉伯，直抵欧洲。

中华文明西传，首先是华夏族裔西迁。

匈奴西迁欧洲，西突厥人西迁西亚，蒙古人西征中西亚直至欧洲，是北方中华族裔向西迁徙最著名的三波。

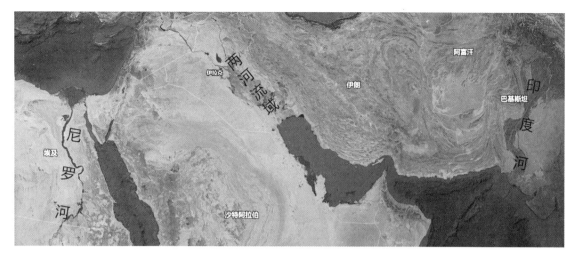

图2　三条"古文明"之河都属于高温热带沙漠气候

　　原居住于甘肃敦煌祁连山地区的中华族裔大月氏人，败于匈奴后，向西迁至中亚乌兹别克斯坦地区，继而南下到大夏（阿富汗），占罽宾（巴基斯坦北部），最后进入印度，创建贵霜王朝。这段历史，《汉书》《后汉书》记载得清清楚楚，无可置疑。是中华大月氏人开创了犍陀罗和古印度地区的文明。后来突厥化的蒙古人也沿同样路径去印度：16世纪在印度建立的所谓"莫卧儿王朝"（Mogul Empire），其实是"蒙古王朝"。

　　另一支同样居住于河西走廊甘肃昭武县的华夏族裔，也西迁至中亚乌兹别克斯坦地区，在那里建立九个小国。为了不忘故土不忘本，都以昭武为姓。所以今天中亚的那块地方，南北朝时被称为"昭武九姓"。（图3-上）

　　昭武九姓地区有一个小两河流域：药杀水和乌浒河（锡尔河和阿姆河），被称为"河中地区"，土地肥沃，有农业。

　　中华文明从汉代起，就往西影响昭武九姓地区。中国的天文学、数学、医学、造纸术等向西传播，首先第一站是来到昭武九姓地区。这个地区受到中华文明的直接影响。

　　唐代更是把这块地方，今天中亚四个斯坦（塔吉克、吉尔吉斯、乌兹别克、土库曼）的大部分，加上哈萨克斯坦南部，直接囊括进了中华版图。还占了波斯一部分，设波斯都督府。（图3-下）

　　在宋朝，这个地区经历了喀喇汗国和契丹人西辽的统治。喀喇汗国王可

唐朝占据中亚昭武九姓

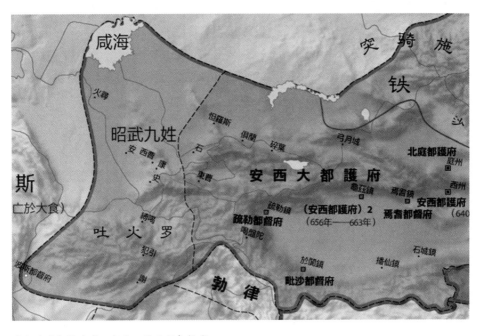

唐朝全盛期辖波斯一部分，设波斯都督府

图3

　　　　　　　　言不必称希腊——以图证史（上）

宋朝时，喀喇汗王朝认同"秦"（中国）　　　契丹人的西辽，高度汉化

图4

汗自称"桃花石汗"，"秦之王"即"中国君主"的意思，昭告此地属于中国。契丹人的西辽王朝也高度汉化（图4），西辽皇帝耶律大石施行中华文教，以致西域人民把这块地方以及更东边的中华大地，都叫做契丹，长期用契丹来称呼中国。至今俄罗斯人仍然称中国为"基丹"。

在元朝，昭武九姓地区属于蒙古人的察哈台汗国，也属于中国文化圈。

波斯人则称这块地方为"图兰"，意思就指中国（图5-左）。普契尼歌剧《图兰朵》，意即"中国公主"：图兰就指中国，朵即公主。

从唐代算起到元朝末，昭武九姓地区直接受中华文明教化，属于中国文化圈近700年，在文化上堪称"第二中国"。

法国前总理德·维尔潘（D. de Villepan）所著《另一个世界》坦认：阿维森纳（Avicenna）是西医祖宗；花拉子米是西方数学祖宗；比鲁尼是西方天文学祖宗[①]。这三人都是昭武九姓地区人，实际上是受到了中华文明的化育。尤其阿维森纳阿拉伯本名叫伊本·西那——Ibn Sina，直接是"中国之子"的意思！

13世纪蒙古人西征，忽必烈的弟弟旭烈兀在波斯（伊朗）建立伊尔汗国，疆域包括伊拉克两河流域，叙利亚北部，还有大半个土耳其（图5-右）。在这片从波斯直抵地中海的辽阔土地上，旭烈兀大力引进中华文明，请来了大量中国学者和工匠建造天文台，设立图书馆，引进中医中药和中国绘画……

① 德·维尔潘，168页。

波斯人称昭武九姓地区为图兰，即指中国　　蒙古人在波斯建立伊尔汗国，大力引进中华文明

图5

图6　西欧是亚欧大陆西端的一个半岛，长期处于人类文明的边缘

13至14世纪，整个波斯伊尔汗国兴起"中国热"，将中华文明的影响直接推至地中海，宛然有"第三中国"之意。

14至15世纪，中华文明之风再往西播，那里是欧洲，已是"第四中国"！

把欧洲称为"第四中国"，并非我发明。法国著名学者安田朴（Etiemble），1989年出版《中国的欧洲》（L'Europe Chinoise），阐明自16世纪欧洲耶稣会士"发现"中国之后，将大量中华文明成果搬回欧洲，以致欧洲应该称为"中国的欧洲"。

中华文明递进西传，还可以表述为"三个两河流域说"。人类文明主要发源于黄河长江"大两河流域"，向西传播经过中亚"小两河流域"，再经过伊拉克"中两河流域"，最终传向欧洲……

欧洲其实是亚欧大陆的一个半岛。法国诗人瓦雷里曾称欧洲是"亚洲的一个小海角"（petit cap de l'Asie）（图6）。

正是有了蒙古人西征，使亚欧大陆东西两端交通空前畅通（马可波罗来

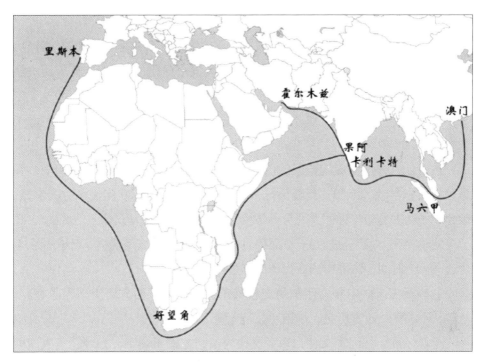

图 7　1513 年葡萄牙人阿尔瓦雷斯开创欧洲直通中国航线——西方"现代新生"的生命线

中国），中华文明之光，经由昭武九姓、波斯阿拉伯，照亮了当时处于荒蛮状态的欧洲。

中华文明，以波斯阿拉伯文明为中介，催生了西方现代文明。这一历史事实，任何客观的西方历史学家都不否认。

1513 年葡萄牙人若热·阿尔瓦雷斯（Jorge Álvares）来到中国珠江口，是第一个来到中国的近代欧洲人，开辟了欧洲直达中国的海路航线（图 7）。由此开启了西方"发现中国"的时代，具有划时代意义。

1513 年是个分界线。之前，中华文明都是陆路（陆上"一带"），通过波斯阿拉伯地中海，也通过俄罗斯东欧平原，缓慢影响欧洲。

之后，16 世纪末开始来华的耶稣会士，通过海路（海上"一路"），快速搬取中华文明科技知识回欧洲，直接激发大西洋五国——葡萄牙、西班牙、荷兰、法国和英国，在 17 世纪的现代崛起。

海上"一路"构成欧洲大西洋五国快速搬取中华文明成果的生命线。

历史上，中国通向西方的丝绸之路，远不止运输丝绸，根本上是一条文明传播之路。

李约瑟煌煌 15 卷《中国科学技术史》，安田朴《中国的欧洲》，德国历史学家贡德·弗兰克《白银资本——重视经济全球化的东方》，英国历史学家约翰·霍布森《西方文明的东方起源》，法国学者雅克·布罗斯《发现中国》……等著作，都详实地证明，大量被认为是欧洲发明的东西其实是源于东方，起源于中国。

然而，西方不仅虚构自己的历史，还处心积虑贬低中华文明的历史。先是蛊惑日本学者，炮制"尧舜禹抹杀论"。继而 19 世纪 20 年代在中国学界，掀起一场疑古运动：称"大禹是一条虫""三皇五帝全部是汉朝人伪造的""孔子可能不存在""老子是假的""屈原是假的"。什么什么是伪书，什么什么是伪造……一时间，仿佛中国古代历史都是假的。

这些疑古派对中华文明的历史极其苛刻，而对于西方历史则无限宽容。他们从不敢怀疑西方历史，哪怕明显是无稽之谈的传说。

不敢怀疑，是因为文化自卑。文化自信，才敢于怀疑。如今，国人渐渐恢复文化自信。对不合常识的西方历史，终于开始去怀疑。

感谢网络时代，我们可以直接查阅国外大学和图书馆的电子书，可以寻获大量闻所未闻的西方古籍插图和历史照片。

本书采用"以图证史"的方法，从艺术史的角度去考证西方古代建筑、雕塑、文物和遗址，用大量历史图片证明大量西方"古代"遗址都是近现代伪造。由是冠"以图证史"为上下册总名。

同时让大家来看图片，那些埋在地下 4000—5000 年而不化的楔形文字"泥板"，那些从埃及沙漠古代垃圾堆里扒拉出来的莎草纸残片，那些号称有数千年历史的"文物"……大家用常识来判断，以图辨伪。

以图证史，以图辨伪，直观明了。

笔者质疑西方古代历史，绝不意味否定 18—19 世纪以来西方现代科技文明的巨大成就，绝不否认西方现代文明为人类做出的重大贡献。

本书只是质疑西方虚构自己的古代历史，把西方打扮成自古就文明、自古就辉煌高大上的假象。

重点是揭示，西方不惜耗费巨资，到处伪造古代遗址，甚至还到美洲去布迷魂阵，拔高古埃及、古两河和古印度文明，把这三个"古文明"历史推到比中华文明更古老，中国成了所谓"四大文明古国"历史最年轻的一个，意在搅乱世界历史真相，弱化中华文明的光辉。

西方虚构历史、伪造古代遗址的唯一目的，就是贬低中华文明。

这就是历史的阴谋。

行旅现场引发的疑问

我在希腊13天的行程路线是：雅典2天，跟旅行团大巴4天（科林斯，埃皮达鲁斯，迈锡尼，奥林匹亚，德尔菲，温泉关，岩上修道院），克里特岛3天，斯巴达1天，坐火车北上萨塞洛尼基2天，飞机回雅典，傍晚离开雅典回国，基本上把古希腊文明的重要遗址和博物馆都跑了一遍（图8-左）。

　　这次去希腊，主要目的就是考察。旅游热门的圣托里尼岛，原本也是想在去克里特岛的行程中路过一下。但在冬季从圣托里尼岛去克里特岛没有船，只好来回直飞克里特。心想，一个旅游的岛，不去也无所谓。但后来看雅典国立考古博物馆，发现圣托里尼岛也有一个被火山掩埋的古代遗址，所谓"爱琴海的庞贝"，有"锡拉文明"！唉唉，还是一个遗憾。

2019年2月9至21日行程　　　　　　　　拜伦肖像《我是希腊人》

图8

原来想过乘坐公共交通去各个景点，一天看一个。后来担心景点之间公交未必方便，就在马蜂窝旅行网预定了一个四日行旅行团。行程很紧凑，除了最后一站"天空之城"（岩上修道院）是纯旅游景点，其他都是古希腊遗址，都是我想去的。后来发现，这个决定无比正确。

来希腊之前没有做很仔细的博物馆攻略，导致我在博物馆经常被一些展品所惊骇。这种惊吓很刺激，也挺好。

第一天，雅典卫城，卫城博物馆

我是2019年2月8日夜，从杭州乘坐国际航班，9号周六中午抵达雅典。在机场出口前拿到一张雅典地图，很开心。

坐地铁，直奔事先在卫城脚下定好的一个小旅馆，拜伦旅馆。小单间两晚共425元包早餐。穷游嘛，当然也是淡季价。下午近3点，办好入住，直接上卫城山……

新修的卫城

还没上山，遥望卫城，首先感觉卫城的护墙修得很好，与原先想象古老沧桑的卫城山有一点小出入。上山在卫城山西侧。购票后上得山来，迎面的石墙，感觉很新。

1832年，希腊王国成立。第一任希腊国王奥托一世是个德国人。大家会觉得奇怪，怎么会是一个德国人来当希腊国王？其实德国人和英国人，这两个远离地中海的北方蛮族，特别需要一个体面的祖宗，去希腊认自己的祖宗。1734年德国和英国共建哥廷根大学，是制造"古希腊文明"所谓古典学的大本营。

1764年德国人温克尔曼最早提出"古希腊艺术"的概念，在文化上创造了一个理想化的古希腊。德国人和英国人自认是雅利安人种，古希腊是他们的祖先。当然，法国人也参与创造了"古希腊"。

创建新希腊国，除了英国人和法国人（德国尚未立国），俄国人也参与其中。俄国人较多是从地缘战略上考虑，需要从奥斯曼帝国那里划出一块地，控制东地中海和黑海出海口。于是三国都支持 1821 年希腊人起义，反抗奥斯曼人的统治。除了军事上直接派兵干预，还有大量英法俄人士发起"爱希腊"（philhellénisme）运动。有好几百人当"志愿军"去希腊，帮助希腊人闹独立。

诗人拜伦就是亲身去希腊参与独立战争，是最著名的英国"爱希腊者"，最终还死在希腊。拜伦有一幅"我是希腊人"的画像非常著名（图 8- 右），但拜伦穿的其实是阿尔巴尼亚服装。法国画家德拉克罗瓦画过《希奥岛的屠杀》，音乐家柏辽兹写了"英雄场景（希腊革命）"……都是声援希腊独立战争。

这个新希腊的产生，很是有些眼花缭乱：最早希腊人的独立起义是在罗马尼亚发动，领导人是奥斯曼帝国的希腊人依普希兰狄斯（A. Ypsilantis），共济会员。独立后成立希腊共和国（1827—1831），总督卡波迪斯特利亚斯（Y. Kapodistrias），当过俄罗斯沙皇的外交大臣，也是共济会员。

希腊人自己搞的共和国派系斗争乱糟糟。列强决定自己出马，不玩共和国了，1832 年将希腊转为王国，竟然让一个年仅 17 岁的德国毛头小伙、巴伐利亚王子奥托来当希腊国王。1862 年，又让一位丹麦亲王乔治来当希腊国王……太乱了，看不清。

这位来自德国的希腊国王奥托一世，一心想恢复"古希腊"的荣光。即位伊始，就委托学者亚当曼提奥斯·科拉伊斯（Adamantios Korais），创造出一种所谓"纯化希腊语"（katharevousa），1833 年强行推广，作为官方用语。这种希腊语，据说是以"古典希腊语"为摹本，实际上是完全新造出来的一种语言。老百姓根本不懂，日常讲的依然是"民众希腊语"（demotiki）。老百姓看不懂官方文书，于是形成一种民众与官方文化全然割裂很变态的状态。直到 1976 年，"民众希腊语"才获得官方正式承认。

国王干的第二件大事，便是 1834 年主持开工仪式，动手"修缮"巴特农神庙和卫城。雅典卫城山原先是一个小山顶城堡，四周有石墙（图 9）。

上了卫城山，右边是建于 161 年的阿提库斯剧场（图 10- 左）。今天剧场的白色大理石阶梯座位完全是新建的，雪白一片。

登上山门台阶，迎面的大理石柱子，给人很强的视觉冲击感。

图 9 雅典卫城鸟瞰

图中标注：伊瑞克提翁神庙、巴特农神庙、狄奥尼索斯剧场、阿提库斯剧场

阿提库斯剧场

卫城山门，柱子大理石很新

图 10

柱子的外表是浅浅的土黄色，似乎经历了一些岁月。但柱子竖棱线条分明，没怎么风化。仔细端详，表面的黄土色下面，依然闪烁着晶莹新鲜的大理石光泽，让我感觉这些柱子很新（图 10-右）。

进了山门，山顶上比较平，是一座平顶山。多是裸露的岩石，几乎没有什么泥土。山顶上除了山门，只有两个建筑：巴特农神庙和伊瑞克提翁神庙。

终于走向这个在书上，尤其是西方艺术史画册里见过无数回的古希腊建筑——巴特农神庙。

用了钢筋水泥的巴特农神庙

事先知道巴特农神庙从 1834 年开始，一直断断续续在修。但真的看到脚手架几乎遮住整个神庙西立面，还是有些煞风景。

站在这个名字如雷贯耳、世人顶礼膜拜的建筑面前，竟然没有感到什么激动。

既然来了，总要瞻仰一下。发现神庙西立面，两根柱子顶部的方盖全然是新的（图 11）。

神庙边上的解说牌，承认神庙一直在修，甚至使用了铁夹和钢筋混凝土。央视"远方的家"节目，甚至拍到神庙横梁裸露的钢筋。

从西往东，走到卫城东端。卫城山顶其实很小，东西长 200 多米，南北宽 100 多米，感觉就两个多足球场那么大。巴特农神庙东西长 70 米，南北宽 31 米，已占山顶相当一部分面积。

从卫城山往东看，远方是光秃秃的高山（图 12- 左）。希腊大多都是这样的山。山上没有森林覆盖，常常只有一丛一丛、稀稀疏疏的低矮植物。往东南看，可看见泛雅典娜运动场和宙斯神庙（图 12- 右）。

雅典市区和郊外没有河流。据说古代雅典有十几万人口，他们喝什么水？

图 11 巴特农神庙两根柱顶方盖是全新的

卫城山上东望，远山光秃　　　　　　　左中是泛雅典娜运动场，右下是宙斯神庙

图 12

今天的雅典是一座非常缺水的山城，街道多是上下坡。尤其大雅典地区年均降雨量只有 368 毫米，属于半干旱地区。现在雅典城市用水，主要靠从离雅典直线距离约 150 千米之外的两个人工湖（Mornos 和 Evinos 水库）引来，再加上近一点的马拉松人工湖和一个比雅典海拔更低的天然湖（泵水）作为辅助水源。

其实，仅一个饮水问题，就可以让这个"古希腊城市"站不住脚。不靠江河不靠湖，哪有一座古代城市能够没有天然水源而繁荣的？

从东向西往回走，右手就是伊瑞克提翁神庙。这也是一直让我神往的一个建筑，因为这个神庙有 6 根少女雕像柱，画册上看很美。但真看到这几个少女雕像柱，感觉很一般，尤其这几个少女雕像柱是复制品（图 13- 左）。

复制的雕像做旧效果不错，看上去有些灰白，像是久经风雨，与卫城博物馆展出的原作（图 13- 右），相差不远。看来，做旧一个雕像不那么难。

在卫城山上徘徊了两个多小时，走下山。又端详了一回阿提库斯剧场。这个剧场的前楼墙，怎么看也不像是近 2000 年前的古迹。下山又从外边看，那些石块严丝合缝，绝对像新修的（图 14）。

怀疑陡然而生

下山已近 5 点，去别的景点都已关门。幸得穷游宝典《孤独星球》的指点，山下的卫城博物馆，周六要开馆到晚 8 点。刚好可以不浪费时间把这个馆看掉。

伊瑞克提翁神庙少女雕像柱（复制品）　　　　　　　　　　少女雕像柱原作，卫城
博物馆

图13

图14　阿提库斯剧场楼墙里侧和外侧，感觉楼墙是新修的

　　卫城博物馆是2009年才开馆的现代建筑，顶层故意斜转，搭在第二层
上，给人歪歪斜斜的感觉，与"古希腊建筑"讲求对称平稳反其道而行之。

　　进了底层博物馆展品区，迎面首先看见的，就是我在引言里已经说过的
那只前8世纪的陶罐（图15-上）。它实在是太新了！干干净净，不见一点尘
垢。我也算看过不少千年历史文物，没有看到过这么新的。

　　怀疑陡然而生。

　　旁边一只陶罐，也是质地白白净净，没有一点陈旧感，依然标注前750

年（图 15- 下）。实在是太新了！用一句网络用语，真是"亮瞎了我的 24K 钛合金眼"！

西方艺术史非常强调风格与年代的对应。几何风格定期为前 900—前 700 年。所以这只几何风格的陶罐，就定在前 750 年。重要的是风格。哪怕陶器本身看上去崭新如昨完全不重要。

往前看，里边尽头是一个三角形山花展台，一组雕像远远望去很吸引眼球。走近一看，是一个从未听闻的神话场景。左侧是一个半人半鱼的海怪，中间是双狮噬食一只公牛，右侧是一个手里拿着水、火、气象征的三身妖。仔细端详，这些残缺块块很像是石膏塑的。

陶罐　前 8 世纪

被神化的雅典

介绍雅典的解说牌，把雅典说得天花乱坠。说公元前后几个世纪，雅典是一个文化和教育中心，非常繁荣。雅典风头完全盖过罗马，罗马只有崇拜仰慕雅典的份。罗马的皇帝们纷纷在雅典出手，在雅典搞城市建设。不仅凯撒大帝和奥古斯都大帝出钱建造了雅典罗马市集，还有哈德良皇帝建造了哈德良图书馆和宙斯神庙，并在神庙边上留下了一座哈德良门。雅典本地富翁希罗德·阿提库斯也建造了以他名字命名的剧场，并用大理石重修了泛雅典娜运动场……

陶罐　前 750 年

图 15

雅典不仅吸引了罗马的皇帝，还吸引了罗马的学者。标签写道："雅典拥有令人印象深刻的公共建筑，是艺术、文学和哲学的重要中心。（罗马的）政治家、军队司令官和重要知识分子，如西塞罗、贺拉斯和奥维德都在雅典的学校学习。"君斯坦丁二世皇帝也曾经在 662 年在雅典生活了一个冬天，并在雅典留下了许多金币……太牛了！

但据我所知，雅典在 17 世纪以前，是一个寂寂无名的小村寨。希腊历史学家娜西亚·雅克瓦基写过一本《欧洲从希腊走来》，就说雅典是 1670 年才被欧洲"发现"。之前欧洲人的"东方之旅"从来不去雅典，而是去君士坦丁堡和耶路撒冷。[①]

雅克瓦基还说，"发现"雅典正是撬动欧洲崛起的杠杆。"从 1672 年巴班小册子问世，到 1682 年维勒作品发表的 10 年间，雅典从一个默默无闻的虚幻城市，演变为路人皆知、人们津津乐道的城市……古希腊也以前所未有的清晰度呈现为一个实实在在、可以触摸的现代国家，并以崭新的面貌步入欧洲人的思维版图。"[②]

就是说，当欧洲人有了欧洲意识，才去东方"发现"了雅典。然后把所有的美好都加到这座城市身上："人们赋予了它（雅典）文明世界价值的象征城市的桂冠。正是这座城市，向全世界奉献了文明史上第一场宏伟壮观并时常被认为是不可超越的大戏……雅典俨然成了一座所有一切始发的城市，一个所有一切全力效仿的典范。"[③]

而事实上，希腊学者卢卡基斯（P. Loukakis）考证："当雅典被选为首都之时，雅典是一个只有 4000 居民的小村落，比雷埃夫斯也是一个无名渔港。"[④] 还有一些旅行家把雅典描写得很脏乱差……

正因为此，1827 年希腊共和国成立，那些希腊国父们根本没有看上雅典，反而选了伯罗奔尼撒半岛的小城纳夫普里奥（Nafplio）作为首都，今天来看也是一个很小的海边村镇。后来是奥托国王执意，才把首都迁到雅典。但希腊外交部长科莱蒂斯（I. Kolettis）仍然看不上雅典。1844 年提出大希腊的"大设想"（Megali Idea），选择君士坦丁堡（伊斯坦布尔）作为希腊首都！

可见雅典历史上无名，现实中渺小，希腊人自己都不待见。只是那些英国人、德国人、法国人，是他们选择、发现了雅典，把它作为新兴欧洲乃至

---

① 参阅董并生先生著《虚构的古希腊文明》第三章"西方古典学'雅典'概念层累造成"。

② 雅克瓦基，第 209—210 页。

③ 同上，第 350 页。

④ 引自 L. Kallivretakis, Athens in the 19th century

世界的首都。

中国式石碑

往前走看到两块石碑。怎么感觉这么顺眼哪？原来是这两块石碑，大小和中国石碑差不多。我也算在西欧国家跑得比较多，印象中这样的中国式石碑还真没见过。著名的卢浮宫汉谟拉比法典碑，是一座不规则的石柱。而希腊的石碑跟中国石碑几乎一样，是规则的长方体。第一块碑是法令碑：雅典给予萨摩斯城邦以特惠，感谢其忠诚尽力。第二块碑也是法令碑，雅典授特惠给梅多恩城（图16-左、中）。后来在埃庇达鲁斯博物馆又看到几块石碑，其中一块是病人感恩碑（图16-右），形制和中国石碑更近似。

在岩石上刻字，在石碑上刻字，铭记某一事件，是历代中国人特别喜欢干的，其他地区应该说比较少见。看到古希腊人也这么刻石碑，感觉是中国有什么，希腊就有什么。

中国的石碑，尤其是暴露在野外的，几百年碑刻文字就会漫漶不清。置于亭阁宫殿半室内或室内的石碑，仍然会受到时光岁月的侵蚀。出土于唐代

雅典感谢萨摩斯法令碑　　雅典赋予梅多恩城特惠法令碑　　病人感恩碑
前405年　　　　　　　　前430年　　　　　　　　　　150—200年

图16

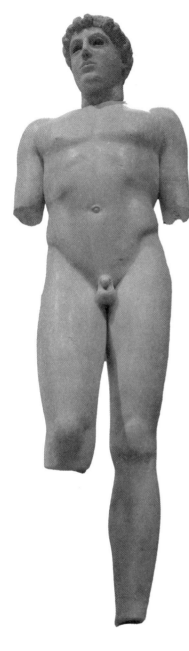

**图 17　克利提奥斯的男孩
前 480 年**

的先秦石鼓，刻文残缺严重。

　　看看这两块雅典石碑，上面的文字干干净净，非常清晰。更让我惊奇的是，碑上刻的希腊文字似乎已经很成熟。古希腊文作为一种拼音文字能够 2000 多年一直流传至今，今人毫不费力就能认读，真是太牛了。

崭新如昨的雕像

　　从石碑转过去，到了南边一个大厅。迎面看到一座大理石少年雕像（图 17），标签日期是前 480 年。以前在卢浮宫希腊雕刻厅，也看到很多很新的雕刻，但会标明是罗马时期的复制品。而这座雕像没有标明是复制品。这光滑洁净、雪白粉嫩的雕像，一点磕磕碰碰也没有，直截了当标注是前 480 年的古物！

　　心里问，这 2500 多年来，它是放置在什么地方？地下泥土里，还是空气中？无论在泥土里还是在空气中，总会有一些时间的痕迹吧？但它崭新如昨。尤其这件作品，标示为古希腊雕塑家克利提奥斯（Kritios）的作品，但从雕刻艺术上来讲并非技艺纯熟，显得有些稚拙，远没有达到"古希腊雕刻"那种古典的美。

　　晚上 7 点多离开卫城博物馆。去找《孤独星球》推荐的餐馆有点麻烦，就信步往普拉卡老城区里面走，餐馆很多。有一家半地下的餐馆气氛不错，店主在门口推荐本店烤鱼特棒，12 欧元，好吧。还有希腊本地红葡萄酒，也来一斤，5 欧元（希腊餐馆点酒也有一斤 500 毫升一小陶罐的点法，有趣）。烤鱼不错。红酒也比较清口，没有法国南方红酒那么浓。

吃完回旅馆，到顶层咖啡餐厅要开水泡茶，见到两位女招待，一位来自乌克兰，另一位来自阿尔巴尼亚，是来希腊打工的。

第二天，雅典古迹，雅典国立考古博物馆

第二天，阳光灿烂。因为要看的东西多，8 点就吃完早餐出门。雅典古迹景点都是 8 点开门。

先去看旅馆门口不远的狄奥尼索斯剧场。2015 年我在土耳其看了很多这样的剧场，觉得这个剧场比较小，也比较残破（图 18），没什么感觉。

看看雅典地图，发现哈德良门等古迹相距不远，可以走着过去。

超人皇帝哈德良

一条短街走到头，就是哈德良门（图 19）。有点孤零零，立在马路边。说不上雄伟，显得有点单薄。哈德良门下半部还像个门，上面这个建筑有点不知所云，也不太搭。另据说这个门是建在雅典老城和新城的交界处，应该有

图 18　狄奥尼索斯剧场

图 19　雅典哈德良门　131 年

点什么城墙遗迹，也什么都没有。

这个建筑说是建于 131 年，距今有近 2000 年。但看上去完全不像，也没有修复的痕迹，感觉最多 200 年。

哈德良这位罗马皇帝（76—138），在位只有 21 年，但丰功伟绩吓死人。他很像中国爱巡游天下的秦始皇，当皇帝期间大部分时间都在旅行。秦始皇建万里长城，哈德良在英国也搞了一条哈德良长城，抵御北方苏格兰蛮族。秦始皇一统中国，疆域辽阔。哈德良治下的罗马帝国也版图巨大。他的足迹西北到英格兰，东达伊拉克地区，与帕提亚帝国（今日伊朗）谈和，认为罗马帝国的疆域到两河流域就差不多了，不必再向东扩张。北边在德国南部搞了一条防线，拒挡日耳曼蛮人。南边也去过北非多地，中间还不忘两次来访雅典，抽空还给雅典搞了不少城市建设……

哈德良活着的时候，到处建哈德良门。约旦也有一个哈德良门，130 年建成。雅典这个门是 131 年建成，哈德良皇帝赶得及吗？2015 年我去土耳其，见过安塔利亚也有一个哈德良门。说是哈德良在 130 年也到访该城。一年多时间，要建三座哈德良门，皇帝不要太忙了。

个人生活上，皇帝与两位美少年搞同性恋，口味独特。晚年还到巴勒斯坦镇压了一下犹太人……在罗马，他也搞了一点城市基本建设。著名的罗马万神殿，就是他建的。那个巨大的圆形天使城堡，离梵蒂冈不远，据说原本是哈德良陵墓，死后也极尽哀荣。

不知道这位罗马皇帝是怎么旅行的，好似脚踩风火轮，神行太保啊。尤其不知道他是如何完成这么多的丰功伟业。

哈德良皇帝可以说是全世界留下遗迹最多，遗迹分布地域最广的西方历史人物。真是一位超人哪！

平地冒出来的奥林匹亚宙斯神庙

哈德良门边上，就是哈德良出资建造的宙斯神庙（图 20- 左）。在早晨灿烂的阳光下，背衬着蓝天，神庙的十几根柱子格外壮观。柯林斯式柱头雕饰镂空精细，没有什么风化。柱身有些地方显得风化剥蚀，但总体而言还是显得比较新。尤其这根柱子，柱身的凹槽极其明快干净挺拔（图 20- 中），根本

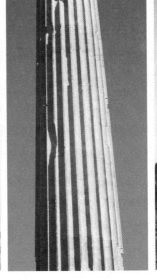

宙斯神庙　130 年　　　　　柱子很新　　　　　倒塌的柱子

图 20

看不出像经历了 2000 年风雨。

　　整个宙斯神庙遗址，是一片平整的空地，像一个足球场。空地里没有任何别的残垣断壁，一切都干干净净。有一根柱子倒在地上，断成一截一截（图 20- 右），好像是专门倒给你看的，倒地动作做得很干净利落。

　　总不至于神庙只有一隅十几根柱子留存了下来，还保存得特别好，其他地方什么也没留存下来，连一些碎石块都没有留下？不免令人怀疑。

　　出了景点，看见有辆奔驰牌出租车停在出口门外，想让司机带我去看柏拉图的阿卡德米（学院）和亚里士多德的吕克昂学园。我指着地图上雅典西郊阿卡德米的位置，结果司机摇头说那里什么也没有。他说可以去吕克昂，然后去一个山顶看雅典全貌，要价 40 欧元。那就算了，还是自己走吧。

　　继续沿着大路往前走，前方不远就是泛雅典娜运动场（图 21- 左）。运动场很大，里面铺有橡胶跑道。乳白色大理石台阶，大约能坐 6 万人。据说那里原先有一个古运动场建于前 566 年，是"世界上最古老的运动场"。古希腊花瓶有表现这个运动会（图 21- 右）。据称，前 329 年，雅典富翁希罗德·阿提库斯出钱，将原初的木制构筑改建为大理石石阶。现在这个完全是新的，是为 1896 年第一届奥运会而建。古代遗址根本不存在，没什么可说。

泛雅典娜运动场　　　　　　　　　　泛雅典娜运动会奖品花瓶　前 525 年

图 21

随意指认的吕克昂学园

从运动场到吕克昂学园，还要走一段路。路过有卫兵巡逻的总统住宅，穿过一个居民区街道，看到一个像小公园的去处，就是亚里士多德教学的吕克昂学园（图 22）。

看过去，就是有几块房基残留，上面盖了几块棚布，就是学园遗址了。凭什么确定这几块老房基，就是 2300 年前的吕克昂学园？看了解说牌，并没有发现有"吕克昂"的铭文或别的证据。说这几块房基就是当年亚里士多德与弟子一起逍遥论道的场所，只是凭空指认。

亚里士多德（前 384—前 322）是一位超级历史人物。首先他是帝师——亚历山大大帝的老师。然后他是西方古代第一位百科全书式人物，上知天文下知地理，著作等身。涉猎遍及逻辑学、修辞学、物理学、生物学、教育学、

图 22　亚里士多德的吕克昂学园

行旅现场引发的疑问

心理学、政治学、经济学、美学、博物学等等。

写过《形而上学》《范畴篇》《辩谬篇》《论灵魂》《论记忆》《论梦》《论生命的长短》《尼各马可伦理学》《雅典政制》《政治学》《经济学》《物理学》《气象学》《论天》《论生灭》《修辞学》《诗学》，对动物特别有研究：《动物志》《动物之构造》《动物之运动》《动物之行进》《动物之生殖》……真是天上地下，人类动物，形而上形而下，人文科学自然科学，无所不知，无所不晓。

德国人贝克尔（I. Bekker）在1831—1870年间编辑出版的《亚里士多德全集》，译成中文有10大卷，300多万字。

问题是，他的学问是从哪儿来的？他的学问空前绝后——前无古人老师，后无直接弟子，孤零零悬挂在西方古代历史的天幕上。

还要问的是，贝克尔编的《亚里士多德全集》，是从哪里收集到这么多的亚里士多德文稿？这些文稿真的都是亚里士多德的吗？

常识告诉我们，越是把一个人捧到极限，吹成超人，这个人就越可疑。亚里士多德就是古希腊历史中最可疑的一个。因为一个人生也有涯，精力体力也有限，怎么能研究这么多门类的学问，并写出这么多的著作？这样的著作量对于一个凡人，是不可能完成的任务。

尤其，亚里士多德的著作是写在什么载体上的？当时古希腊并没有纸张。若是写在小羊皮上，那要杀多少羊啊？写在莎草纸上，可惜莎草不是纸，而是一种草片编黏而成的"草席"，不能折叠，生产工艺复杂，成本昂贵。写300多万字，要用多少草席啊？……亚里士多德不符合常识的疑点实在是太多了。

根据西方正史，亚里士多德的著作先是在830—930年间，在巴格达的"百年翻译运动"中被翻译成了阿拉伯语。然后在12世纪，被一个名叫阿威罗伊（Averroe，1126—1198）的西班牙阿拉伯人翻译成拉丁语，传播至欧洲。中世纪的巴黎大学，一度流行阿威罗伊主义……

由于亚里士多德的著述来自阿拉伯人的翻译，逻辑上讲阿拉伯文的亚里士多德著作抄本今天应该存在，但从未听说有。

西方历史多超人。刚刚说了政治超人哈德良，这里又碰上学问超人亚里士多德。有科技超人达芬奇，最近发现了他成千上万张草图。当然还有文学超人莎士比亚，据说使用了1.5万甚至2万个英语词汇……很可惜，这些超人都太超越常理，很可疑。

出了学园，想去哈德良图书馆。地图上的距离不太远，但为了节省体力，还是打车。司机是一位中老年，一点听不懂英语。比划了一阵，他说知道了。本应该是一直向西，但到半路发现他往南拐，来不及阻止，发现他又把我拉回到哈德良门来了。苦笑。

又来到了普拉卡区，找了家小饭店吃了一个皮答（像卷起来的小比萨饼），味道不错。吃完穿行老街区，去找哈德良图书馆。

年代并不久远的三项城市建设

雅典的哈德良图书馆、古希腊市集和古罗马市集，相距很近。其遗址建筑年代感觉都不久远。

来到哈德良图书馆，大门口迎面是一堵墙（图23-左），有六根柱子，古典建筑风格，很气派。长方形的遗址场地并不大，散乱有一些地基遗迹，主要是三个边上留存了三段残墙。

最主要的一段是大门口这堵墙。从外面看，好像也经受了一些日晒雨淋，但要说它已经存在了近2000年，还是不符合常识。尤其有一堵墙从里面看（图23-右），左右两侧石块非常完整，不像是自然坍塌，而像是专门垒砌起来的。石块的宽和深有些错落，显得很整齐，不像古迹。

再问一个问题：古希腊真有图书馆吗？那时的图书使用什么载体？如果

哈德良图书馆大门墙外观

从里往外看墙

图23

行旅现场引发的疑问

是用莎草席子，一般是长宽 40 多厘米，平常是要卷起来的。这些卷起来的"书"非常占空间，一个哈德良图书馆能放多少卷呢？用羊皮纸，可惜羊皮纸也非纸，而是真正的小羊皮。其成本和产量都限定了不可能大量来做书。

我曾在法国国家档案博物馆看到过羊皮纸的书。不给看古的，只能看现代复制品，很洁白，显得很金贵。其实，并无实据证明古希腊已经有书。我们从未见过一本真正古希腊的古卷真迹。

相距不远，穿过一条餐饮街，就是雅典"古希腊市集"遗址。这个遗址在卫城北面山脚，像是一个公园，蛮大的。里面主要有两个建筑。一个是阿塔罗斯柱廊，还有一个是稍远的赫菲斯托斯神庙。

阿塔罗斯柱廊据说是帕加马国王阿塔罗斯二世，因为在雅典接受教育，作为礼物赠送给雅典，于前 150 年兴建。现在看到的柱廊，是 1956 年新建的（图 24）。说是在古遗迹之上重建，但到底有没有遗迹，遗迹长什么样，天知道。给你建个新的，告诉你古希腊有这么一个柱廊，你只能信。

柱廊里面是一个博物馆。里面展出的，都是公元前的"古物"。由于有了卫城博物馆的经历，便多了一份怀疑。这里展出的，大都不是本地发掘出来的物品，而是别的地方的物品。照例是吓死人的古老：前 15 世纪的古陶罐，还有前 5 世纪古希腊陶片放逐法所用的陶片（图 25），看上去也非常新。关于古希腊陶片放逐法，百度词条这样解释：

图 24　雅典古希腊市集，阿塔罗斯柱廊

言不必称希腊——以图证史（上）

图 25　放逐法陶片
前 5 世纪

陶片放逐法是公元前 5 世纪雅典等若干古希腊城邦所实施的一项独特的政治法律制度。每年雅典城邦公民大会第 6 次常务委员会（亦称为主席团，为公民大会五百人议事会的常设机构）会议期间（12 月）常务委员会会询问公民大会是否需要进行陶片放逐投票，以使城邦摆脱影响力太大的人士。如果大会表决通过该提案，则于翌年的 2 月或 3 月间实施放逐投票，地点在雅典的市政广场（Agora）。雅典法律规定放逐投票须达到 6000 人的法定人数。投票当日，市政广场中央用木板围出一个一个圆形场地，并留出 10 个入口，与雅典的 10 个部落相对应，以便同一部落的公民从同一入口进场。投票者在选票——陶罐碎片较为平坦处，刻上他认为应该被放逐者的名字，投入本部落的投票箱。得票最多的人士即为当年放逐的人选，放逐期限为 10 年……

这么复杂的法律怎么能实施？要在陶片上当场刻上被放逐者的名字也不容易。这项法律也叫贝壳放逐法。西方历史学家曾为究竟是贝壳放逐还是陶片放逐，争论不休。

展品还有两件公元前几百年的雕塑残件和青铜盾牌（图 26），看上去也很假，不可信。

离开阿塔罗斯柱廊，穿过一片空地，就是赫菲斯托斯神庙（图 27），据说建于前 449 年。赫菲斯托斯是古希腊的火神和工匠之神。传说他会砌石，

雕塑残件　前300年　　　　　　　　青铜盾牌　前5世纪

图26

图27　火神、工匠之神赫菲斯托斯神庙　前449年

　　　　　　　　　　　　　　　　言不必称希腊——以图证史（上）

会雕刻，尤其会打铁，号称工匠之神。一个关键问题是：当时的古希腊有铁吗？

这个建筑很小，是一个袖珍型神庙。看上去很完整，没有那么多残破，周围也干干净净。感觉和哈德良图书馆那堵墙一样，属于最近190年的新雅典城市建设。

看完古希腊市集，地图上找"古罗马市集"，发现就在哈德良图书馆边上。走一段回头路，很快就到。古罗马市集也是一个长方形，不到一个足球场那么大吧。远处竖了一些柱子，这里最重要的建筑是风塔（图28-左）。塔分八面，是个八面体，上面雕有八个风神。近年修过，2016年完工。

关于这个风塔的功能，传说得神乎其神。百度词条描述："在古时它是被用作滴漏和日晷，还被用作风向标"，"在塔内部有一个滴漏，它是由卫城山流下来的水驱动的"。我看看塔里面，只见地上刻了一个圆盘，没法搞懂这水钟是怎么工作的（图28-右）。尤其是，卫城山上有流水吗？

号外（1）宙斯神庙是1800年之后新建

真是巧了，写到这里，未曾谋面的朋友、北大高鹏程教授给我发来了一些希腊独立前的雅典资料，尤其有两张雅典古地图。

古罗马市集，风塔　前2世纪

风塔内的水钟

图28

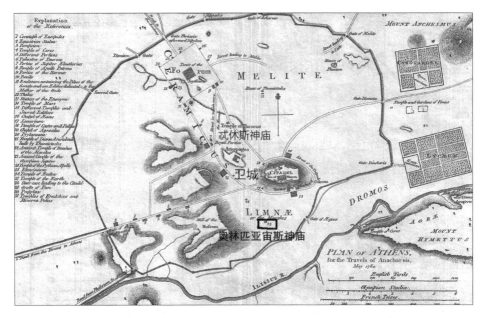

图29　波加热绘制的雅典地图：宙斯神庙在卫城南边　1784 年

　　第一张雅典地图是法国著名制图家巴比叶·杜·波加热（M. Barbié du Bocage）1784 年为法国人巴尔特莱米（J-J. Barthelemy）写的《小阿纳卡西斯的希腊游记》一书做的配图（图29）。

　　波加热画的古代雅典，城区比今天雅典市区还要大，把卫城西南的三座小山也包了进去。但城区里面空荡荡，没有几条街道。城市公共建筑和标志，大多在城区西北。尤其那个方形城市广场（forum），四周围着元老院、各种神庙等建筑，今天完全无迹可寻。雅典城外东边，是两块占地巨大的体育场，但今天那片区域并没有那么平坦，整不出这么大两块平地。

　　地图上能与今天对应的，只有卫城神庙和酒神巴克斯（狄奥尼索斯）剧场。[1]

　　地图上朱庇特（宙斯）神庙，是在卫城的南边。

　　而第二张地图（图30- 左），是1800 年左右法国驻雅典副领事塞巴斯基安·福维尔（L. F. Sébastien Fauvel，1753—1838）画的。在他的地图上，奥

---

① 法国人多用罗马拉丁神祇来对应希腊神祇：主神朱庇特对应宙斯，酒神巴克斯对应狄奥尼索斯，美神维纳斯对应阿芙洛狄忒。

福维尔的雅典地图
宙斯神庙在卫城北边，在市中心

今日宙斯神庙，在卫城东边

图 30

林匹亚宙斯神庙，却是在卫城北边的市中心！

而今天，宙斯神庙竟然跑到了卫城的东边（图 30- 右）！

请读者朋友睁大眼睛看福维尔的地图，卫城东边，城外今天宙斯神庙的地方，是一片空地。空荡荡，啥也没有！而福维尔指定的宙斯神庙的位置，今天成了哈德良图书馆！

波加热和福维尔这两张老地图可以证明：1800 年之前，在今天宙斯神庙所在的地方，根本就不存在这个神庙。这个神庙完全是 1800 年以后，希腊独立之后新建的。

两张老地图上，在同一个位置，两位法国人都配给雅典国王忒休斯一个神庙（Temple of Theseus）。忒休斯是传说中半神半人的雅典国王，完成了很多伟业，曾杀死了克里特岛米诺斯迷宫中的牛头人身怪兽……非常了不起。但今天忒休斯国王遭无情遗弃：那地方的神庙祭祀的不是忒休斯，而是刚才所说的希腊火神和工匠之神——赫菲斯托斯。

显然，雅典国王抵不过赫菲斯托斯这位火神和工匠之神。忒休斯的功绩不过是打打杀杀，抢了个美人海伦做老婆，哪里比得上实干的工匠之神赫菲斯托斯："赫菲斯托斯善于建造神殿，制作各种武器和金属用品，技艺高超，被誉为工匠的始祖。"（百度）

忒休斯被调包换成赫菲斯托斯，显然是为了宣传：古希腊已经有铁器，能建石砌宫殿。

福维尔的地图第一次标示了阿提库斯剧场。可以说，今天这个剧场，是根据福维尔的设计而新建的。

福维尔的地图清楚显示：今天的阿塔罗斯柱廊、赫菲斯托斯神庙、哈德良图书馆、古罗马市集的风塔、吕克昂学园、泛雅典娜运动场等雅典"古迹"，在当时连影子都没有。它们都是希腊独立以后新建的。

中国人恐怕做梦也不会想到，雅典的"古迹"竟然可以这样任意指认，然后就平地里冒了出来。

号外（2）巴特农神庙子虚乌有，雅典古迹全是新建

书稿写到下篇第五章，忽然发现了几张最古老的雅典地图，巴特农神庙竟然被画成清真寺。几位法国人最早图文描绘了雅典巴特农神庙和几处遗址。法国画家雅克·卡雷，之后英国建筑师詹姆斯·斯图尔特，参与想象和设计。

雅典巴特农神庙是古希腊建筑的典范（图31），是雅典的象征。但有证据表明，巴特农神庙和其他雅典"古迹"是现代新建。

16—17世纪开始，西欧英国、法国、德国、荷兰等国人士热衷"大旅行"

雅典巴特农神庙西立面　　　　　　东立面

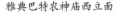

图31

（Grand Tour），到意大利，到东方黎凡特（Levant，本意是太阳"升起"）地区旅行。这些东方之旅，有些是贵族青年的游学，还有一些是文化人士，抱着寻找古希腊、古罗马、古埃及，探访古代遗址的目的，写了各种各样的"东游记"，配有形形色色、其实是臆想出来的"古代遗址"，而今天遗址大多是根据这些插图新近伪造。

雅典也一样，一些人来到雅典，写出各种各样的游记，并配插图画雅典的古代遗址。前面已说到，雅典是西方人在 17 世纪 70 年代"发现"或指认的。之前，雅典只是传说。

偶然在网上发现一张巴特农神庙是大清真寺的图片（图 32），令人震撼。有标注说出自斯蓬的游记第 2 卷。于是找到斯蓬这本书的电子书，从头翻到尾，就是没有这张插图。

2020 年 11 月 8 日，终于查到了这张图片是法国人雅克－保尔·巴班（J.-P. Babin）的小册子——《雅典城现状记叙》（*Relation de l'état présent de la ville*

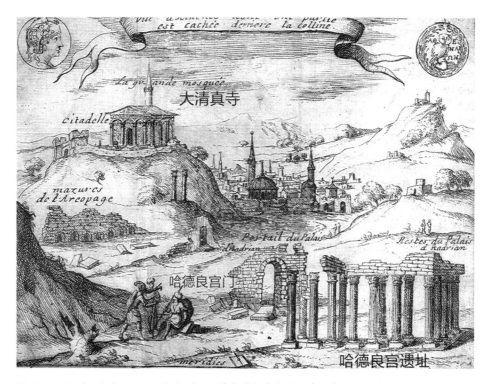

图 32 巴班《雅典城现状记叙》插图：巴特农神庙竟然是大清真寺 1674 年

d'Athènes）当中的插图！太兴奋了，专门发了一条微信朋友圈，以志纪念。

巴班自称到过雅典，是对雅典做图文描述的开创性人物。此人生平不详，百科上查不到。1672 年 10 月 8 日，他从土耳其的伊兹密尔，给里昂的贝古瓦尔（Pecoil）教士写了一封长信，1674 年作为一本小册子在里昂出版。这可以说是西方第一本正式出版的关于雅典的图文之书。

这个大清真寺形象，也是西方史籍里第一次正式出版的巴特农神庙图像。

巴班解释这个建筑最早是古希腊神庙，后来改为基督教堂，再后来改为清真寺，即"神庙—教堂—清真寺"三个阶段。神庙图像最奇特之处，是正面只有 4 根柱子！而今天的巴特农神庙正面是 8 根柱子。

巴班描述：神庙有纵向"三行拱顶（trois rangs de voutes），主厅和两个边厅"。即有三个空间，所以神庙正面就画成了 4 根柱子。

摘译巴班书中一些记述：

> 卫城上的大清真寺，是古代建筑师的杰作。120 尺（大约 39 米）长，50 尺（大约 16 米）宽……拱顶由很高的大理石柱子支撑，其雄伟超过君士坦丁堡的圣索菲亚教堂。所有的拱顶都是大理石的。粗长的横梁也是大理石的。
>
> 西边山花上大约有 30 个男人女人和马的雕像。其辉煌瑰丽，全法国最精美奇迹的雕塑也难以企及。另一头东边的山花也有同样数目的雕像。
>
> 神庙纵向有 17 根大理石柱子，是一截一截大理石堆接而成。庙墙外边上方有一圈大理石条带，上面刻有浮雕，表现大量胜利的场景，有无数的男人女人孩子马匹和战车……

这些内容，与今天的巴特农神庙有同有异。比如正面的三角形山花（也称山墙）刻有雕像，但人物数目（30 个）比今天多得多。神庙纵向外侧有 17 根柱子，倒与今天数目一致。长宽 39×16 米，则比今天的巴特农神庙（长宽 70×31 米）几乎小一半。

巴班图文描绘的大清真寺，与今天的巴特农神庙有根本的不同。但巴班描述的某些细节，却为近代伪造提供了参照。比如卫城山坡上画有两根柱子，今天卫城山坡上也有。当我看到卫城陡坡上怎么会有两根柱子，觉得很莫名其妙。总不能在陡坡上盖宫殿吧？

巴班的小册子也为今天的雅典古迹提供了最初原型。比如：城外有哈德良宫。最初有 6×20 根柱子。现在剩 16 根。这个哈德良宫，今天改名成了宙斯神庙。

巴班笔下，雅典到处都是大理石古迹。他承认雅典有许多清真寺，八九个有宣礼塔。但关键他说雅典还有许多基督教堂，好几个修道院……

紧跟着第二位自称去过雅典并写出游记的，也是一位法国人雅各布·斯蓬（Jacob Spon，1647—1685）。其实是斯蓬为巴班出版了小册子，并为其写序，承认当时雅典的荒凉："迪毕奈只想称雅典仅是一个城堡，加一个鄙陋村子，保不齐有狼和狐狸光顾……"

斯蓬写的是一部真正的"东游记"，共三卷，1678 年出版，书名叫《1675—1676 年赴意大利、达尔马第、希腊和黎凡特游记》（*Voyage d'Italie, de Dalmatie, de Grèce et du Levant, fait aux années 1675 et 1676*）。第二卷专门讲希腊之行。里边有一张雅典地图，巴特农神庙也是一个清真寺（图33）！

图33　斯蓬"东游记"雅典地图：巴特农神庙还是清真寺　1678 年

斯蓬对雅典的描述，一方面依据古罗马时期希腊旅行家保萨尼亚斯（Pausanias）的《希腊志》（15世纪才出现、来历不明的抄本），另一方面沿用不少巴班的描述。

斯蓬的雅典地图画出了巴班文字所说的一个方形塔楼，还画出了巴班说城南有一条河，河上有桥……其实雅典附近根本就没有河。斯蓬也画了哈德良门和哈德良宫，但形制与巴班的插图有差异。

斯蓬继续使用巴特农神庙"神庙—教堂—清真寺"的说法，画有宣礼塔，但正立面从4根柱子变成了8根柱子，与今天相符合。（图34）

斯蓬描述巴特农神庙，周围一圈46根柱子，与今天巴特农神庙一致。神庙体量约71×32米，也与今天神庙大体一致。

他描述：

> 山花上是大理石真人大的浮雕，表现的是密涅瓦（雅典娜）诞生的故事。主拱角下边的朱庇特（宙斯）右臂断掉，手持雷电。双腿分开，有一只他的鹰。他是裸体的……在他右侧，是一座无头无手臂的雕塑，衣物遮到半大腿，应该是胜利女神。她前面是一驾密涅瓦的战车，她驾驭着两匹马。她坐在上面更像科学女神，而不是战争女神，因为她没穿戎装，没戴头盔。另一位无头女性坐在她后边，膝盖上抱着一个小孩，不知道她是谁。但这一侧最后两个

巴班的神庙正面4根柱子

斯蓬的神庙正面变成8根柱子

图34

人物可以辨认：哈德良皇帝和皇后萨比娜。两人快乐地看着胜利女神……在朱庇特左侧，是五六个人的雕像，其中几尊没有脑袋。这是诸神圈子，朱庇特想把密涅瓦作为他女儿引进这个圈子……

斯蓬描述的是巴特农神庙西山花，表现雅典娜的诞生，但今天这个主题却是在东山花。

就具体场景看，斯蓬插图画的西山花雅典娜的诞生（图35），与今日同题材的东山花雕刻（图36-上、图37），完全是牛头不对马嘴。而斯蓬讲东山花的雅典娜与海神相争，其实是今天西山花的场景（图36-下）。

图35　斯蓬的神庙西山花：雅典娜诞生

今天巴特农神庙东山花，"雅典娜诞生"

今日西山花，"雅典娜与波塞冬争夺雅典守护权"

图36

图37　巴特农神庙东山花雕像，"雅典娜诞生"，大英博物馆

斯蓬描述巴特农神庙的内景，与巴班几乎一致。①

从巴班和斯蓬书中的巴特农神庙插图可以推断：首先，他们描写的雅典巴特农神庙（清真寺）完全是臆想出来的，属于"东游记"的想象。其次，当时雅典卫城山上根本不存在今天这个巴特农神庙。

1674 年 11 月，还有一位名叫雅克·卡雷（Jacques Carrey，1649—1726）的法国画家也去过雅典，据称在那里待了两星期，画了不少巴特农神庙和雅典古迹。这是一个极其重要的人物，他为设计今日雅典"古迹"作出了重大贡献。

卡雷画的巴特农神庙也是清真寺（图 38）。尖锐的宣礼塔顶，与巴班的大清真寺很类似。最奇特的，是这个巴特农神庙正立面，竟然是 6 根柱子！

卡雷这个神庙南侧没有 17 根柱子。而一幅 19 世纪出版的法国书里"归为"（attribué）卡雷的画，则很认真地画了 17 根柱子（图 39）。风格全然不像卡雷手笔。这里只是作为神庙的特殊景观，给读者参看。

卡雷既有追随巴班，把巴特农神庙画成清真寺，同时也作为画家，尝试给巴特农神庙的山花做设计（图 40）。可以看出，这张图绝对不是对着实景复制，而是在设计。尤其最上一条，画了好几个山花，三角形的夹角都不一样。

事实上，卡雷设计的东山花及其雕像，为今天的东山花雕像定了型（图 41）。今天东山花的残破格局，人物造型，包括右角那个马头，都是沿用了卡雷的图绘稿。

卡雷的神庙山花设计，后来明显被英国建筑师和画家詹姆斯·斯图尔特

---

① 巴班说：神庙改成教堂后，雅典人在里面建了一个祭坛和讲经座。在一处天顶有一个圣母像。旁边有两个大理石柜子。神庙门口有一个可以盛水的大理石圆盆……斯蓬说：庙前门有一个巨大的大理石水坛（vase），基督教用来洗礼，土耳其人现用来做水池……神庙里面很暗，没有光线……里面有两排大理石柱子。土耳其人留下了祭坛，由 4 根科林斯柱头支撑。庙的中间左侧有一个大理石的讲经座（tribune），对面有一个土耳其人用的讲经座，给伊玛目讲解《古兰经》……在经堂附近，有四个大理石片做的柜子（armoire），没有人敢于打开。土耳其人说有人打开过，但那人死了……庙的屋顶是"格子形的大方石块"……18 年前，法国领事就来到雅典，但他从未听说这个大清真寺因为穆斯林的朝圣而变得著名……因为没有灯，土耳其人愚蠢地把里面都粉刷一白……庙里天顶有一个圣母像，有人朝她开了一火枪，开枪者的手立即干枯……土耳其人在外边建了一个宣礼塔，像所有清真寺一样，从上面可以完全地看到城市和卫城……

图 38　卡雷画的巴特农神庙也是清真寺，正面 6 根柱子！　1674 年

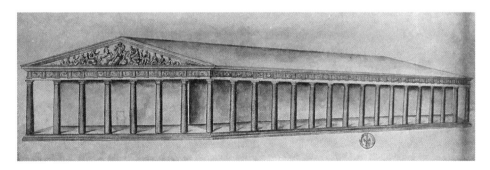

图 39　"归为"卡雷画，巴特农神庙西山花和南柱廊　1687 年

行旅现场引发的疑问

图 40　卡雷设计巴特农神庙西山花，雅典娜与波塞冬相争

图 41　卡雷设计
的东山花雕像，
为今天的东山花
雕像定了型

（James Stuart，1713—1788）所模仿。大英博物馆收藏有一份卡雷的设计稿（图42- 上），斯图尔特也有一份设计稿（图42- 下），完全抄搬了卡雷的设计，两者几乎一样。今天的东山花雕像，是按照斯图尔特的设计定稿伪造的。

在卡雷和斯图尔特之间，还有许多巴特农神庙的"神图"。山花雕刻与今天完全不着调。与斯蓬一起去希腊旅行的英国人乔治·维勒（G. Wheler）回英国后，也于1682年出版了一个希腊游记。山花人物好像澡堂里一人给另一人搓背（图43- 左）。意大利人科罗奈利（V. Coronelli），1688年也画了一幅西山花雕像，中间人物仿佛在发表慷慨激昂的演讲（图43- 右）……

为了解释神庙主体大部分都毁了，斯蓬最先提出一个说法：土耳其人在神庙存放炸药。一次土耳其人正想炮击卫城山下的一座基督教堂，结果炸药库被天雷击中爆炸。后来又有说1687年威尼斯军队进攻雅典，是炮弹把炸药库炸了。所以一些神图与炮击有关。意大利人法内利（F. Fanelli）1695年画过巴特农神庙爆炸前和被炸时刻的插图（图44）。

卡雷设计稿，大英博物馆收藏

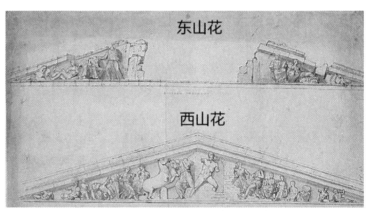

斯图尔特明显抄搬了卡雷的设计

图42

行旅现场引发的疑问

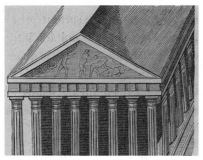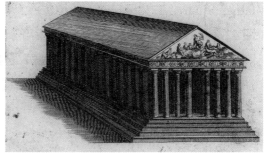

维勒游记插图：像澡堂一人给另一人搓背　科罗奈利插图：中间人物像发表演讲

图 43

法内利：爆炸前的清真寺神庙，从南往北望　神庙爆炸，从北往南望

图 44

最终是斯图尔特完成了巴特农神庙的建筑设计（图 45）。画中巴特农神庙的场景是虚构的。周边民居以及神庙里面的小清真寺也是虚构。尤其，在小小的卫城山顶（200 多米长，100 多米宽），根本没有建造民居村落和街道的空间。山顶都是石头，也没有水供居民日常饮用。这山顶，根本不能住人。

但他给巴特农神庙的"建筑设计"，却被后世所用，与今天的巴特农神庙相当吻合。

斯图尔特还画过不少虚构的雅典"遗址"。有一张是画他们 4 人在一处古迹前记录铭文（图 46- 左），还有一张是虚构的雅典街景（图 46- 右）。这两处景物在今天雅典子虚乌有，说明他有些臆想图没有被后世采用。

斯图尔特是最关键的人物。他是今天巴特农神庙和雅典"古迹"最终方案的总设计师。

图 45　斯图尔特绘制巴特农神庙的"建筑设计图"

斯图尔特虚构雅典古迹　　　　　　　　虚构雅典街景

图 46

1751 年，斯图尔特是与另一位建筑师尼古拉斯·里维特（Nicholas Revett）一起去希腊，待了两年半，时间不短。可以说，他俩是早期去雅典待的时间最长的欧洲人。两人在雅典搞了大量的"测绘"。里维特主要负责测量，斯图尔特负责绘图。而实际上，他俩是在搞实地设计。回英国后，出版《雅典古迹测绘》系列（*The Antiquities of Athens. Measured and Delineated*），共 5 卷，分别于 1762、1790、1794、1816 和 1830 年出版。

斯图尔特首先是一个建筑设计师，在英国设计建成了几处"古希腊"建筑，并激发了英国乃至欧洲的"希腊建筑复兴"风（所谓复兴，其实是新创。他设计了巴特农神庙，实际上是创造古希腊建筑最重要的设计师）。他对古希腊和古罗马建筑样式的区分极其精细，画画技法也很精湛，臆想了许多古代雅典场景，赢得"雅典人"的绰号。

斯图尔特与卡雷都是借助前人游记，画一部分臆想，也设计一部分。

臆想是天马行空，设计却不失严谨，标明比例尺寸。他们的设计有些被后世采用，比如斯图尔特设计的巴特农神庙等。有些设计没有被采用。还有一些纯粹是臆想图后来被采用，也变成了设计。

巴班、卡雷和斯图尔特臆想的哈德良宫（今天的宙斯神庙），逐渐精确化，就变成了现实。

如前所述，最早是巴班草创了哈德良宫的原型，柱子上面顶着一大段残墙（图 47）。这绝对是一种缺乏日常理性的建筑构想：怎么可能在这么高的柱子上再建宫殿？这些大理石块叠起来的残墙，简直是空中宫殿啊！他老人家

图 47　1674 年巴班画的哈德良宫，柱子顶着一大片"空中宫殿"的残墙

脑洞大开，动动笔头，畅快无比。但无意间，给后世的遗址伪造者出了难题。

巴班的描述是：哈德良皇帝给自己建造的宫殿，有 6×20 共 120 根两人合抱的高大柱子。斯蓬也跟着说有 110 根柱子。当年我去伊朗波斯波利斯看到那里的"百柱殿"遗址，心生一个感叹哪！如今发现巴班这里就开始百柱殿的畅想。但这种百柱殿是一种何等脑残的建筑怪物！

假设宙斯神庙遗址（图 48）场地竖满 120 根粗大的柱子，建筑内部哪有什么空间？抵着鼻子满眼都是柱子，一个柱子迷宫。人类盖房子是要获得空间的，而不是展示房子里有多少根柱子。用这么多柱子支撑屋顶，也是人类历史上最愚蠢的建筑设计。

巴班说残剩 16 根柱子。现在角上 13 根加上右侧 3 根（其中一根倒地），严格尊重了巴班的说法。

巴班的哈德良宫图绘一旦开了头，就没有了回马余地。后面的人，不管是到过雅典还是没到过，都跟着巴班的臆想，接着画。

意大利人法内利也沿用了空中宫殿的样式，柱上顶着大片的残墙（图49）。卫城山顶也是宣礼塔清真寺。

到了卡雷的画笔下，注意！哈德良宫柱子顶上的大片残墙，变得只剩一小块（图 50）。这个转变非常重要。

斯图尔特沿用了卡雷的设计：哈德良宫柱子顶上也只剩一块残墙。同时，他把卡雷设计的哈德良门更精细化精确化，与今天的哈德良门一致（图 51）。另，从哈德良门下看过去有 4 根柱子，今天只有 3 根（包括 1 根倒地），也说明这个图是臆想的。

图 48 雅典宙斯神庙（哈德良宫），现场一角有 13 根柱子

图 49 法内利画的哈德良宫，柱子也顶着大片残墙 1707 年

图 50　卡雷设计哈德良宫　注意！柱上残墙只剩了一块　1674 年

图 51　斯图尔特沿用卡雷，哈德良宫柱子上也是一小块残墙

　　言不必称希腊——以图证史（上）

图 52　1858 年照片：高难度伪造了哈德良宫（今宙斯神庙）柱上一块残墙

图 53　如今这块残墙已经除去

1800 年之后，卡雷和斯图尔特设计的宙斯神庙，终于从臆想变成现实：柱子上顶着一块残墙，竟然被高难度地伪造出来了（图 52）！

人们看到这两张照片，一定会对柱子上顶着这一小块残墙深感奇怪。做梦也不会想到，这一小块残墙是有来历的。从巴班的自由畅想，到卡雷和斯图尔特的现实设计，现代伪造者"尊重历史"，尽力一丝不苟。这一小块残墙，再高的难度，也要给它复制伪造出来。

当然，这样高高的柱子顶着一块残墙，毕竟很危险。今天，这块残墙终于不见了（图 53）。

这个宙斯神庙就像在一个足球场的一片平地上，突然冒出十几根柱子，其他地方干干净净，看不到任何石块碎片。总不至于这个古希腊建筑只剩下保存相当完好的一个角，而别的地方的石块，全都灰飞烟灭无影无踪。物质不灭，这些石块都去哪儿啦？

再看那两张法国人的老地图，雅典宙斯神庙（哈德良宫）像一个幽灵，一会儿飘到南，一会儿飘到北，最后，莫名其妙飘到了东，城外荒郊落了地……

无可置疑，今天的雅典宙斯神庙是按图索骥造出来的假古董！

雅典还有两件古迹是斯图尔特设计定型的：风塔和伊瑞克提翁神庙。

是巴班最早用文字描绘了风塔。斯蓬则是图绘风塔的始作俑者。在斯蓬1678 年出版的游记中，专门有一张风塔的插图（图 54- 左），给出了风塔的最早原型。

这张图只是一种简陋的想象，却引发了日后无数自称到过雅典的旅行家和画家，画出各种各样的风塔（图 54- 右）。18 世纪有各种各样画风塔的图片（图 55），没有一张与今天的风塔相符。

终于斯图尔特出手了。他画了一张风塔"测绘图"，实际上是一个真正的设计图（图 56- 左），标有尺寸。斯图尔特也是依据斯蓬的原型，八面体的塔身，加上 8 个风神浮雕。他只是把风塔设计得更精致，更可以依据图片来建

斯蓬给出了风塔最早的原型　1678 年　　　18 世纪风塔图片

图 54

　　　　　　　　　　　　　言不必称希腊——以图证史（上）

图 55　各种风塔图片

斯图尔特最终定型风塔的建筑设计　1762 年　　今天的风塔完全是依据斯图尔特的设计新建的

图 56

行旅现场引发的疑问

造。事实上，今天的风塔就是根据斯图尔特的设计图新建的（图56-右）。

斯图尔特设计定型的，还有卫城山上的伊瑞克提翁神庙。这个神庙以6根少女雕像柱著称，就在巴特农神庙旁边（图57-左）。

同样也有一大批人根据斯蓬等人的游记，臆想绘画伊瑞克提翁神庙。如英国画家罗伯特·赛耶尔（Robert Sayer）和法国画家勒罗瓦（Julien David Le Roy）（图57-右），两人都是从神庙后侧的角度，少女雕像柱在画面中部，画得很小。两人画这些古代建筑废墟，画得好像真有其景那样，想象力令人叹为观止。

还有画家专门设计少女雕像柱。迁居英国的法国画家阿里梅（F. G. Aliamet），1780年左右根据维勒的游记，设计了少女雕像柱并标注尺寸，是标准的设计图（图58-上）。还有意大利画家皮拉内西（G. B. Piranesi），也对少女雕像柱做了设计（图58-下），竟然并排设计了6根少女雕像柱。

雅典卫城山，伊瑞克提翁神庙

图57

英国画家赛耶尔　1759年

法国画家勒罗瓦　1770年

法国画家阿里梅设计少女雕像柱　1780 年

意大利画家皮拉内西的设计　1778 年

图 58

最终还是斯图尔特一锤定音。他臆想画出来的伊瑞克提翁神庙，最接近今天的神庙建筑（图 59）。斯图尔特虽然没有给出建筑设计的具体尺寸，但给出了神庙的基本格局，后世伪造者仿制得很像。但今天神庙与斯图尔特的画比较，仍然有比例和细节上的差异。

尽管雅典"古迹"总设计师是英国人斯图尔特，但最原初的设计还是要归功于法国人卡雷。卡雷不仅在巴特农神庙山花、哈德良宫柱上残墙和哈德良门的设计上，给了斯图尔特决定性的影响，而且给今天卫城山南侧的"古迹"做了规划设计（图 60- 上）。

今天卫城山南侧的阿提库斯剧场门楼，右边山脚一排"窑洞"，甚至卫城山坡上的两根柱子，与卡雷的设计非常吻合。

一张 1872 年拍摄的雅典卫城照片显示（图 60- 下）：从卫城山门到剧场的围墙，还有剧场残剩的门楼墙，都与卡雷的画相当一致。

尤其要注意照片左侧那个碉堡式方形高塔楼，突兀屹立，是现代伪造。该塔楼也有来历，最早出自巴班游记的一句话："巴特农神庙旁边有一座方形高塔楼"。

斯图尔特虚构的伊瑞克提
翁神庙，最接近今天的神庙

今天的伊瑞克提翁神庙

图 59

卡雷图绘的卫城南坡，非
常接近今日景观

两根柱子

今日阿提库斯剧场

1872 年照片：左侧围墙，
今天剧场门楼，完全是依
照卡雷的设计。方形塔楼
是现代伪造

图 60

斯蓬也描述："庙左侧有个塔楼很高，雅典一天路程之外都能看到，但不是古代建筑。"斯蓬的地图里最早出现这座方塔形象。

之后，几乎所有画雅典卫城都会画上这座方塔，与巴特农神庙一起成了地标性建筑物。如一位英国画家1810年前后画的雅典风景，巴特农神庙一侧就是这座塔（图61-左）。

希腊画家佐格拉福斯（P. Zografos）画的《1827年的雅典围困》，也画了这个方塔（图61-右）。但这幅画透露了重大信息：画家1827年所画的塔楼与照片上的方塔全然不同，神庙与今天形制也相差甚远。就是说，直到1827年，雅典卫城山上尚没有现代伪造的方塔，也没有今天的巴特农神庙。

现代伪造者根据巴班的描述，伪造了照片上这个方形塔楼。但1874年，"考古学家"施里曼借口它不是古希腊的，居然将这个碉堡塔楼拆掉了，以致今天我们看不到这个塔楼了。

我们可以有两个结论：第一，在巴班和斯蓬游历雅典后出版"东游记"之时，雅典根本不存在今天形制的巴特农神庙和其他古迹。

第二，今天的雅典巴特农神庙和雅典古迹，都是按照巴班和斯蓬的东游记想象，卡雷和斯图尔特的设计新建的。

1800年以前的雅典，是一个欧洲人很稀罕、实际上啥也没有的无名村寨！

这也正可以解释，1827年新生的希腊共和国成立，希腊人根本没有看上

英国画家画的雅典风景，画有方塔　1810年

希腊画家《1827年的雅典围困》也画有方塔

图61

雅典，没有选雅典为首都，而是选了伯罗奔尼撒半岛南岸一个滨海小城纳夫普里奥作为首都。

1832 年希腊有了德国人任国王，才把首都迁到了欧洲人稀罕的雅典。1834 年，国王奥托一世主持开工仪式，"修缮巴特农神庙和卫城"。很可能只是从这个时候，雅典才开始伪造巴特农神庙和其他"古迹"。

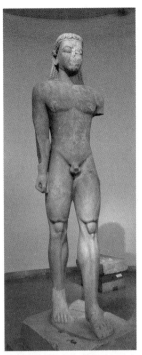

站立在泥土里或空气中的石雕巨人

看完古罗马市集，赶紧走到莫纳斯第拉基小广场，打上出租车往北，下午 2 点赶到雅典国家考古博物馆。我预算有 3 小时，可以看到下午 5 点。

博物馆与巴黎卢浮宫比，当然不算大。所以我也不急，慢慢看。

入口大厅左拐，几个厅都展示名叫库洛斯（Kouros）的青年男子雕像和名叫科洛（Kore）的青年女子雕像。库洛斯雕像一般比真人高大（图62），甚至有些高达 3 米。用途是在墓地，作为祭献给诸神的祭品，或悼念亡者的纪念像。有很多是祭献给阿波罗。

据称在雅典北边维奥蒂亚的阿波罗祭坛（sanctuary of Apollo），发现了 100 多件库洛斯！一个祭坛就有 100 多件，是不是有点多？另，这些雕像据说是放在祭坛前，那么 2—3 米高的雕像是埋在土里的吗？如果埋在土里，横着埋，容易断。如果是站着埋的，对于希腊这样多山之地，也很是不易。

还有一些库洛斯，据说是站于坟墓之上（stood atop graves）。那么，暴露于空气中的库洛斯，怎

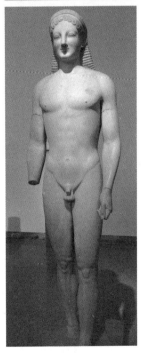

图 62　库洛斯，墓地用
前 6 世纪

　　　　　　　　　　　　言不必称希腊——以图证史（上）

么能够经受 2500 年的风吹日晒，而今依然相当完整？

我们只需问一个最简单的问题：这么高的巨像是如何站立在泥土里和空气里？

在海水里永不锈蚀的铜像

再往前走，就看到几尊据说是海里打捞出来的古希腊青铜雕像。第一尊波塞冬铜像（图 63- 左），说是在维奥蒂亚一个港口的海里发现的。首先想问，这个铜像怎么会孤零零掉到海里？其次，在海水里浸泡了 2500 年，尽管丢了双手和一只小腿，腹部有一点锈蚀，但头部怎么如此干净完整？

另一尊波塞冬铜像（图 63- 右），博物馆的名作，也是在海里发现的。也是不小心掉到海里的？出土搞多了，也要搞一些"出水"的？刚好这两个都是海神，从海里捞出来，倒也说得过去。但在海里泡了 2000 多年，怎么几乎一点锈蚀都没有啊？

波塞冬　前 480 年　　波塞冬　前 360 年

图 63

还有一尊大型奔马小骑手铜像（图64），放置在博物馆一个重要大厅，非常震撼。这尊奔马小骑手据说也是从一艘沉船里捞出来，是一些碎块，后由一位美国夫人和一家基金会出钱将其修复组装。但眼见到的，马首和马的前半身，还有小骑手，根本不是碎块，而是非常完整的铜雕。

这尊铜像雕塑技法非常纯熟，题材世俗，几乎就是一件现代风格的雕塑。在2000多年前，就有这样现代的雕像吗？

尤其，这尊雕像铸铜片非常薄。我问过中国美院雕塑系的朋友，铜雕都是用失蜡法。先制作内范和外范中间的蜡模，焙烧加热融化掉蜡模，留出空腔再注入铜水。这件奔马铜皮非常薄，制作起来要高度精确，浇注铜水灌到每个细部，难度极高。要焙烧加热这么大的模子，需要巨大的烤炉……古希腊有这样的加工技术么？

一点不逊色于中国商周的青铜器

来希腊之前没有对博物馆做过攻略，猛然撞见一个种类极其丰富多彩的

图64 奔马小骑手　前140年

"青铜器文明"展区，琳琅满目，一点不逊色于中国商周时期的青铜器。

我在紧邻希腊的土耳其伊斯坦布尔国家博物馆，没有留下对于青铜器的印象。对伊朗德黑兰国家博物馆的三头青铜狮子有印象。1988年去纽约大都会博物馆对伊朗青铜小动物雕像留有印象，不过都是小个头。希腊本地并不产铜啊？哪来这么多的青铜器？

再一次感叹：中国有什么，希腊也有什么。中国没有的，希腊也有。比如，中国有商周青铜罍，希腊也有前6世纪的铜壶（图65）。这些铜壶不仅形制精美，还饰有人体浮雕。

中国有刻在青铜器上的金文，希腊也有刻在青铜碑上的"金文"（图66-左）。这块碑发现于奥林匹亚祭坛，是表彰一位在奥林匹克运动男子角力比赛中的优胜者。铜碑铭文显示，古希腊对奥运会获胜者给予精神和物质重奖：宣布优胜者是"公共朋友"，赠与土地，可以免税，剧场坐前排……

中国商周有铜镜，希腊也有前500年的铜镜，而且带把，配有人物和动物雕像（图66-右）。

古希腊不仅有大型青铜雕像，还有非常广泛的青铜日常用品：锅、勺、盘、罐、夹子、剪刀、鱼钩，还有一杆与中国一模一样的秤！（图67）

还有各式妇女青铜饰品：项链、手镯、簪子，还有青铜马车、青铜乐器、成套成系列的青铜工具、青铜配件、青铜兵器、青铜小动物、小人像……

满满七八九个展厅。你想得到的或想不到的东西，古希腊人都可以用青铜给你做出来！看完之后，只有膜拜，叹为观止。

图65　铜壶　前6世纪

行旅现场引发的疑问

角力竞赛优胜铜碑　　　　　　　　　铜镜　前 550—前 500 年
前 300—前 250 年

图 66

图 67　青铜生活用具
前 450—前 350 年

　　　　　　　　　　　　　言不必称希腊——以图证史（上）

古希腊精密机械亮瞎你的眼

当然，古希腊最让人膜拜和震惊的青铜器，无疑是安提克塞拉机械（图68-左）。这个机械装置，也是从海里的沉船"出水"的。说是1902年，在希腊安提克塞拉岛附近，发现了一艘古罗马沉船，船上不仅发现了几尊青铜雕像（哲学家头像，青年铜像），也发现了这套机械装置的残片。

展柜里放了三片被铜锈粘在一起的连锁齿轮。据解说，这套机械里面装有30多个齿轮、盘表和指针，用于天文和历法计算。嚯嚯，原来这不是一个指示日常时间的钟表，而是一个计算天文历法的天文钟！

外语和中文都有大量介绍，说这个机械是由一个古希腊天文学家发明……清华吴教授盛赞该机械代表了"古代希腊高超技术成就"，"可以机械计算太阳和月亮的位置。背面有两个螺旋形转盘，上盘利用默冬周期精确确定奥林匹克赛会日期，下盘可以利用沙罗周期预测日食和月食……"

还有科技史学者斐罗斯（P. Firos）认为："这一机械可以计算和指示天体运行的位置，计算日月蚀，是一种模拟计算机（analog computer）。安提

安提克塞拉机械　前150—前100年　　　　　现代复制品

图68

克塞拉机械的体积很小，内部有尺寸不同的齿轮和传动机构……"这竟然是一台古代计算机！古希腊人真是无所不能的神仙民族。

且不说把天文学历法转换到一套精密的机械仪表上，先要问一下：古希腊有成熟的天文学和历法吗？一些迷信西方故事学的人立马会出来回答：当然有，还可以举出几位古希腊天文学家的名字……

但，天文历法不是某个古代天文学家一个人所能为，而是需要集几代几十代人的观测积累而成。天文历法也不是某个古代人喜欢"仰望星空"的兴趣嗜好，而是出于为农业耕作提供准确节气这一首要目的，《尚书》所谓"历象日月星辰，敬授民时"。

而古希腊半岛人口稀少，没有什么农业，古希腊天文历法的目的是什么？古希腊城邦有专门从事天文观测的官方机构吗？

中国数学的成熟很大程度上是为了计算天文历法。同理，古希腊在前150年是否有足够成熟的数学，能计算出各个星星的运行轨道和时间？

再问一句，古希腊有十进位数字吗？用罗马数字，1782还写成MDCCLXXXII（M：1000，DCC：700，LXXX：80，II：2）。古希腊没有十进位，也没有数字（据称古希腊用字母表达数字），古希腊天文学家怎么计算天文啊？还计算机？呵呵。

再来看制作问题。参看英国科技史家普莱斯（D.J. Price）做的复制品（图68-右）。这台机械制作小巧，只有30×20×10公分大小。简直就是一台现代闹钟。里面38个协同运作的精密齿轮，所需的金属材料古希腊有吗？这些齿轮和齿轮轴所需的精密加工，车床、钻孔机、锉刀等，古希腊有吗？

神奇的是，这个机械残片上还刻了3400个字母（图69）。在海水里浸泡2000多年居然还可以辨认，据说是有关天文和历法的计算，还包括"使用说明"！在机械上刻字，用东北话说：真能整啊！

正因为这个安提克塞拉机械太明显是造假，所以受到许多中外学者的质疑，斥责其是"骗局""伪造"。

诸玄识先生写过《揭穿'古希腊'天文计算机的神话》一文。马克·兰代尔愤懑地说："像一块假劳力士那样假。"（It was as fake as a fake Rolex.）英国艺术家安德鲁·特林指出："有些人认为这是一个精心策划的骗局（an elaborate hoak）……我们不知道古希腊人从哪里和怎样获得建造这种仪

图 69　机械上还刻有许多希腊字母，包括"使用说明"

器的知识。我们也不知道他们最伟大的发明是如何坠入海底的。但我们知道，整个事件都被笼罩在神乎其神之中"。诺贝尔奖得主理查德·费曼（R. Feynman）认为古希腊人造出这个机械"几乎是不可能的"。这件"像现代闹钟"一样的玩意儿，应该是"某种伪造品"（some kind of fake）。甚至那位复制了安提克塞拉机械的普莱斯，在遭到众多批评之后，心神不宁彻夜难眠："普莱斯经常在半夜醒来，盯着天花板，怀疑自己对这个机械的判断是错的，自己是否被一场残酷的骗局（cruel hoak）所缠住，而使其名誉栽倒在这个死胡同里？"……

　　可见，这件古希腊"杰作"在西方也饱受争议。

　　展厅里还有一个奥林匹克纪年盘，盘上面的格子是对应 4 年一届的奥运会。据西方故事学，古希腊奥运会从前 776 年开始，每 4 年一届，没有中断，一直办到 400 年，一共持续了将近 1200 年！

　　古希腊地区交通不便，人烟稀少，语言不统一，也没有一个统一政府出来主办，城邦之间还经常打仗。居然近 1200 年间，奥运会从未间断？古希腊人无以纪年，用奥运会来纪年：今年是奥运 × 届 × 年……这个纪年盘，就是这个用途。听这样的故事，我也是醉了。

　　看完青铜器展区，准备上楼看第二层时，忽然看到博物馆管理人员在赶人，说是闭馆时间到了。才 3 点半，还不到 5 点哪。答曰就是 3 点半关门。

行旅现场引发的疑问

我才看了1个半小时。不过心想，比较有名的波塞冬铜像、计算机和小骑手都看了，也算看了不少。

闭馆时间也太早了一点。于是回到老城莫纳斯第拉基小广场闲逛，发现一条小街深处有一家花里胡哨的店，走近一看是一家名叫Little Kook的茶馆，里面也是花里胡哨，布置得像圣诞节。走得也累了，点了一壶茶。休息了一个多小时，然后出来觅食，附近都是餐馆区。酒足饭饱，一夜无话。

第三天，科林斯、埃庇达鲁斯和迈锡尼

第三天是随希腊旅行社大巴四日行。4天4800元，稍贵，但方便省时。

早上8点半，在旅馆不远哈德良门附近，等到了旅游大巴。车上只有11位游客，其中3位是法属留尼旺岛的法国人，父母女儿一家三口，很友善。女导游名叫米加艾尔，也就是米歇尔，英语法语都会说。因为游客中有法国人，所以她所有的介绍都是英语一遍法语一遍，对于我这个法语精英语拙的人来说，真是意外的惊喜。

第一天行程紧，赶路远。

2月中的希腊，天气略寒，阳光明媚。出了雅典，就看到远处有雪山。

一小时左右，车到科林斯运河。科林斯，大名鼎鼎的古希腊城邦。三种著名的古希腊柱头样式，其中装饰最华美的就叫科林斯式。

有一座桥横跨运河之上，汽车行人共用。走到桥中间看科林斯运河，海水碧玉。到科林斯，就想看看传说中的科林斯城。我穿过桥，跑到对面一处建筑旁，想眺望一下远处的科林斯，但根本就看不到。望断海天，不见科林斯，有些憾意。

后在地图上看到，科林斯在西边。传说中如此重要的希腊名城，只是很小的一个海边小城。现实和历史套不上，反差太大。

具有医疗功能的山里大剧场

车子沿着伯罗奔尼撒半岛的东海岸南下。山路蜿蜒，右边是山，左边是爱琴海，风光旖旎。

一个多小时以后，离开海岸往西朝山里开。沿途是丘陵，常见远山光秃（图70）。后来到一片有些树林的平地，不见城市。哎，埃庇达鲁斯剧场到了。

一下车，就觉得有点纳闷，这个著名的古希腊剧场，怎么在一个不见人烟的深山里？

进了景点山门，往右手爬上一坡，就是埃庇达鲁斯露天剧场（图71）。该剧场据说由一位古希腊著名建筑师和雕塑家设计，建于前450年，能容纳15000名观众。

百度埃庇达鲁斯剧场词条说："1881年，人们在希腊南部的伯罗奔尼撒半岛的地下发现了埃庇达鲁斯剧场，并将之发掘出来。"这个地方并没有发生过火山喷发，不可能被埋到地下，何来发掘？相比我在土耳其看到的大大小小

图70　沿路山景，
远山光秃

图71　埃庇达鲁斯剧场，地处偏僻　前450年

十余座剧场，包括塞尔丘克大剧场（能容纳 25000 名观众）和米利都大剧场（也能容纳 15000 名观众），埃庇达鲁斯剧场的整体面貌更新，基本没怎么风化。说它已存在了 2500 年，不符合常识。

都说这个剧场的音响效果特好。导游也不忘记给我们做个小演示。让我和另一个爬得高的人在高处，听她在下面撕一张纸的声音，还说了几句话。我的确能听到她的声音。但我看了一下剧场，这并非有什么特殊的音响设计，而是这个剧场包过了半个圆（一般剧场都刚半个圆或不到），剧场外还有山谷树木的更进一步环抱，在安静没有人声时，形成一种空谷回声的效果，并没有什么特殊的神奇之处。

导游解释为什么这么一个大剧场附近却没有居民，因为这个剧场是希腊医药神阿斯克勒庇俄斯神庙的附属建筑。说古希腊时，这个地方是一个治疗中心。但医药神也没有什么治疗手段和药品，只是让病人睡一觉，托梦给病人应当如何。主要是让病人观看戏剧，欣赏音乐舞蹈，以此来获得治疗作用！原来是纯粹的艺术疗法或精神疗法啊。

这么早就想到用戏剧，用艺术来治病，古希腊真牛！

"中国之子"是西医之父

因还要赶到迈锡尼，限定时间，赶紧下来去看山脚下的小博物馆，只有两小间展厅。里面放了一些雕刻人像和建筑部件，很寻常。引起我注意的是，门口有五六块中国式石碑（图 16 已有展示）。

又赶去看医神阿斯克勒庇俄斯的医神庙，及附属建筑的遗址。他也是药神，说"药神庙"也未尝不可。

希腊神话中的医药神，与中国神农尝百草一样，到荒山野岭去考察动植物的药性，为人类治病。据说医药神打死了一条蛇，随即出现了另一条蛇，口衔一支能起死回生的药草。他用这支药草让死蛇复活。于是，蛇成了医疾治病的象征，具有神秘的疗伤能力。所以，医药神阿斯克勒庇俄斯的雕塑和画像，身边总是伴随一根有蛇缠绕的木杖（图 72）。今天世界卫生组织的标志，一根缠蛇的木杖，就是来自这位医药神。

穿过一片树林，是两片相连的药神庙遗址平地。一些长方形的墙基，表

图72　希腊医药神阿斯克勒庇俄斯手持缠蛇的木杖

示这里以前有建筑（图73-左）。走近第二片遗址，远处立着一个仿佛是残存的宫殿拐角，灿然白色，完全是新建的（图73-右）。

西方历史学称颂古希腊名医希波克拉底（Hippocrate）。但法国前总理德维尔潘说："没有阿维森纳（伊本·西那）的《医典》，我们怎会知道希波克拉底？"但希波克拉底只是故事传说，并未留下任何治病的医方药方。

伊本·西那（Ibn Sina）的名字是"中国之子"的意思。伊本·西那的《医典》，五大卷，百万余字，内容包括生理、病理、饮食卫生、药物药方、各种病症的疗法，是一本医学百科全书。《医典》译成拉丁语后，长期被西方奉为医学经典。因此，伊本·西那才是西医的真正祖宗，是西医之父。

说中国之子是西医之父，并不意味否认西方医学在19至20世纪获得的巨大进步。现代西医当然为人类医学做出了巨大贡献。

"药神庙"遗址

建筑完全是新的

图73

小不点的历史名城

匆匆看完药神庙，卡着时间回到大巴，马上出发去迈锡尼。

还是山路，往西。不久，到达海边，路过原希腊共和国首都纳夫普里奥。城市也傍着一座山顶城堡，但没有神庙。

感觉这个曾经做过首都的城市太小了（图74）。这么一个小镇当年做了首都，可见当时雅典无足轻重。

我们的大巴穿过小城，到海边一处空地停靠一会，让大家拍拍照。近海有一个城堡，有点像马赛港外的伊夫堡，背景是贫瘠的山。

小停之后，便向北方迈锡尼出发。

不远，出现路标"阿尔戈斯"，也是古希腊名城啊，甚至有说是希腊最古老的城市。可惜车子不经过，只是看看那个方向。后在地图上发现，阿尔戈斯也是一个与纳夫普里奥差不多的小城，人口2万。

但在希腊神话里，阿尔戈斯非常辉煌，发生了太多神话人物的神奇故事。阿尔戈斯百眼巨人，即使睡觉也是睁着50只眼睛。还有阿尔戈斯国王阿伽门农，统帅希腊远征军攻打特洛伊……关于阿尔戈斯和阿伽门农的故事三天三夜也说不完。不过，希腊远征舰队，造船总要木头啊。这片地区都是光秃秃的，没有森林，希腊舰队的船是用什么材料造的？

阿尔戈斯、纳夫普里奥、科林斯，以及后边看的迈锡尼、德尔菲、斯巴达，甚至雅典……古希腊名城都这么小不丁点，令人怀疑如何能承载起庞大

图74 最早的希腊共和国首都——纳夫普里奥，很小

言不必称希腊——以图证史（上）

的古希腊神话和历史。

荒凉大山下的荒凉小石头寨子——迈锡尼

路边看去，种的是一片结满果实的橙子树。显然这里的土地并不肥沃，不太适宜种粮食，只能种种橙子。

眼前右前方出现了两座光秃秃的高山，正暗自感叹希腊的山真荒凉，没想到车子径直朝这两座山开去……迈锡尼就在这两座荒山之间的山脚下（图75）！远看过去，是一座石头小山包，围一道石头围墙的石头小寨子。

远望两荒山

迈锡尼就在两山之间的荒山脚

图75

下午 1 点半才在迈锡尼景点之前的小村吃了一个简单中饭。2 点多即出发，因 3 点半景点就要关门，只有 1 个半小时参观，时间很紧。

先是到路左边的"阿伽门农墓"（图 76）。迈锡尼山寨则还在路前方 1 千米的右边，两个景点不在一块。

阿伽门农的墓在路边的山坡上。整座墓像一个地堡。墓上面的土层很薄，显然是做好墓后再覆盖土。墓道敞开，不像中国古墓要往下挖才能挖到墓道。据称此墓建于前 1350—前 1250 年。

3000 多年的古墓啊。还据说，这座墓早就被盗，已经没有任何随葬物品了。墓道也没有覆盖过土，几千年来它就一直暴露在山坡上，任过往的古今旅行者凭吊。

墓道两壁和墓门都由一种乳白甚或淡琥珀色的砂岩石块垒成。石块不小，墓门石块非常整齐，门框的凹线也非常规整。石材是砂卵石岩，有些砂卵石像是被切剖开，表面很平整（图 76- 右）。不能想象 3300 年前当地的先民能够有这样的石块切割工具。

阿伽门农墓　　　　　　　　墓门石砌非常整齐

图 76

墓室很大（图77），也很高，感觉比明十三陵定陵地宫的空间还要高大。尤其墓门上的门梁是一整块的巨石，据说有 120 吨重……又是奇迹。这个阿伽门农墓完全不像经历 3300 年岁月的样子。

阿伽门农是个希腊神话中的人物，也能当历史？当然导游也解释，这个墓未必是阿伽门农的墓，而是他之前一个迈锡尼国王的墓……

看完这个墓，再上车向前，来到如雷贯耳的迈锡尼。

这是一个标准的石头小寨子（图78）。准确地说，是一个三角形的石头山包。一条之字形的路，两拐到山顶，坡陡土少地方小。

墓室内用石块垒成圆穹顶

墓门上有一整块 120 吨巨石

图 77

图 78　迈锡尼——一个三角形的小山包，狮门（山寨入口）在左下

狮门

这么偏僻荒凉的一个小石头山包，这么小的一个山寨子，如何能撑起一个伟大得不得了的"迈锡尼文明"？

疑似混凝土的大石块

沿缓坡而上，终于见到35年前我在浙江美术学院读西方美术史研究生时就看到照片的"狮门"（图79-上）！

据西方历史描述，狮门"高大宽阔，骑兵和战车可以任意穿梭"。看真景，门并不高，骑马进门一定要撞头的。

著名的狮门

狮门拱巨石像砂石混凝土

图79

不过，狮门的石块倒不小。尤其狮子底下门拱横梁那块巨石有 20 吨重，人力不能搬动。传说迈锡尼城墙是希腊神话中独眼巨人所建，但神话终究不能当真。

不经意间，我发现这块巨石横梁的石质是由一些小鹅卵石构成，与狮子雕像的石质明显不一样。直感是，这块巨石非常像砂石混凝土（图 79- 下）。

这些人造混凝土石块有三个特点：第一，石质与当地周围的石头完全不一样，当地石头类似石灰岩；第二，形状比较圆浑，比较规则（图 80）；第三，都是沙砾鹅卵石合成（图 81）。

左边是人造石圆浑的块块，与当地石头的石质完全不一样

人造石的感觉非常明显

图 80

行旅现场引发的疑问

山顶圆石块太像混凝土　　　　　迈锡尼山门外的大石块

图 81

　　按照常理，建造石砌建筑，都是就地就近取材，因为石块从采石场运过来非常不容易。我在当知青时，曾抬过石块造田筑路。200—300斤重的石块两人抬，300—400斤的三人抬（长杠另一头两人用短杠），还要喊号子，前边"哼哟"后边"嚯咗"，调整三人步调……我也知道人力能搬动多大的石块。这些混凝土大石块，人力绝对抬不动，附近也没有同样石质的采石场。

　　后来在斯巴达，又看到了类似的石块（图82），更增加了是混凝土的怀疑。（后文谈欧洲17世纪已经有"浇铸石"）

　　进了山门不远右边，就是施里曼发现的圆形大墓（图83），被称为"A圈"墓葬。寨墙外边的坡地里，1950年左右由一位希腊考古学家挖出一些墓，称为"B圈"墓葬。两个墓葬区都挖出大量金银宝藏。

　　这个大墓就是薄石碑围起的一个圆圈，有点像中国的太极图，一半是实土，另一半是挖下去几米的一个坑。坑壁是用小石块砌成。

　　那围着大墓的两层石碑圈，也不像是埋在土里被施里曼"发掘"出来，因为这些石碑离地面很高，现场根本没有那么厚的土。

　　在这个不大的圆圈里，包含着6个竖穴墓。一共埋了九男八女和两个婴儿，陪葬品无数，最多一穴多达870件！

　　施里曼认定这里就是迈锡尼的王陵，里面埋着阿伽门农及随从。著名的"阿伽门农金面具"就是从这个大墓的五号小墓里挖出来的。

　　现在西方考古界倒是否定了金面具属于阿伽门农，认为这里埋的是比阿伽门农更早的迈锡尼的皇亲国戚，因为阿伽门农是前1180年，而这个墓是前

言不必称希腊——以图证史（上）

图82 斯巴达遗址的石块

图83 迈锡尼圆形大墓

1600—前1500年迈锡尼王国的。真是科学严谨啊！但把真实历史推到史诗传说（阿伽门农）之前，只能说西方考古界比施里曼更有想象力。

　　山寨外的B圈是一些散落的墓葬土坑（图84），也挖出大量迈锡尼文明的器物。尤其是1952年，在"油坊"和"酒坊"遗迹里发现了线形文字B泥板，辉煌啊！

　　中国在二里头考古遗址发掘出大量夏商时代的物品，因为没有发现文字，于是考古队领导坚决不承认夏朝的存在。看人家希腊，在这样的泥坑里，居

行旅现场引发的疑问

然能挖出3000多年前的泥板，这些泥板在潮湿的地底下就是不受潮化掉，太神奇了！（有些泥板看上去有点陶化，西方故事学都解释，是一场偶然的大火把泥板烧成陶了）

图84　山寨外边的墓葬土坑，也挖出大批金银物品

进山门前就看到这些土坑，外边围着一根绳子。当时我对这些土坑并没有太在意，普普通通。根本没有想到后来在博物馆，竟看到这么多的金银器和陶器，都是从这些土坑里挖出来的……

没有墙壁的壁画

留给迈锡尼山寨的时间总共只有50多分钟……可导游在大墓边立定，一遍英语一遍法语介绍个不停。我一旁着了急，还要看博物馆，于是在大墓边转了几圈，就先一个人沿着之字形上坡路，往小山顶爬。

山顶只有两块排球场大小的平地（图85-左），看上去像是屋基地。解说牌说这里是迈锡尼王国的宫殿。这宫殿实在太小了，与传说中的迈锡尼王国的辉煌相去太远。即使这块像巴掌大的山顶平地，也是靠砌石坎堆出来的。

宫殿的墙完全看不到，残垣断壁都没有留下，干干净净。没有想到迈锡尼博物馆、雅典国家考古博物馆，说是从这个宫殿的墙上发现了许多块壁画（图85-右）。

真是活见鬼，宫殿墙壁都完全没有了，怎么从墙上揭下壁画？山顶没什么土，不可能像庞贝那样有土把壁画埋起来，然后将其"发掘"出来。殿毁墙塌，壁之不存，画将焉附？

山顶的另一边，是很陡的山崖，边缘是松散堆叠的石块，不敢走到太靠边。也无心四望远眺抒发一下凭吊之意，旋即大步从后山下山，出了山寨小后门，赶去看迈锡尼景区博物馆。

图85　山顶巴掌一块大的平地是宫殿所在，还发现了克里特岛风格的壁画

怪异的牛头酒杯

很可惜，我的时间只有不到半小时，只能匆匆浏览。原以为这是一个小博物馆，展出迈锡尼山寨当地出土的器物。进去一看，发现是一个有相当规模的博物馆，展品非常丰富。陶器、金器、青铜器，琳琅满目（图86）。

尤其陶器非常多，好几个展柜，都是成系列地摆放。这边是几何风格，最为古老。那边是古典、希腊化时期……都是"BC""西元前"。

迈锡尼出土最著名的宝贝，就是施里曼命名的"阿伽门农金面具"，早在当年读研时就知道，印象深刻。博物馆里展出的是一件复制品。（后有专文质疑该面具）

施里曼还在迈锡尼挖出一个黄金包角的公牛头祭酒杯（图87-左）。

这个牛头说是用来祭祀的酒杯（rhyton），很是怪异。分明不像是一个杯，但被说成是酒具。这个酒具的形制是，在牛脖子开一个灌酒的孔，祭酒由此灌入。然后牛嘴处有一个出孔，祭酒由此流出，洒向大地……这样一孔进一孔出，不那么实用。这个牛头与其说是酒杯，不如说是一件用于摆放观看的物品。

克里特岛也挖出一个牛头祭酒杯（图87-右），两个牛头一模一样，一样的精美，只是材料不一样。一个是银制黄金包角，一个是石制黄铜包角。

据西方故事学，克里特的铜石牛头，要比迈锡尼的金银牛头更早。因为

图 86 迈锡尼博物馆，展品琳琅满目

迈锡尼黄金包角、银制牛头祭酒杯（酒具）
前 1500 年

克里特岛的石制牛头祭酒杯，伊拉克利翁博物
馆 前 1600—前 1450 年

图 87

言不必称希腊——以图证史（上）

克里特岛的米诺斯文明（始于前3000年），在1450年被火山喷发覆灭了以后，流传到了迈锡尼。前举迈锡尼壁画的风格也类似克里特的壁画风格。

人们不禁要问，这克里特岛的文明，是怎么飘过大海来到这里的？

形制离奇的双面斧

在迈锡尼博物馆让我惊倒以至怀疑的，还不是那个金面具，而是十几把成系列摆放的双面青铜斧。

这些铜斧大小差不多，制作精良，外观光滑整洁，斧面的斜度极其精确，几乎达到工业化的标准，好像是同一个加工场的产品（图88-左）。尤其那个椭圆斧孔，铸造得极其精准，做得太完美了（图88-右）。

当时还不知道双面斧的形制来自克里特岛。只是觉得时代这么早，当地并不产铜，地处偏僻，人口稀少，怎么会制造出这么多、这么精致的铜斧？

在绝大多数情况下，斧头都是单面的。我在农村使用过斧头，劈柴打木桩。因为单面斧头可以有两个功用：一面开锋劈东西，另一头钝形可以用作铁锤，一物两用。双面斧不仅没有增加斧头的功用，而唯一的功用就是花架子，所以显得很离奇。哪有这样不实用的斧头的？

尤其可疑的是，十几把双面斧都是崭新的，没有使用过，没有缺损。按常理，如果是在一个文明的废墟里发现一种工具，应该都是使用过，有不同程度的磨损。不同的工匠和作坊，制作上也应该有不同尺寸。怎么可能像这

双面铜斧　前1250—前1050年

图88

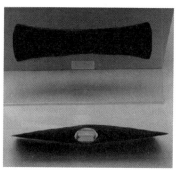

双面铜斧

些双面斧那样，形制大小几乎一样，都没有使用过，好像是从同一个仓库找到的同一批次同一型号的新货！

还有几个三脚铜锅（图89-上）也让我感叹，中国有三脚铜鼎，希腊也有三脚铜锅。不过这些铜锅的制作显得粗糙。另，铜锅三只脚，是先做好锅体，再把三脚焊接上去。迈锡尼人已经掌握青铜焊接技术了吗？

那把青铜长剑被标为前1700年（图89-下），制作也非常精良。但剑身修长，很单薄，这样的剑能用作武器吗？

很遗憾未能从容仔细地看，匆匆看了一遍，很快就到闭馆时

铜锅　前1250—前1050年

青铜长剑　前1700—前1600年

图89

间，便急急赶向停车场。其他游客都已在车上，我是最后一个上的车。

下午3点半多一点，大巴启动出发，前往今夜宿营的景点——奥林匹亚。我们的线路是斜向西南，横穿伯罗奔尼撒半岛，经过特里波利斯，到半岛西海岸，然后沿海岸公路北上。开了4个多小时，晚上8点抵达奥林匹亚。

离开迈锡尼之后，很快就穿行高山间，穿越许多隧道。一路荒山野岭，景色荒凉。半岛中部特里波利斯，稍有一点平缓之地，有一些人烟。

到了西海岸之后，天色渐暗。最后离开海岸折向奥林匹亚，已是浓浓的黑夜。本以为奥林匹亚应该离海边不远，没想到离开海岸之后，便进入丘陵地带，大巴车上坡下坡，左盘右旋。到达奥林匹亚，感觉是到了一个小山村。

第四天，奥林匹亚

今天只看奥林匹亚一个景点，时间宽裕，所以9点出门。

来到景点门口，好像来到一个公园。近旁有一条溪，感觉有点潮湿。

奥林匹亚，可是古希腊一个神圣的地方。奥林匹克运动会，就是起源于此地。第一届奥林匹克运动会的举办年份，还成为古希腊历史的纪年。还有每届奥运会要点燃奥运圣火，也是在此地点燃。一些希腊美女表演点火仪式，庄严隆重。

按照西方故事学，奥林匹亚的宙斯神庙，是"古代世界七大奇迹"之一，因为神庙里有一座12米高的宙斯雕像。其他六大奇迹是：土耳其的阿尔忒弥斯神庙、摩索拉斯陵墓、罗德岛的太阳神巨型雕像、埃及胡夫金字塔、亚历山大灯塔和巴比伦空中花园。

奥林匹亚更多是以奥运会著名。据说在古代，每四年希腊地区的人都要暂时停止敌对战争，来此地举办奥运会比赛，一直办了1200多年没有中断！奥林匹亚简直是一个比雅典还重要的地方。

1766年，英国古董爱好者钱德勒（R. Chandler）首次发现了奥林匹亚遗址。不知他是怎么摸进这个离海岸有相当一段距离的小山谷。

正式确认奥林匹亚遗址的，是1829年5月来到这里的一个法国科学考察队。就像拿破仑远征埃及带一个"科学与艺术委员会"一样，一支由麦松（N.-J. Maison）将军率领的远征希腊、帮助希腊独立的法国军队，也随军带了一个科学考察队，有19名由法兰西研究院派遣的成员，专业包括自然史、建筑、雕刻和绘画等。

当时伯罗奔尼撒半岛并不叫伯罗奔尼撒，而是名叫"莫雷亚"（Morea）①，所以这次1828—1833年的法军远征，名叫"莫雷亚远征"（Morea Expedition）。

法国科考队（1位考古学家，1位建筑雕塑师和4位画家）在那里待了6

---

① 就像当时克里特岛也不叫克里特，而是叫"干迪亚"。克里特、伯罗奔尼撒，甚至雅典（斯蓬书中雅典当时叫"萨迪那"）等地名，都是希腊独立以后全新命名的。希腊独立以后，"希腊知识分子做出了英雄般的努力，以使他们的国家重返古希腊时代。古典地名被恢复"（贝尔纳《黑色雅典娜》第336页）。

周。据称那里什么也没有，只看到了一根多里克式大柱子的残块。但法国人宣称发现了宙斯神庙遗址。

之后，1875—1881 年，来了德国考古队，才真正对奥林匹亚展开考古"发掘"，干了 6 年。1900 年以后，尤其为了配合 1936 年德国奥运会，一直是德国人主导那里的考古。

大约是为了感谢德国人的发掘，遗址解说牌是用希腊文、英文和德文。法国人主导发掘的德尔菲城，解说牌是用希腊文、英文和法文。

并非挖掘而是建于地面上的遗址

奥林匹亚遗址依傍一座小山丘，是丘陵环绕中的一块小平地，占地不大，东西约 520 米，南北 400 米，很小（图 90）。左边是一条小河，入口在左上。主要遗迹是中部的赫拉神庙，宙斯神庙，还有右边的奥林匹克运动场。还有其他一些建筑遗址，诸如运动员训练场、宾馆、浴室，还有著名古希腊雕刻家菲迪亚斯的作坊……

但 1829 年，法国科考队绘制的奥林匹亚遗址平面图上（图 91），左边小溪还是同样的小溪，但现场除了粗线条画的宙斯神庙之外，其他什么都没有！四周都是村民的农地，一片空旷。根本就没有什么赫拉神庙的影子，也没有今天宙斯神庙周围堆满的巨石块……

图 90　奥林匹亚遗址俯瞰图

　　　　　　　　　言不必称希腊——以图证史（上）

图91 法国科考队1829年绘制的奥林匹亚遗址，宙斯神庙四周什么都没有

入口右前方遗址

运动员训练场

图92

走进遗址入口往南看，远方是山丘。右侧是运动员训练的场地，有许多柱子（图92）。当时就纳闷：说好的是"发掘"遗址，怎么遗址都高于地面？从现场看，遗址并非原先覆盖厚土，并非考古学家们把土运走，露出了这些柱子。这些柱子都是后来新竖的。

这些柱子和石砌，都苔迹斑斑，感觉阴气比较重。

往前走几十米，可见三根柱子的圆坛，据说是亚历山大父亲菲利普二世献给奥林匹亚的。解说牌上放着一张圆坛的老照片，石块散落在地上。现在新竖起了三根柱子（图93）。

从圆坛往左拐，就是赫拉神庙（图94-上）。看着神庙整齐的石墙脚，修补过的柱子，让人感觉似旧非旧。

图93　菲利普二世圆坛旧照片，2005年新修竖起了柱子

图94　赫拉神庙，指示牌的位置是奥运圣火点燃处

　　　　　　　　　　　　　言不必称希腊——以图证史（上）

走到赫拉神庙那一头，东边，一块小空地，就是点燃奥运会圣火、获取圣火的地方（图94-下）。没来之前，想象这个地方极其神圣。到这里一看，只是很普通的一块小地方（有块解说牌）。

赫拉神庙的南边，是整个奥林匹亚遗址的中心建筑——宙斯神庙，建于前470—前457年。

走近神庙，主体遗址是一个稍高于地平的长方形平台（图95-左）。

看解说牌上的复原照片，神庙极其宏伟（图95-右），里面供奉着古代世界七大奇迹之一的宙斯巨型雕像。但今天现场的格局毫不宏伟，神庙不大，与煌煌古代传说对不上。

我的感觉依然是：这个平台并没有通常考古意义上的"发掘"，而是在地面之上的新建。

神庙四周堆满了似乎是神庙倒塌下来的大石块。这些石块也明显不像是从土里挖出来，而像是从别处运来，摆放在那里。摆放、堆放的感觉非常明显（图96-左）。照片右上那根崭新的柱子，就是当年法国科考队看到、也是现今神庙唯一残留立在那里的多里克式大柱子。

还有一个强烈感觉是，这些石块非常像混凝土浇铸石，质地粗糙，不像天然石块（图96-右）。

宙斯神庙东正门　前470—前457年

图95

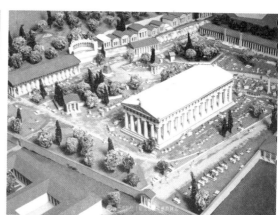

宙斯神庙模型

宙斯神庙残留一根柱子，周围的石块　　　　这些石块非常像混凝土浇铸石

图 96

不可能从当地挖出来的雕像

宙斯神庙遗址还挖出了许多山花上的雕像，展览在奥林匹亚博物馆，这里提前说说。

奥林匹亚博物馆大厅，有两排气势宏大的人体雕像（图 97）。据称这原是宙斯神庙山花上的雕像，都是从神庙现场遗址挖掘出来的。

记得 2015 年我在土耳其伊奥尼亚地区，去艾丁更东边的一个叫尼萨（Nysa）的小遗址，有雕像出土的照片。后来又在安塔利亚博物馆看到大量的古希腊古罗马的雕像，觉得从地里挖出古代雕像，很自然，无可怀疑。

但当我看到这些比真人还大、大部分身体保存完好、有些甚至很新的雕像，说都是从这个宙斯神庙前后的地底下挖出来的，突然就糊涂了。

怎么可能呢？

如果这些巨大的雕像原来在神庙的山花上，离地面十几米高，据说神庙是毁于地震，那么这些雕像应是随神庙坍塌而坠落到地面，怎么着也应当粉身碎骨了。而这些雕像，尽管残缺许多部位，但保存下来的部位却极其完好。

如图 98，右边图片中第二人，除了脑袋，从上身到膝盖，大半个人体雕像非常完整。还有遮盖下身的布料褶皱也基本没有破损。这么大的体块坠落到地面，怎么可能完好无损？

神庙周围全是大石块。山花雕像在神庙的正门和后门之上，前门外更是

图 97　宙斯神庙山花群雕拉庇泰人和半人马之间的战斗

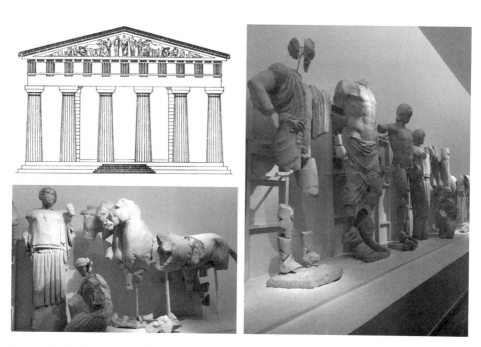

图 98　这些雕像比真人高，神庙坍塌，坠落下地居然不碎

行旅现场引发的疑问

巨石成堆。试问，这些雕像当初是以一种怎么样的状态混杂在这些大石块之中的？无法想象人们是如何从这些石块之中挖出这些雕像的。

看过神庙四周的土地，并非我国陕西或河南厚厚的黄土，可以温柔地覆盖千年古迹。奥林匹亚遗址地处一条溪边，是河滩地，偏沙性土壤。跟希腊大部分地区一样，并没有很厚的土层。这些高大的人体雕像是如何掩埋在泥土里的？或者说，如何才能把这么多雕像堆叠埋到宙斯神庙前后的乱石堆里？无法想象。

从现场看，这些雕像是不可能从宙斯神庙周围地硬土薄的地方挖出来的。突然我开始怀疑"古希腊雕刻"，觉得所有西方"古希腊""古罗马"雕像都很可疑。

摔不碎的胜利女神

离宙斯神庙不远，看到一个三角形的大理石基座（图99-左）。旁边解说牌说，这个基座是安放胜利女神雕像的。

后来在奥林匹亚博物馆的一个大厅，远看过去蓝色背景前，有一座高高在上的石雕像，非常吸引目光。走近才知，这就是奥林匹亚的胜利女神（图99-中、右）。

胜利女神基座　　　　　胜利女神　前 421 年

图 99

这尊胜利女神雕像比卢浮宫的轻灵多了。女神脚尖轻轻踮起，没有了翅膀，仍给人一种飞翔的感觉。腰腿后边的衣摆，轻盈地迎风飘飞。必须赞美一下这尊雕像雕得好。还必须赞美那位修复者，将雕像碎块，用钢筋凭空组合起来。串连衣摆的碎片，实非易事。那个没有面容的脑袋，也损毁得恰到好处，悬空挂在脖子上方……

但依然要问：地震发生之时，这么轻灵的雕像，从这么高的一个基座上摔落下来，即使是落到泥地上，怎么能保持雕像主体躯干如此完好无损？尤其是两条腿，很容易"粉碎性骨折"，却几乎没有重大损坏。说不过去。

必有一伪的运动场

再往东不远，通过一个很小的拱门，就是奥林匹克运动场（图100），据称建于前5世纪，与宙斯神庙同时。运动场有一条石头起跑线，终点没有标志线，赛跑长度是192米。

奥林匹亚只有这么一个运动场。传说的全希腊地区200多城邦每4年都要来人参加的奥林匹克运动会，就是在这么一个小场地上进行。

跑步比赛，总不能大家都比赛跑192米吧？总要赛个长跑，400米或1000米的。而这个运动场小到连400米环形跑道都布置不下，怎么跑长跑？

比赛项目除了赛跑，拳击，还有马车比赛！天哪，这么一个小地方，怎么跑马车？据说这个运动场能装5万观众，还有运动员，那些车呀马呀，就

奥林匹克运动场入口

运动场小得可怜

图100

只有这么一个小入口，怎么进出？

奥运会的举办期是 1 天到 5 天。大家好不容易、千辛万苦来到此地，结果刚来了几天就结束了，不太合情理吧。

这个古希腊奥运会，说是从前 776 年开始举办。但其起源完全是传说，而且版本众多。一个版本是宙斯神庙群雕之一所表现的，奥林匹亚国王佩洛普斯，为了娶伊利斯国王奥宜诺马奥斯的女儿，与伊利斯国王进行马车比赛，获胜抱得美人归，于是在宙斯神庙前大办婚礼，组织赛跑、角斗等比赛，由此开创了奥运会。

还有一个版本是神话：希腊神话人物赫拉克勒斯完成了一件伟业，为了庆祝胜利，在奥林匹亚举行了运动会。也有说是希腊主神宙斯打败了对手，而举办庆祝活动……总之，奥运会起源是一笔糊涂账，谁也说不清。

古希腊地区从未形成过一个统一国家。谁来主办？ 200 个城邦还互相交战。奥林匹亚其实地处偏僻，从雅典或别的城邦来此地，山高路长，交通极其不便。即使从斯巴达过来，也要走个四五天。整个伯罗奔尼撒半岛，高山峻岭，人烟稀少。环半岛沿海也多山崖，难以通行。今天的伯罗奔尼撒州，只有 50 万人口。大片荒山野岭无人区，运动员走在路途上，投宿都是大问题。在这么一个远非希腊中心、地处偏远的小地方，4 年一届举办大规模的奥运会，完全不合常理。

尤其有一个致命的矛盾：既然前 470 年奥林匹亚有了奥林匹克运动场，为什么雅典也搞了一个泛雅典娜运动场？

雅典的泛雅典娜运动场，据称是"世界上最古老的运动场"，建于前 566 年，140 年还进行了扩建。可见泛雅典娜运动场与奥林匹克运动场几乎同时存在。既然奥林匹亚的奥运会每四年定期举行，全希腊地区的希腊人都要去参加，为什么在雅典又另搞一个好像也是全希腊地区的人要参加的泛雅典娜运动会？

难道说古希腊人整年都是忙于参加竞技运动会，都不用干别的事了？

就历史传说而言，奥林匹亚的奥运会显然最为重要。但现代希腊定都雅典，现实需要提升雅典的历史地位，于是雅典就有了泛雅典娜运动场。

但不可调和的矛盾是：如果人们认可了奥林匹亚的奥运会更正宗，那么雅典的泛雅典娜运动会就不足为信。或者反过来，认同雅典的泛雅典娜运动会历史悠久，那么地处偏僻、场地狭小的奥林匹亚奥运会就变得站不住脚。

1896 年第一届现代奥运会，不是在奥林匹亚举行，而是在雅典的泛雅典娜运动场举行。读者朋友没有觉得此中有错位吗？

两个传说，必有一伪。实际上，两者皆伪。

永远的浪漫主义凉鞋

看完运动场，原路返回。随意转转，南边有一幢红砖建筑，说是罗马尼禄皇帝在参加奥运会时住过的房子，里面有罗马浴室，地面铺有精美的海豚马赛克镶嵌画。再转过去，是一个方形的大宾馆。

再往回，又是一幢红砖建筑，说是古希腊最伟大的雕刻家菲迪亚斯，雕刻宙斯巨像的工作坊……之后大家集合，前往奥林匹亚博物馆。

博物馆里，见到一尊雪白粉嫩的大理石雕像，是古希腊神话中诸神的使者——赫尔墨斯（图 101-左）。据称是古希腊雕刻家普拉克西特勒斯（Praxiteles），在前 340—前 330 年间完成。雕像风格有女性的柔美。

这件雕像跟前面雅典卫城博物馆的克利提奥斯男孩（见图 17）一样，历经 2000 多年岁月，除了断了一个胳膊，掉了命根子，竟然没有任何一点破损，皮肤光洁，看不出任何水浸土埋的痕迹。刚刚也看了奥林匹亚遗址，当地潮湿的土壤怎么一点都没有侵蚀雕塑的表面？雕塑的头发、眼睛等凹陷之处，怎么毫无泥土的垢渍？

卢浮宫的古希腊雕塑显得新，说是罗马时期的拷贝。而这件赫尔墨斯没有说是罗马拷贝，直接声称两千多年前的真迹！可谓在考验观者的智商。

雕像还有一个值得一写的细节：这位希腊神话人物穿了一双轻曼的凉鞋（图 101-右上）！

希腊半岛虽然夏天热，冬春天还是比较冷的。2 月中，伯罗奔尼撒半岛到处可见雪山，导游说这些雪山要到 3 月底或 4 月才会化掉。就是说，希腊这地方一年中还是有相当长一段时间是比较冷的。但奇怪的是，希腊神话中的人物大部分都不怕冷，裸体出镜。雕像中的古希腊人，也常常像南亚热带地区的人那样，披一块布就上街了。

希腊并不在热带，但几乎所有的古希腊雕像，要么是赤脚，要么穿凉鞋。

赫尔墨斯的凉鞋，永远的凉鞋

奥林匹亚的赫尔墨斯　前340年　　　雅典国家考古博物馆小骑手的脚

图 101

披一块布，弄出一些"曹衣出水"的衣褶，已经够拉风了。还要穿这种超级现代女性的凉鞋，实在太酷了！

其实，我在雅典国家考古博物馆看那位小骑手雕像时就已发现他穿着一双看不见的凉鞋（图 101- 右下），有鞋带，但看上去像光脚，当时就觉得很新奇。后来在克里特岛的伊拉克利翁博物馆看到哈德良皇帝也穿凉鞋，在萨塞洛尼基的亚里士多德广场，这位古希腊哲人也是穿着凉鞋（图 102）……终于明白，古希腊人都是穿凉鞋！

荒诞吧？希腊地区气候并非四季炎热，怎么可能大家都穿凉鞋？魔鬼在细节。这个细节里藏着一个巨大的不合常理。

尤其赫尔墨斯的凉鞋带，简直是现代透明塑料鞋带。追究一下，两千多年前古希腊有这样精纺的布料吗？

伊拉克利翁博物馆哈德良皇帝像　　　　萨塞洛尼基的亚里士多德铜像都穿凉鞋

图102

　　还有凉鞋底都很薄。小骑手那双几乎看不到鞋底，或者根本就没有鞋底。继续问，这么薄的凉鞋底究竟是用什么材料做的？

　　人类社会进化，穿鞋始终是个问题。见过荷兰木鞋，日本木屐。皮鞋皮靴晚近才出现。咱中国人长期都穿布鞋。布鞋底是用旧布片一层一层叠起来，再用麻线缝紧，叫"纳鞋底"。小时候常见奶奶和老家妇女纳鞋底。我也穿过好多双这样的布鞋。这样的鞋底，一般穿一年就磨损得不行了。

　　这些希腊凉鞋，鞋底显然不是木头的，也不可能是布鞋底。看上去，鞋底也不像是兽皮做的。按照希腊多山，路多石，希腊人这么整天外出参加体育比赛和体育锻炼，鞋底磨损肯定很厉害。看这鞋底这么薄，恐怕只有铁板或钢板才能胜任，但古希腊没有钢。只有一种可能：这凉鞋是一种浪漫主义想象！

　　雕刻家们雕出这样的凉鞋，根本就没有实际生活经验，凭想象塑造古希腊人。也许他们觉得古希腊人老打赤脚不雅观，就随意想象出了凉鞋，不管这种凉鞋有没有存在可能。他们有时极其现实主义，一缕头发都雕得惟妙惟肖，有时却异想天开得离谱。

赫尔墨斯脚上这双像塑料做的超现代女性凉鞋，就可为证。

这样的凉鞋也可以构成古希腊雕刻是现代伪造的证据。

人有多大胆，地有多大产

当年毛主席反对大跃进亩产万斤粮的浮夸风，曾写过"给六级干部的一封信"："去年亩产只有 300 斤……今年吹上 800 斤、1200 斤，甚至更多，吹牛而已。"其实，当年的"人有多大胆，地有多大产"，比起希腊还真是小巫见大巫。

奥林匹亚才 520×400 米的小地方，31 亩，出产了多少"古物"啊！

成百上千的青铜小动物、青铜头盔、像战斗机编队的青铜人头飞鸟……你能想象的，这里有大量出土。你不能想象的，这里也能出土。这里能够把无影无形的传说，弄成实物，摆在你眼前。

奥林匹亚博物馆有两样东西，让我五体投地叹服制作者的大胆包天。

首先在一个展厅，迎面看到一个高台上，放着一个巨大的圆形红陶物体，说是放在赫拉神庙庙顶的装饰物（图 103）。正面看像圆盘，盘沿齿轮状，转过去像一个碗或喇叭（图 104）……

是从蜗牛背上的壳获得的灵感？

图 103　赫拉神庙庙顶的装饰物

这样的建筑装饰物，不要说没见过，要把它想象出来，也是脑洞大开。我还算了解一些西方建筑史，已经被雷倒。对于普通参观者而言，可以想象所受的心理震撼。这玩意实在太大了。

巨碗是用一些红陶残片修复的，有些残片面积比较大。从这么高的神庙屋脊上跌落下来，竟然还能相当地"瓦全"。赫拉神庙门外场地不大，土也不厚，无法想象这只巨碗从屋顶坠落到地面，与神庙坍塌的石块混杂一起，掩

　　　言不必称希腊——以图证史（上）

图 104　巨型屋顶装饰"陶碗"，赫拉神庙

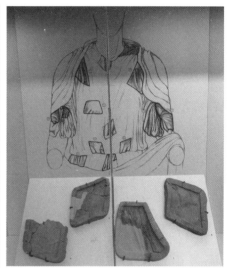

图 105　制作宙斯雕像黄金衣褶用的陶模

埋至今……

　　这么巨大的陶器，烧制技术问题怎么解决？烧陶的温度虽在800℃以下，但要烧制这么大一个陶器，里外四周均匀受热，也不是轻易能烧成的。古希腊有这么巨型的烧陶窑炉吗？

　　还有一样让我做梦也不会想到的东西，是一些像砚台又像猪耳朵那样的红陶玩意（图105），摆了好几个橱窗。开始没看解说，没看明白是什么东西。后来才知道，这是浇铸宙斯巨像身上黄金衣褶的陶模！因为传说中，这个世界七大奇迹之一的宙斯雕像，是用黄金和象牙装饰的……

行旅现场引发的疑问

真把传说当了真！

宙斯巨像，只是一个连影子都没有的传说。我去过世界七大奇迹在土耳其的两个遗址，阿尔忒弥斯神庙和摩索拉斯陵墓。遗址都很小，明显不像。土耳其人也只是含糊指认一下。这里倒好，希腊人硬是把这个传说落了实：居然挖出了浇铸黄金衣褶的红陶模具，还不止一块！

宙斯神庙遗址，并没有发现这12米高巨像的任何残块或黄金象牙的碎片。宙斯雕像一个碎片没留下，但神庙山花上的雕像却保存了这么多，怎么解释？

希腊人的"考古大跃进"胆儿也忒大了一点……

看完博物馆，吃了中饭，大巴前往下一个景点——德尔菲古城。

沿着伯罗奔尼撒半岛西北海岸行驶一段后，便由南向北穿过帕特雷（里翁－安提里翁）跨海大桥（图106）。这座跨海大桥在希腊可是一项大工程。大巴通过要收65欧元过桥费，约500元钱，不便宜。

过桥后往东行驶，是一路沿海岸的公路。右侧南望是伯罗奔尼撒半岛，中间隔着窄窄的海，好像是沿着一条江边前行。

对岸的伯罗奔尼撒，是绵延不断的雪山顶（图107-左），都是巍峨的高山，荒无人烟。路弯，车慢，暮色渐起，才远远望见对面高山坡上的德尔菲小镇（图107-右）。从海平面往上，有相当高的爬升。颇有：山路远上白云间，一片孤城万仞山……

里翁－安提里翁跨海大桥

图106

桥在帕特雷附近（黑圈）

南望伯罗奔尼撒半岛，一路绵延雪山顶　　　暮色中，小白影是德尔菲小镇

图 107

　　德尔菲后面远方的雪山，是如雷贯耳的希腊名山——帕尔纳斯山。此山据说是文艺女神缪斯居住的地方，雪山盖顶，远看过去还算雄伟，但不那么文艺。

　　大巴到达德尔菲小镇的宾馆，已是晚餐时分。

　　斯蓬的"东游记"也描写了德尔菲，还配了插图（图 108- 左）。德尔菲在图中处于半山腰，与今天的位置比较符合。但斯蓬东游记把德尔菲一带描写成一派山清水秀，到处流水潺潺，与今日实地完全是两回事。

　　斯蓬的图文中，德尔菲有泉水，名卡斯塔莲纳，泉水好大有瀑布（图上也画出来），形成水潭。在德尔菲上方，还有一处名叫德罗塞尼戈的大泉水，形成一个高山湖。德尔菲下方有一条溪流。离德尔菲不远，还有个名叫利瓦迪亚的地方，也有很大的泉水，瀑布推动磨坊，最后形成利瓦迪亚湖……简直是俺家乡浙西天目山一带山清水秀的景象。

第五天，德尔菲和温泉关

　　也许是到了高山，或是气象变化，今天气温骤然变冷。第二天起来，天空竟然飘起细细的雪片。

　　本来只是不经意塞入背包的一件薄毛衣和一条老线裤，没想到这两件纯

斯蓬"东游记"中的德尔菲　　　德尔菲城——宇宙中心

图 108

粹是备用的东西真是救了命。走到室外，寒风阵阵，冷啊。原以为希腊不会太冷，古希腊人不常常都是光脚裸身披一块布吗。

德尔菲小镇处于一个山坡上。宾馆客房是阶梯式，外立面是用石块砌的。小镇街道也是在坡地，有落差。

出发。大巴穿过小镇，往镇背后的峡谷里开去⋯⋯

高山陡坡上的宇宙中心

古希腊德尔菲城实在太有名了。早在 1990 年，本人第一本拙著《现代与后现代——西方艺术文化小史》，里面谈欧洲中心主义，就提到德尔菲被古希腊人看作是宇宙中心（图 108- 右）：

> 古希腊人把德尔菲城看作是宇宙的中心。德尔菲城从公元前 7世纪起就有一座阿波罗神庙，是全希腊最神圣的传达阿波罗神谕的地方。传说阿波罗在这里杀死一条叫毕东的神蛇。后来由阿波罗的女预言家毕蒂（Pythie）在这里传达神谕。古希腊人凡在军事出征或政治决策之前，都要来这里听取祭师们模仿毕蒂的怪声怪叫之后作出的预告。我们在卢浮宫里看到一尊希腊化时期伊特鲁斯坎地区的雕像。男子所持的祭油盘，圆盘象征着宇宙，圆盘中的圆脐则象征宇宙的中心——德尔菲城。

还有，苏格拉底的名言"认识你自己"，据说就刻在德尔菲阿波罗神庙的门楣上……所以我对德尔菲城是景仰已久。

大巴前行，左边高山，右边深谷，山谷对面还是高山。

先看到左上方有一片遗址，德尔菲到了。但车继续向前，说先去看前边1.5千米公路下方的雅典娜神庙遗址。德尔菲遗址分成了上下斜错开的两块。

车停了。要从路面往坡下走一段，才能到达雅典娜神庙遗址（图109）。遗址除了地面上几堆石块，只剩三根圆坛柱子。柱子石块偏乳黄色，与地上石块不是同一种石材。

天空飘起鹅毛般的雪片。回望远处的德尔菲，在荒秃石崖下的高坡上，风雪迷离（图110）……

图109　雅典娜神庙遗址

德尔菲

图110　德尔菲在荒凉的高山坡上

行旅现场引发的疑问

大巴往回走，终于到了德尔菲遗址。

爬到遗址入口，靠山一侧是罗马集市（图 111-左）。从这里开始有一条"圣道"，之字形往上升。沿着圣道，是希腊各城市献祭的供品，还有几座像小型神庙一样的"财宝库"。罗马集市是德尔菲遗址里唯一有人间烟火的地方，是城里居民居住的地方。

奥林匹亚是希腊各城邦参加体育比赛的地方。而德尔菲是希腊各城邦前来崇拜阿波罗、听取阿波罗神谕的地方。

遗址是 1881 年被考古学家发现。1891 年法国人买下了遗址上面的几间房（被说成小村庄），开始发掘。

根据解说牌，遗址入口圣道开始，在古代摆放有几十件青铜人物雕像和一匹特洛伊木马雕像，地方很狭窄，放得下这么多雕塑吗？当然，这些雕像现在荡然无存。

到一个转角大家停下来，听导游介绍一个城市的财宝库，狂风将雪片吹成横飞，我不得不躲在一棵树后，稍避风雪。

再往上，但见路边一小方墩上有个水泥窝窝头（图 112-左）。很不起眼，但它可是德尔菲最重要的地方——宇宙的中心，也被称为世界的"肚脐眼"（omphalus）！巴黎圣母院前广场有一块圆形的零公里标志，那里是法国所有道路的中心起点。而这个小窝窝头，则是全世界零公里所在。

罗马集市

回望遗址入口，圣道起点

图 111

世界之脐复制品　　　　　　　　　博物馆展出的世界之脐原作

图112

据希腊传说，宙斯向世界两端放飞了两只金鹰，在两只鹰交会的地方，扔下一块卵形石头，也有说两只鹰停到了一块卵形石头上（希腊神话没有标准说法，版本杂乱），那里便是世界的中心。德尔菲由此成为世界的中心。

这块标志世界中心的石头原作，存放在德尔菲博物馆。像核桃串那样的纹样，感觉有点怪（图112-右）。这当真是两千多年前的"古物"原作？

博物馆还有一根巨大的"舞女柱"（图113-左），是雅典人送来的献祭物（ex-voto）。原柱有13米高（图113-右）。图片显示，世界中心的卵形石是放在柱子顶部。这一截舞女柱约高3米，非常巨大。它是怎样掩埋在德尔菲山坡上的？

宙斯大神是否眼神不太好？选一个世界中心，总要选一个土地肥沃、物产丰饶、人口众多、交通方便的地方，是吧？好选不选，怎么会选到这么一个鸟不拉屎的高山陡坡上？

德尔菲遗址非常小，连一个小村落也算不上。遗址介绍也不好意思，说古代德尔菲一般只有1000居民。好，就算是1000居民，四周没有耕地种粮

行旅现场引发的疑问　　　　　　　　　　　　　　　　　　　　*107*

三舞女柱   柱顶是世界之脐

图113

食，也没有河流或井泉，这些居民吃什么喝什么？

从高柱顶坠落陡坡而不粉碎的大型石雕像

离世界之脐不远，就是雅典人祭献的财宝库（图114），新修复的。10×6米长宽。其他城市也有财宝库，没有被修复。

不知道这是一种什么思维：每个城市都把自己的财宝，祭献到德尔菲，为此建造各式大大小小的财宝库，英文叫"Treasury"，法文叫"Trésor"，都是财宝、珍宝的意思。对于抢掠成性的西方民族来说，这些装有财宝的宝库就在路边，好像也没有什么特别的保护，安全吗？

图 114　雅典人供奉的
财宝库

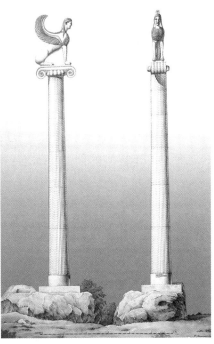

图 115　纳克索斯岛人献的柱子，柱顶狮身人面雕像　前 570—前 560 年

　　再往前不远，路边有一段伊奥尼亚柱头，据称这里有一根纳克索斯岛人献的柱子，高 12.5 米，柱顶上有德尔菲博物馆的重点展品——斯芬克斯狮身人面像（图 115 ）。

行旅现场引发的疑问

纳克索斯岛是爱琴海上一个小岛，据称是古希腊比较富裕的城邦。从雅典坐船到圣托里尼岛，可以经过该岛。纳克索斯岛人献祭这根柱子，据说是为了表示纳克索斯岛在古希腊时代政治和艺术上的强势。

据说狮身人面像就是用纳克索斯岛的整块大理石雕成的。在古代，要把这尊不小的雕像海运到希腊本土，再陆地翻山越岭，运到德尔菲的高山上，可能性微乎其微。再把它安装在十几米高的柱子上，即便有现代起重设备，也非易事。

神奇的是，这尊雕像，还有前面提到的那一截2米多高的舞女柱，随着地震从十几米高的柱顶掉落下来，落在很陡的山坡上，竟然没有粉身碎骨！

2000 多年未被湮没的露天石刻文字

再往上，是阿波罗神庙的石坎墙，看上去显得很白净。石块的形状不规则，但互相非常密合（图116-左）。本人当年在农村垒过石坎。石块之间做到这样密合，意味着要非常精确地雕凿石块。古希腊人就能砌成这样的石坎？可疑。

导游指着这面石坎墙说：注意看啊，那些石块上面都刻满了文字……字母都很小，不提醒的话，基本不会注意，凑近看才会发现。这些大石块表面都刻满密密麻麻的字母（图116-右）……在国内也算是见过不少石碑，还见过很多摩崖石刻文字。几百年的大字就已经相当漫漶不可辨了。而这种密密

阿波罗神庙下的石坎墙　　　　　　石坎上刻有2000多年前的文字

图116

　　　　　　　　　　言不必称希腊——以图证史（上）

麻麻的小字，居然经历 2000 多年的海风天雪，笔画依然极其清晰。读者朋友信吗？

附近没有采石场的大型石材建筑

终于来到德尔菲的主建筑——阿波罗神庙遗址（图 117）。这是德尔菲山坡上最大的一块平地。

很像雅典的宙斯神庙，阿波罗神庙一角保留好多柱子，其余地方干干净净。完整的很完整，缺失的全缺失，显然不正常。

再看神庙大殿的地平面，铺着非常整齐的像中国青砖一样的石块，方方正正，几乎像工业时代的标准尺码。

继续问在迈锡尼问过的同一问题：这些柱子和地面的石材是从哪里采来的？遗址附近没有见到有采石场。况且近旁的山岩，石质显得有些松，与遗址的不一样。

当年我在农村筑路和修水库需要石材，必定在附近找一个采石场，就近取材。采石时，一人挥锤，一人扶钢钎，打出一个一定深度的洞填炸药，爆炸后获得各种大小石头。

要建德尔菲阿波罗神庙这样大的石块建筑，附近必有一个大型采石场。总不能在很远的地方采石，然后把石块搬到这么高的陡坡上吧？

图 117　阿波罗神庙遗址

行旅现场引发的疑问　　　　　　　　　　　　*111*

这个遗址的石块是从哪里来的？值得追问。

人烟稀少之地的大型公共文体设施

从阿波罗神庙再往上爬，就是古剧场（图118-左）。剧场石阶状况比埃庇达鲁斯剧场略差，但整体上还算不错。

在这么一个高山上，这么小的一个"城"，居然有这么一个能坐5000人的大剧场，5000人从哪里过来？说是德尔菲有1000居民，其实这巴掌大的一块坡地，根本住不了1000居民。

再往上是古运动场。运动场靠近山坡顶，是一个长条形（图118-右）。跑道场长177米，25米宽。标准400米一圈的跑道需宽36米。据介绍，运动场建于前5世纪。

又是雅典富商希罗德·阿提库斯，在2世纪出资建了这个运动场，能坐6500人。在雅典他已经出钱把泛雅典娜运动场看台换成大理石。这儿，他又发善心给德尔菲古运动场建起了石块看台。雅典卫城还有一座以他名字命名的剧场。这位富商究竟是靠什么发的财？到处都是这位希罗德·阿提库斯，撒钱做公益，真是神奇。

据称这里每4年要举办一次皮提安（Pythian）和"泛希腊"（Panhellenic）

德尔菲古剧场

德尔菲古运动场

图118

言不必称希腊——以图证史（上）

运动会，这架势又是一个与奥林匹亚运动会、泛雅典娜运动会差不多的运动会。奥运会是泛希腊的，泛雅典娜运动会也是泛希腊的，这里再来一个泛希腊运动会。古希腊人不用种粮，光参加运动会，简直是一个"运动民族"！

剧场5000人，运动场6500人，全希腊的人，翻山越岭万水千山，爬到德尔菲这个鸟不拉屎的高山陡坡上，来比赛跑步……发神经了。

精美过头的银铜器

终于从山坡上下来，走几步来到德尔菲博物馆，可以躲避风雪。这个博物馆展品很多，可疑的东西不少。挑几件特别离谱的来说说。

有一个长2.3米的献祭公牛像（图119），木胎做里，外壳是薄银片，用"包银的铜条"和"银或铜的钉子"组装起来。公牛的角、耳、额、蹄等部位，还是"包金"（镀金）的！在前6世纪，把银打成这样的薄片，随意加工铜、银、金，难以置信。

还有一件是青铜车马和御者（图120）。赛车的御者，保留得相当完整。

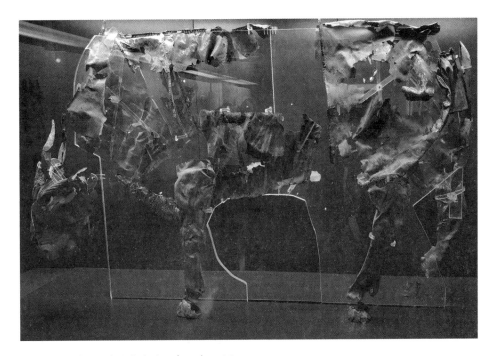

图119　银片、铜条和包金的公牛　前6世纪

行旅现场引发的疑问

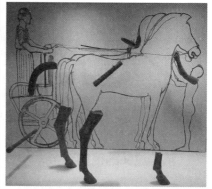
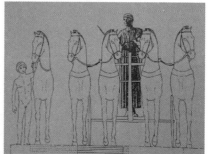

图 120 青铜赛车御者 前 4 世纪

赛车（右上）只剩一根车轴，四匹马只剩三条腿和一根尾巴，还有两小段马套用具，一截年轻侍者的手臂。为什么御者铜像却如此完好，而车马侍者铜像几乎都毁灭无存？

铜像能保存完整，据说要感谢前 373 年的地震，把雕像整个埋到土里。雕像被认定是古希腊雕塑家毕达哥拉斯所创作。雕塑家是土耳其近海的萨摩斯岛人，与著名古希腊数学家毕达哥拉斯同名又同乡。一名多用，古希腊名人的名字不够用啊。

又据说，这个车马铜像是西西里岛叙拉古（希腊殖民地）一位暴君的儿子波利扎鲁斯（Polyzalus）定制的，献给阿波罗，为了保佑他在德尔菲泛希腊运动会赛车取得优胜。编吧，随便编。

且不说四匹马拉的赛车是如何拉到德尔菲的，就算马车到了德尔菲城下，除非把车抬上来，也绝无可能马拉着车爬陡坡，穿过阿波罗神庙，经过古剧场到达山顶的运动场。

在一个高山顶，一个只有 25 米宽 177 米长的狭小场地，比赛四匹马拉的赛车……不敢想象。忽然想到一句我奶奶当年的唠叨：造孽啊！

考古照片能全相信吗？

博物馆还有几尊雕像，都配置当年出土时的照片。俗话说眼见为实。在数码照片问世以前，感光胶片照片可以说就是提供眼见为实的证据。

安提努斯雕像（前 2 世纪）大理石显得很新（图 121）。但旁边放了一张这尊雕像出土时的照片：雕像站在一个土坑中……似乎不能置疑。后来又看到阿尔戈斯双胞胎雕像（前 6 世纪）出土时的两张照片（图 122），发现这三张照片是一个套路。

图 121　安提努斯雕像出土照片

图 122　阿尔戈斯双胞胎雕像出土照片

三个雕像在土里都是站立姿势。既然地震了，原先站立的雕像一定是东倒西歪，或横倒在土里。看第一张照片，你还有点相信。当你看到三张照片都一样，事情就变得可疑：照片显然是摆拍，为这三件"古董"做伪证。

世界最古老的歌谱？

德尔菲博物馆还有一件宝贝，让人惊叹绝倒。导游手指一块石块面说，上面刻的文字是一首献给阿波罗的颂歌（图123- 左），文字上面那一些小圆圈符号，是古希腊的乐谱符号。

导游说，根据这些乐符，这首阿波罗颂现在也是可以唱出来的。古希腊这么早就有乐谱，必须要给一个大大的惊叹号。

据称这块石块来自雅典财宝库的外墙。前128年，这些歌谱被刻到石块上。就是说，露天风吹日晒了2000多年，至今一点没有风化。可能吗？

古希腊音乐只是传说。古希腊乐器也只见于西方绘画，并无实物留存。而中国有实物古乐器存世。我曾在湖北省博物馆，看过战国曾侯乙墓中的65枚编钟和32块编磬，音阶音色极其丰富，可以演奏十二个半音。

弄这么一块石碑，声称是世界最早歌谱，西方考古胆大惊人。

看完博物馆，在德尔菲小镇吃中饭，然后下山。在下山的Z形公路上，忽见一条水渠（图123- 右）……导游说这是给雅典供水的水渠。从半山腰蜿

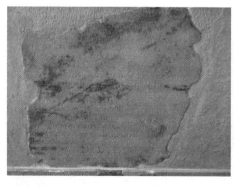

世界最早歌谱——献给阿波罗的颂歌　　给雅典供水的引水渠

图123

言不必称希腊——以图证史（上）

蜒而来，让我想起了中国的红旗渠。从 100—200 千米之外给雅典输水，雅典城在今天的存在，真是不容易。

不久，大巴向北进入山区，高山峡谷。又开始飘起漫天飞舞的鹅毛雪片。心里嘀咕，这希腊天气完全不像希腊雕像那样，可以光膀子。

到了拉米亚一个交通丁字路口，有一个服务区性质的咖啡馆，大巴在那里小停留一个小时，然后向南拐 1—2 千米去看温泉关……

温泉关不是关

温泉关战役是希腊历史中一个非常著名的"故事"。斯巴达国王列奥尼达率领 300 斯巴达勇士，加上 700 塞斯比亚的志愿军，共 1000 人，英勇抗击 20 万（有说 10 万或 50 万，随便说）波斯大军。抵抗了 3 天，杀死了 2 万波斯兵，最后被波斯兵绕道抄了后路，300 勇士全部壮烈牺牲。他们的故事，在美国还好几次拍成大片，举世皆知。

原先想象中，温泉关一定是两山中间一条路，一夫当关万夫莫开，险峻得很。一般的介绍也是："温泉关是一个易守难攻的狭窄通道，一边是大海，另外一边是陡峭的山壁"。在美国电影中，也是一边是高高壁立的山崖，通道狭窄，另一侧则是悬崖垂直到海……（图 124）

大巴往回雅典的方向开了几分钟，就停到路边：温泉关战役纪念碑到了（图 125- 左）。眼前是一马平川，看不到海，完全不像一个关隘。电影中的悬崖和峭壁，统统没有。

温泉关一边山一边海，属于山海关类型。但，山很平缓，离海边也很远。为了看海，我跑步爬上公路对面的一个小山包，勉强看到了海。从小山包到海边，目测一下至少有 3—4 千米（图 125- 右）。

现在的说法是，古希腊时海边通道很窄，现在

图 124　美国大片《斯巴达 300 勇士》，血战温泉关

温泉关战役纪念碑　　　　　　　　　　　从小山包到海，是 3—4 千米宽的平地

图 125

温泉关不是关：平缓的山从右延伸向左前方的海　　温泉关战役波斯军队可以绕道

图 126

海岸往前推了。就算当时路窄，但靠海一侧如果不是悬崖，只要海岸是平坦入海，波斯士兵完全可以从浅海通过呀。一侧没有陡峭山崖，靠海一侧也不是悬崖，温泉关根本就不是一个关！（图 126-左）

温泉关之战的故事，也极其离谱。希腊半岛从北到南，并非一定要走海边这条路。既然波斯兵可以从侧翼迂回（图 126-右），沿图中黑线，绕道到温泉关守军背后，说明这个关并非必然通道。

再说希腊城邦之间本来经常互相打仗。远在南边伯罗奔尼撒半岛的斯巴达人，怎么可能翻山越岭跑到雅典北方，来保卫雅典？雅典和斯巴达后来不是打了将近 30 年的"伯罗奔尼撒战争"吗？尤其，1000 人抵挡住 20 万大军 3 天，在冷兵器时代只能是神话吧。

可见，温泉关战役虚幻不实。现代希腊为了落实这个"史实"，在雅典东北沿海找不到一个地方像关隘，就找了这么个一马平川完全不是关隘的地方

充任温泉关，指平川为关隘，简直不可思议。

看完纪念碑，大巴继续向北，去希腊中部的旅游胜地梅代奥拉，去看一些建在山岩顶上的修道院，也称"天空之城"。这是四日行程中唯一纯粹旅游的景点。这段路还比较长，大巴开了几个小时。到达目的地时，天色已黑……

第六天，梅代奥拉——岩上修道院

早上起来，天气极好。天空蔚蓝，阳光灿烂。

导游说那里有 6 个主要修道院，但只能看两个。其中一个修道院，孤悬在一个四面悬空的岩石顶上，远方背景是雪山蓝天，太美了。

这些修道院，建于 14—16 世纪。墙不高，有点袖珍。只能佩服早期的基督教徒，为了苦修，将修道场所建在这些悬崖峭壁之间。

那些山岩拔地而起，姿态万千。游客我，心情大畅。

午饭后，整个下午都是坐大巴回雅典。约 360 千米，要开 4—5 小时。

途中有一次，导游提请大家往左看，远方是奥林匹斯山（图 127）。地平线尽头，横卧一座雪山。奥林匹斯山没有想象中的巍峨，而是平静安详。

奥林匹斯山是希腊神话中的神山。山顶住着十二主神：宙斯、赫拉、波塞冬、雅典娜、阿波罗等等。这些希腊神祇，大多有人类的七情六欲，是神也是人。比如主神宙斯就很不正经，经常变形到人间来诱拐良家妇女……

图 127　远望奥林匹斯山

这座奥林匹斯山冬春山顶积雪，夏天显出真容，都是裸露的岩石。既然住了这么多神仙，总要有点云雾缭绕，来点神秘气氛吧，让希腊神仙们有个遮掩。可是奥林匹斯山没有，光秃秃的。

傍晚回到雅典，圆满结束了四日游。

为了第二天赶早上 9 点多的飞机飞克里特岛，换了一个靠近直达机场地铁的旅馆，离雅典闹市区的莫纳斯帝拉基广场百米之遥。

第七天，克里特岛，克诺索斯遗址

没有坐过希腊航空公司的飞机，不能迟到。所以坐 7 点半早班地铁，提前一个半小时就赶到机场。

希腊航班还比较准时，9 点正点起飞。订的往返机票，去时 700 多人民币，回程是另一个航空公司的飞机，400 多人民币。

从飞机上俯瞰爱琴海，没什么可看。经过一个多小时飞行，近 11 点到达克里特岛伊拉克利翁机场。

出了机场，坐公交，没几站就到了我预定的旅馆。旅馆还不错。放下背包，没吃中饭，就出发去克诺索斯遗址。

天空似乎要下雨，但终于没有下。将近下午一点，到达克诺索斯遗址（图 128- 左），希腊神话中的米诺斯王宫所在地。

买地挖宝——未卜先知的考古学

遗址有一些松树掩映，像一个公园。遗址很小，大约 150 米见方。中央有一个长方形的"中央大院"，周围是复杂格局的建筑，见模型（图128- 右）。

最早是一个克里特岛本地人在 1878 年发现这地方有古代遗址。但真正把这个地方说成是米诺斯王宫，把克里特岛变成希腊文明的发源地，是英国考古学家伊文思（A. J. Evans, 1851—1941）（图129- 左）。

荷马史诗《奥德赛》提到过克里特："有一个地方名叫克里特，在葡萄紫

言不必称希腊——以图证史（上）

克诺索斯，米诺斯王宫遗址
前3000—前1400年

王宫模型，中间是中央大院

图 128

英国考古学家伊文思

百合花王子

图 129

行旅现场引发的疑问

的海水中央，有 90 个城镇。在众城中最大的城是克诺索斯，有一位米诺王从九岁开始便治理那个地方"。

1900 年，就像施里曼在朋友买的土地上挖出特洛伊城一样，伊文思也是将克诺索斯这块地买下，然后在自己的地里挖出了米诺斯王宫。

1906 年他在遗址不远处盖了一个阿里阿德涅别墅。我在伊朗苏萨遗址旁，也看到过一个法国城堡。考古遗址旁边建一座城堡或别墅，不免让人们生发联想。是为了慢慢挖还是从容造假？

一般盗墓者都要事先探几下洛阳铲，有点确证了才挖盗墓洞。伊文思这种买地挖宝的行为，简直是未卜先知，事先认定。

正因为伊文思是在自己的地里"考古"，所以他非常任性，随意命名米诺斯王宫的厅堂楼台。解说牌毫不掩饰伊文思的任性，经常可见"伊文思认为""根据伊文思"……命名并没有什么证据，而是出于伊文思的奇思异想。比如，他看到墙面有个双面斧小标记，就命名这里是国王厅。旁边一室有海豚和女子的壁画，就说这里是王后厅，还有王后的浴室。这儿是"钢琴主厅"（Piano Nobile），那儿是"音乐剧场"。这边是宫内"大楼梯"，那边是"游行走廊"。有一块被叫做"百合花王子"的壁画（图 129- 右），"根据伊文思的观点"，他是"祭司王"……

考古学把神话变成了历史

克里特岛有个米诺斯王的王宫，是希腊神话里的著名故事。据称在王宫地底下，雅典建筑师代达罗斯，为米诺斯王修建了一个曲径交错的迷宫。谁要是走进去，就再也找不到出口。

由于王后不忠，与神牛交配，生下一个牛头人身的怪物米诺陶洛斯。国王就把怪物关进了迷宫。不知由于什么原因，无比强大的雅典居然会败于米诺斯王，屈辱地每隔 9 年都要献 7 对童男童女给米诺斯王，供牛头怪物享用。雅典王子忒修斯（前面有提及）不甘羞辱，自告奋勇挺身而出，要与童男童女一起去米诺斯迷宫杀死怪物。于是便有一场美女救英雄的大戏：米诺斯王的女儿阿里阿德涅，对英俊雅典王子一见倾心，交给王子一把利剑和一个红线团，英雄终于杀死牛怪，并顺着线团的红线走出迷宫……

克里特岛上有这么一个米诺斯迷宫，纯粹是神话，说说而已。

没想到，这位英国考古学家当了真。硬是在这个荒凉的人烟稀少的岛上，凭着迷宫传说，真的"发现"了米诺斯迷宫！还由此弄出了一个"米诺斯文明"，定位在前3000—前1400年。

在中国，一说我们5000年历史，马上有一大帮人跳出来大声否认，说没有证据。有位名嘴易某人坚称中国只有3000多年历史。我们连前2000余年的夏朝也搞不定，因为中国考古人是多么慎重，多么重证据！

而西方考古人，西方考古先驱伊文思先生，是多么的不需要证据，轻松愉快就挖出了神话中的迷宫，把希腊文明史推溯到前3000年！

不要小看这个米诺斯文明。它现在被认为不仅是希腊文明的摇篮，也是西方文明的摇篮。尤其，这个米诺斯文明，轻松愉快地充当了古埃及文明过渡到古希腊文明的中介和跳板。可不？克里特岛刚好处在埃及和希腊中间的海面上……

钢筋水泥的伪劣仿古建筑

进入遗址，里面没有什么游客。心里一直存着迷宫的念想，想看看这个迷宫到底什么模样。随处都有解说牌，一边看解说，一边慢慢逛。

进口往右边不远，是一间间砌得很整齐的石墙建筑。供游客行走的木制梯道下边，是一片貌似的古遗址墙基，看上去明显像新堆出来的（图130）。

解说牌说，伊文思从1925年起，开始"大规模使用钢筋水泥"，对遗址进行"激进的重建"（radical reconstruction）。反正是在他自己地里，想怎么建就怎么建。既然是个迷宫，总得有个好几层吧。而要"恢复"多层建筑，只能借助钢筋水泥。所以遗址到处可见钢筋水泥板和水泥柱子，甚至可以看到裸露的钢筋（图131）。最不能接受的，是在水泥的框梁上画木纹，假装是木梁（右下），恶俗之极。

来之前，已经知道克诺索斯遗址标志性的建筑，一个高台残壁是新建的（图132）。但近前一看，发现那公牛画得实在是粗劣。

公牛据说象征着自然，一种原始的生殖力量而受到崇拜。但在3000年前，克里特岛有公牛吗？

入口不远，砌得很整齐的石墙建筑

地面上的遗址像是新堆的

图 130

遗址是新修建

用了钢筋水泥

水泥上画木纹，恶俗

图 131

米诺斯王宫残壁

公牛壁画极其粗劣

图 132

走在遗址里，多处可见这种伪劣的仿古建筑，涂成黑色或红色的柱子（图133）。据称，仿古新建筑与旧遗址是混合在一起的。但实际上，伊文思是整个新建了一个"遗址"。

可疑的壁画

遗址很多地方都可以看到壁画。最早看到的是这一幅（图134-左）：四个青年人捧着花瓶什么的，画得实在是太粗糙了。王后厅看到海豚的壁画（图134-右），稍微细致一些，但风格很现代。

图133　到处都是这种伪劣的仿古建筑

米诺斯王宫壁画　　王后厅海豚壁画

图134

另外，这些壁画埋在地底下 3400 年，还能保持色彩鲜艳？克里特岛是秋 10 月到春 3—4 月，半年时间多雨。参观遗址过程中就遭遇一场瓢泼阵雨，第二天是暴雨。在这潮湿的地底下，壁画能保存 3400 年？

读研时，在西方艺术史画册中看到过克里特岛出土的著名壁画《戏牛图》（图 135）：两位白人少年在公牛前后，一位黑肤色少年轻捷地跃身，倒立公牛背上……。这也是西方艺术史的一件名作，印象深刻。第二天在伊拉克利翁博物馆看到了这幅壁画原作时，发现画面凹凸不平。高凸部分是原画，平面部分是"补画"，不是我原先印象中以为是一幅完整的画。

稍仔细看一下，凸块上的原作和后来的修复，没有任何区别，显然是一人所为。

一个人慢慢看了两个多小时，来到出口，已是下午 3 点多。

饥肠辘辘。本想简单买点吃的就回市区，忽然见到一位有些年纪的老者，胸前挂有一块正式导游证，问我要不要听他导游讲解。既然不远万里来到这里，不妨听他再讲讲。他要价 40 欧元，还价 20 欧元，他说不行。要么让我等一等，如果再来游客，可以拼团。

于是找了一个咖啡吧，从容吃"午饭"。刚吃完，导游来叫有游客了，是一对年轻夫妻。又一次进了遗址。

导游只会讲比较重口音的英语，是一位古代文明的崇拜者。说今天的希腊文，只有几千单词。而古希腊文，有几万单词，大叹今不如昔。

戏牛图　前 1600—前 1400 年

原作与修复没有区别

图 135

他在国王厅时说，墙是新的，但那些铺地面的石块是"原作"……

他在中央大院一个不起眼的地方，指着地上一个铁栅栏让我们往下面看：这是当年的引水管，红陶做的（图221）。3000—4000年前就有自来水啊。又带我们到一个平台边沿往下看，说这是当年的冲水厕所（图224），与现代蹲式冲便器没什么两样（后文专论其伪）……

这两个地方，如果没有导游指点，你是不会注意到的。有导游带领，还是看到了几处遗漏的地方，很满意。

踩着橄榄枝渡海？

看完克诺索斯回市区，想去老港口海边的一家海鲜餐馆吃晚饭。于是就来到海边，看到当年威尼斯人建造的库勒斯城堡很有气派。克里特岛这种多山少地的地方，威尼斯海盗们捞不到多少油水，只能在海边歇个脚，当海军基地可以。

正当此时，乌云遮天，狂风呼啸，地中海怒涛翻卷（图136）。平生看海无数，唯独这一次，面对呼啸而来的海浪，心里竟然起了恐惧。

不是说地中海风平浪静吗？说古代希腊人，尤其克里特人，轻松在地中海驾着船儿航海，海外贸易非常发达……看这海浪的架势，克里特人航海贸易的小船，说翻就翻了。

图136 地中海波涛汹涌，惊涛拍岸

来自塞浦路斯的铜锭　前 1500—前 1450 年　　　　　达摩一苇渡江图

图 137

　　博物馆展出一些铜锭（图 137- 左），说是前 1500—前 1450 年，克里特人从塞浦路斯岛进口过来的。本是初级产品，但浇铸得四角分明有模有样，而且是每件 30 千克的标准件。克里特岛缺森林少木材，他们是用什么材料来做船的？克里特人没有尾舵、罗盘，他们是靠什么航海的？

　　相传禅宗始祖达摩，踩着一叶芦苇就渡了长江（图 137- 右）。难道古代克里特人也有达摩的法力，踩一根橄榄枝，大家推着满载铜锭的小船，在经常怒涛汹涌的地中海上，轻松来往于 500 千米之外的塞浦路斯岛？

　　如此了不起的航海商贸能力，看得我无语凝噎。

第八天，克里特岛，伊拉克利翁考古博物馆

　　早餐后，冒雨走路去伊拉克利翁考古博物馆。这雨一直到下午都没停。暗暗庆幸，如果昨天也下雨，就看不成克诺索斯遗址了。晴看遗址，雨看博物馆，真是太运气了。

　　伊拉克利翁考古博物馆是一座现代建筑。一点不了解博物馆。走进去发现，两个大厅像两个大礼堂，装满了展品。

　　　　　　　　　　　　　　　　　　　　言不必称希腊——以图证史（上）

因为没有看完雅典的国家考古博物馆，猛然看到这里展品种类繁杂，数量众多，体量巨大，真是震撼哪！那个琳琅满目，那个千姿万态，那个触目惊心，一律是前1000年以前（相当于3000多年前中国商朝以前）的"古物"，你只能跪下了……

后来从英文维基百科上得知，西方考古艺术品造假有三大重灾区：埃及帝王谷、克里特岛和庞贝。克里特岛三居其一。原来西方也承认这里是造假重灾区，终于回过一些神。

陶器文明的奇葩

首先看到的，是整柜整柜的陶器。器型繁多，图案丰富，而且是成系列（图138、图139）。不仅有红陶，还有黑陶。感觉克里特岛成了一个陶器制作的大基地。

尤其，克里特岛的陶器还体形巨大。博物馆里展出几个巨大陶缸（图140-左），说是装橄榄油或葡萄酒的。还有一些前1370—前1250年的大陶樽和陶盆（图140-右），也是大得吓死人。

烧制这么大的陶器，要多大的窑？克里特岛上树木不多，有足够的柴火烧窑吗？最著名的克诺索斯遗址，不过长宽150米，地方小土也薄，能埋这些大家伙吗？

古代克里特人的陶器非常日常化。有酿酒的陶器，有用来烤肉的陶制烧烤架（图141），据称是前1800—前1600年的器物。

图138　克里特岛伊拉克利翁博物馆：米诺斯文明的陶器　前7000—前1200年

图 139　各种陶器

巨型橄榄油陶缸

图 140

陶椁、陶盆

言不必称希腊——以图证史（上）

酿造葡萄酒的陶器　　　　　　　　　　烧烤陶架

图 141

图 142　桌子游戏　前 1700—前 1450 年

　　最让你五雷轰顶的是，博物馆有一张桌游台（图 142）。台面有些起伏，画有一些格子圆圈，还有四个窝窝头形状的"玩物"……不知游戏规则怎么样，但这张桌游台的架势，表明古代克里特人真是太会玩了。

不知用什么工具加工的硬石器

展品里有一些硬石器皿，非常精美。如这几件前1800—前1700年的硬石器皿（图143-左），加工得极其精细，几何形无可挑剔。

还有两个硬石模，是用来浇铸青铜斧头的（图143-右）。在赞叹古克里特人浇铸青铜的精湛能力之前，首先要赞叹一下这两个硬石模本身的精美和制作难度。

硬石器皿　　　　　　　　　浇铸铜斧的硬石模

图143

必须用高硬度的钢凿才能将硬石雕凿成这样的石模。又一次追问：3800年前，克里特人已经有钢凿子了吗？

这两个硬石模，不用怀疑就可以认定是假的。造假者只顾到铜斧是怎么来的，但没顾到石模是怎么来的。只想到了制作铜斧的工具，没想到制作工具的工具。

辉煌到可疑的青铜器

克里特岛的青铜器也是令人震撼。

有的是崭新崭新，如刚刚新鲜制作。如这两个前1700—前1650年的铜盘（图144-上），很像现代带把不粘锅，盘底闪着崭新的光泽，看不到任何3700年土埋或岁月的痕迹，完全看不到。

有的是体量巨大得让你怀疑自己眼睛。如（图144-下）那三把巨型双面

铜盘

祭祀用双面斧

图144

斧（前1500—前1450年），说是祭祀用的。解说牌说双面斧是原作，木柄和木架是新配的。几乎有两个人高。那种震慑力，那种威势，直接把你放倒。弄出这么大的体量，吓人的阵仗，你只会从心里叹服，这古希腊文明的起源，太了不起了！

希腊考古界很会玩巨型，擅长用巨大体量来吓人。

把大量同类物品放置在一起，摆成巨型阵势，也是吓唬人的一种方法。那些用于祭祀的铜剑和铜斧（图145），密集摆放，堆在一起，令人惊心动魄。

还有几个前1700年的铜盆和铜锅，也是体量巨大（图146-左）。说是用于宴会和群体聚会。

古代克里特人，不仅陶器日常化，铜器也很日常化（图146-右），铜壶、铜罐、铜盘、铜三脚锅……应有尽有。这已是高度文明化了！

图145　祭祀用的铜剑、铜斧　前1700—前1450年

行旅现场引发的疑问

巨大而崭新的铜盆、铜锅　　　　　　青铜器日常化

图 146

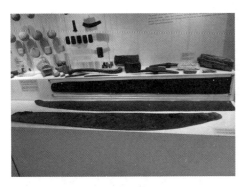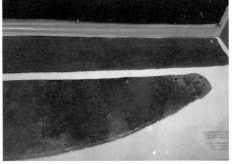

图 147　大铜锯　前 1700—前 1450 年

想想欧洲中世纪，都是用手抓吃食物，餐具多是木头制作，耕地也是用木犁。不由浩叹：欧洲社会来到"现代"之前，文明不是进步，而是倒退了。

　　还看到三把巨大的铜锯（图 147），锯齿历经数千年，看上去依然锋利。但人们应该知道，铜的硬度不高，锯木头恐怕也是用不了几下。另外这几把铜锯锯齿不错开，实际上是无法用来锯木头的。

超级现代的女性首饰

这个博物馆，"巨"的很触目，"细"的也很惊心。许多展板展示古克里特的首饰（图148），非常现代。不仅有各式黄金制品，还有各种颜色、质地的宝石。把这些首饰放到一家现代首饰商店，不会有任何违和感。美洲印第安人只会往身上插羽毛，古希腊人竟然已经用上这么精美的首饰！

还有大量小印章（seals），精细到极致，上面刻有精美的动物等图案（图149）。有的是宝石类石头，晶莹透明，有琥珀色、淡紫色等，色泽非常漂亮，几乎也可以当做首饰。这些宝石大多都相当的硬，而雕刻这些印章，据说都是用铜制工具。这需要有多么高硬度的铜啊？

可疑的泥板线性文字

早就听说克里特岛上出土有两种"泥板线性文字"（Linear），分 A 和 B 两种。"线性"给我许多遐想。这可能是一种画线、类似抽象图案的文字。泥板有多大，什么形状，没有概念。这次在克里特岛，终于见到其真容。

坦白说，在伊拉克利翁博物馆，脑袋一直被那些惊人的展品所震撼，就

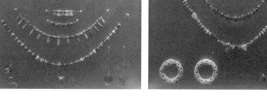

超级现代的首饰　前1400—前1300年　　前1700—前1450年

图148

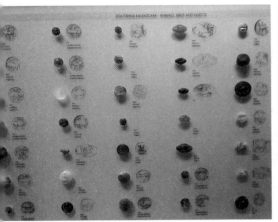 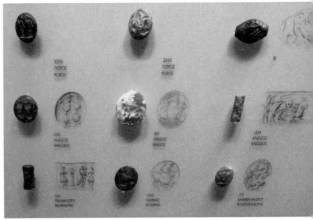

图 149　小印章　前 1650—前 1350 年

像电影《地雷战》里的鬼子兵，走到这儿一个炸雷，哇！走到那儿又一个地雷爆炸……脑子一直是晕的。所以看到这些泥板线性文字，只是麻木地拍了一些照片，并没有引起我很大注意。

文字是文明的标志。美国人类学家摩根把人类社会进化分为野蛮、蒙昧和文明三个阶段。文明初级阶段的标志，就是发明文字。我们二里头考古遗址，就因为没有发现文字，所以中国考古界始终有人质疑夏朝是否存在。

说起泥板文字，克里特岛的泥板还不是最古老的。最古老的泥板文字是两河流域的楔形文字，出现于前 3400 年。就像楔形文字是两河文明的依据，泥板线性文字则是克里特岛米诺斯文明的依据。

还是万能的伊文思，在克诺索斯王宫遗址，发现了线性文字 A 和 B 的泥板。两者区别是，线性文字 A 更古老，定位在前 1750—前 1450 年，是克里特岛米诺斯人的文字，属于象形表意文字，至今未被破译。

线性文字 B，使用于前 1450—前 1150 年，属于表音符号文字，是"最古老的希腊文字"。线性文字 B 被认为是属于希腊大陆的迈锡尼文明。

按西方正史：米诺斯文明因为前 1450 年一场大地震，毁灭了米诺斯王宫而戛然而止，希腊文明的火炬由此交到希腊大陆的迈锡尼……迈锡尼文明一直延续到前 1100 年，被一帮来自北方的蛮族暴徒所灭亡。前 1100—前 800 这300 年，是历史的空白，被称为史前 300 年"黑暗时代"。自前 800 年以后，古希腊文明喷薄而出，雅典城邦横空出世，大放异彩……

一般都说是前 1450 年，希腊文明从克里特岛渡海转移到希腊大陆迈锡尼。克里特的牛头酒具也影响了迈锡尼的牛头酒具。但不知何故，西方故事学又逆着方向，说前 1450 年迈锡尼人跨海（踩着橄榄枝）来到克里特岛，沿用了克里特岛的线性文字 A，在此基础上创造了线性文字 B，然后把这种线性文字 B 带回到迈锡尼。1952 年，在迈锡尼城堡外的一个橄榄油商人的地下室里发现了 38 块线性文字 B 泥板。

既然前 1450 年地震海啸毁灭了克里特岛的文明，为什么迈锡尼人会渡海来这里？来了以后，他们为什么不留在克里特岛创造文明，而是弄出了线性文字 B 后，又回到了迈锡尼去创造迈锡尼文明？这种故事矛盾百出。

1936 年，一个 14 岁的英国小孩听了一场伊文思的报告，发誓要破译这种线性文字 B，终于在 16 年之后的 1952 年，成功破译线性文字 B！这位天才的文曲星，名字叫文曲斯（M. Ventris）……

克里特线性文字的内容倒是比较日常，多是一些记账记录，没有像其他西方发现的古文字那样，多是有关法律，什么赫梯法典、汉谟拉比法典等等，非常高大上。

线性文字 B 数量不少，仅在克诺索斯王宫遗址，就发现了 3400 块。现在我们能在希腊博物馆和其他资料上看到的，大多数是线性文字 B。

现在让我们来看看这些线性文字的真容。

因为麻木拍照，没有弄清拍的是线性文字 A 还是 B。图 150 照片上应该是线性文字 B。左边是一块泥板，右边是一些泥条条。这些泥板泥条据说在刻完"线字"以后，是自然晾干变硬。但在博物馆所见到的泥板，几乎都有不同程度被烧得有些陶化。理由是，遭遇了一场莫名其妙的大火……哪有这么巧的大火，能把成百上千的泥板泥条都烧成陶？至于那些没有烧过的泥板，如何能在常有雨水的地下泥土里，历经数千年而不烂化掉？

来看 4 个泥条条（图 151），里面有象形的成分，但也归于线性文字 B。左上刻有一个橄榄油瓶，说是敬神。右上画一根飞矢，很象形。搞笑的是，左下的内容是"车轮和无轮的车"。难道还有无轮的车？右下有了一辆带十字辐车轮的车。车像一条鲸鱼，让人莞尔……

我也算跑过不少世界上著名的大博物馆，巴黎卢浮宫就不用说了（本

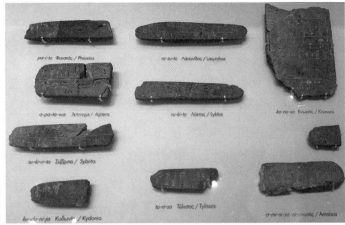

图 150　泥板线性文字 B　前 1450—前 1100 年

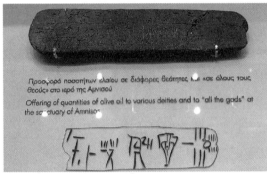

献给诸神很多橄榄油（油瓶）

箭和矛（一根箭）

车轮和无轮的车（像鲸鱼）

一辆有轮的车（鲸鱼加个十字轮）

图 151　线性文字 B

人曾在卢浮宫学院补习西方古代艺术史一年，许多课都在卢浮宫里上，随便进），伦敦大英博物馆、柏林博物馆、纽约大都会博物馆、波士顿博物馆、芝加哥博物馆、堪萨斯博物馆、德黑兰伊朗国家博物馆、伊斯坦布尔国家考古博物馆……没有一个博物馆像伊拉克利翁博物馆那样给了我这么大的震撼。

看了近 3 个小时，走出博物馆，依然下着雨。走路去伊拉克利翁汽车站，在车站吃了中饭，然后乘 1 点半左右的大巴，去克里特岛西部城市干尼亚。因为计划希腊行程时发现干尼亚也有一个考古博物馆，要去扫掉。

大巴沿克里特岛北部海岸线，在雨中一路西行。时不时可见从山上冲下来的黄泥水，近海一片黄色，说明岛上泥土裸露，缺乏植被。

车速不快，时速 50—60 千米左右。大约 4 点多到达干尼亚，城市很小。

在一家海边餐馆晚饭，看见大风一阵隔一阵掀动海水，激起 4—5 米高的浪头，扑向餐馆前的海边空地。心里担心，明天傍晚飞机回雅典，不要因大风不能起飞哦……

晚上在小城游荡一圈。临街一小屋里有个音乐聚会，买杯啤酒，听了一会儿歌曲。回到小旅馆，感觉整个小楼只有我一人。房间有些冷，空调发出怪怪的声音。窗外海风呼啸，一阵紧似一阵，竟然有些恐怖的感觉……

第九天，克里特岛，干尼亚考古博物馆

早上起来，风好像小了一些，但依然有雨。

小城。走几步就到了干尼亚考古博物馆。博物馆是在一个旧教堂里，不大。

克里特人发明了 10 进位制?

终于看到线性文字 A（图 152- 左），这一次是有明确标注的。

这些泥板碎片，看上去碎得不太自然，不那么陶化，上面刻的符号也很新鲜。感觉是一些随意刻划的符号，并不像通常所宣称的是象形文字。

尽管线性文字 A 至今没有破译，但希腊人仍然声称成功释读出了一些内

线性文字 A　前 3000—前 1450 年　　　出现了数字符号

图 152　干尼亚考古博物馆

容，比如说他们辨认出了 1000、100、40 的数字（图 152- 右）。

欧洲人的 10 进位制很晚才有。没想到希腊人在文明刚一起步，3500 年之前就有了 10 进位制！呵呵呵。

克里特人已经有了毛笔？

博物馆也有干尼亚地区发现的线性文字 B。干尼亚地区这个地方牛，既有早期米诺斯文明的线性文字 A，也有后期迈锡尼的线性文字 B。

干尼亚的线性文字 B，有许多是画在陶罐上，倒是有不少象形文字的因素（图 153），又出现了十字形车轮。照道理，应该是越原始的文字更象形一些。这里，反倒是早先的线性文字 A 不象形，而后来据说是表音的线性文字 B 反倒有些象形，不符合规律。另外，这些文字是画上去的，那么要问，3200 多年前的克里特岛上已出现毛笔了吗？

毛笔也是中国人的一项伟大发明。它在世界上的传播，也是一个值得研究的课题。可以肯定的是，那时的克里特岛，不可能有毛笔。

前 8 世纪就有铁刀？

这个博物馆最令人震惊的，是一把标注为前 8 世纪的铁刀。走几步又看

　　　言不必称希腊——以图证史（上）

图 153　迈锡尼式线
性文字 B，画于陶片
上　前 13 世纪

图 154　铁刀、铁矛　前 8 世纪

到前 8 世纪的铁矛（图 154），当场惊倒。

　　前 800 年，在这个贫瘠的小岛上，竟然出现了实物铁刀和铁矛，摆在你眼前，真是惊天地泣鬼神。因为要制作实用的铁刀铁矛，必须需要铸铁（生铁）。而铸铁必须要 1200℃ 高温才能炼出。克里特岛地理人口条件极其贫乏，这些铁刀铁矛无疑是赝品。

　　博物馆还展有不少精美的封泥印章。在伊拉克利翁博物馆已见过一些，这里也不少（图 155），非常精美。这些印章据说是用来盖印羊皮纸和莎草纸文件的。这文明水平也太高了！可惜，一场大地震，这么精美的印章文化说消失就消失了，后来的希腊似乎也没有复活过这个传统，唉唉……

　　看完博物馆，找了家餐厅吃中饭。幸运发现雨渐渐停了，感谢上天开恩。

行旅现场引发的疑问

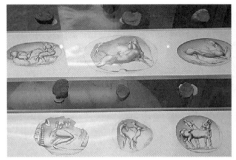

图 155　封泥印章

午后想去看另外一两家博物馆，发现都关门。在干尼亚市区逛，也没什么可逛的。倒是发现一些伊斯兰教的残留痕迹：海边有一个圆穹顶的清真寺，在市区一个教堂侧旁，耸立了一座火箭尖顶那样的穆斯林宣礼塔……说明干尼亚当年是一个穆斯林城市。

城区很小，一圈走下来，无事可干。于是早早去了客运车站，傍晚 5 点多，有一趟去机场的大巴。

到了机场，通告栏信息显示航班正常起飞。又一次暗自庆幸，如果是昨天走，大风大浪，飞机恐怕飞不了。

登机时发现，竟然是一架螺旋桨飞机。俺的小心脏又一次缩紧：这样的飞机能飞不？不过起飞以后，发觉飞行还是相当平稳。

第十天，长途奔袭斯巴达

此前的四日游没有包含去鼎鼎大名的斯巴达，所以决定专门花一天时间，来回大巴 8 个小时，寻访斯巴达。

这个著名的希腊城邦，当年与雅典争霸，打了 20 多年伯罗奔尼撒战争，最后打败了雅典。据说斯巴达完全是军事化管理。小孩生下来都从父母身边取走交给国家，进行严酷的军事训练，包括野外生存。每个斯巴达青年都被训练成能征善战的战士。又据说该城邦是从欧洲北部南下的多利安人所建。近代德国人自称是希腊人的后裔，就是追溯至斯巴达……这样牛叉的历史名

沿途所见，山高土薄　　　　　　　斯巴达的欧罗塔斯河（溪）

图 156

城，岂容错过？

早晨起来，天气晴好。

客运站大巴 8 点半出发，到科林斯是一周前同一条公路。然后继续西南方向，穿过一片贫瘠的高山（图 156- 左），来到一块稍稍平坦地区的特里波利，然后折向南方，又是大山深谷，荒无人烟。快到斯巴达，远望是雪山。

斯巴达实际上地处一个 U 字形山谷之中，北边 U 字底，是高山。东西是 U 的两条边，是两条覆盖白雪的山脉（图 157- 左），中间夹一块狭长山谷平地。心想，这种地方高山阻隔，当年斯巴达人与雅典人打仗，路途行军就不容易。

一条小溪能养育一个大城邦？

西方故事学说，斯巴达小孩生下来，就要被扔到野外一或数天，只有身体强健者可以存活下来。小孩年幼时就要受军事化训练，冬天也要浸到冰冷的河水里洗澡……

将近斯巴达时，大巴穿过一条小溪（图 156- 右）。后得知，这就是著名的欧罗塔斯河。这也能称得上是"河"吗？一条小溪而已。不是说斯巴达小孩要到河里浸一浸冰水吗？现在是冬春多水时节，水才这么点，到夏天水更少。这么一条小溪能够养育一个名震世界的斯巴达大城邦？

斯巴达西边的雪峰

新建的斯巴达小镇

图 157

斯巴达的阿尔忒弥斯神庙

斯巴达国王列奥尼达雕像

图 158

　　司机开得慢，开了 4 个半小时还多，到达斯巴达已过下午 1 点，回程定好是下午 5 点，有 4 个小时观览。

　　据介绍，现在的斯巴达小镇完全是新建的（图 157- 右）。相信是希腊独立后，为了恢复古希腊地名，指认这块地方就是古代斯巴达。

　　小镇很小，几处景点都不远，可以步行。先去了一个阿尔忒弥斯神庙遗址，从大路拐到一条小路，不远就是一个篮球场大的地方，围着隔离网，里面没什么东西（图 158- 左）。

无人看管的斯巴达遗址

折向西走半千米，有一座斯巴达国王列奥尼达的雕像（图158- 右）。从雕像后边走一段，就是斯巴达卫城遗址。铁栅栏门敞开着，没人看守。

进门以后，整个遗址也没人看管。直射的阳光，有些灼热的感觉。

这个斯巴达卫城遗址，是一个小平岗。没有城墙。这么一个尚武的城邦，长期与别的城邦打打杀杀，竟然没有城墙？

平岗的东南，遗址入口有个半圆形建筑遗迹。平岗顶上有几处零散的遗址。往南走下平岗，是一个小剧场，算是遗址最重要的一个景点。往东回到入口，形成一个环形的参观线路。看的东西实在不多。

交通不便，地处偏远，没什么东西可看，所以斯巴达是希腊旅游的冷门景点，没什么人来。

这么著名的一个古代城邦，曾经的伯罗奔尼撒半岛霸主，最后还打败了雅典，竟然没有挖出很多东西，与雅典、迈锡尼、奥林匹亚等地挖出大量"古物"，反差悬殊，很反常啊。

入口不远，是一个圆形建筑遗址（图159）。说是遗址，其实是堆了一些新新旧旧的石条。新的很新，旧的也不够旧。前面曾例举这里的石块与迈锡尼的石块一样，疑似混凝土。

往斜坡上走，有一处希腊考古学家发掘出来的遗址坑，说是广场（agora）。再往上到平岗顶上，是一处据说建于6—7世纪的巴西利卡小教堂遗址，地上有一些红砖灰泥的残垣断壁。

图159　斯巴达卫城遗址圆形建筑

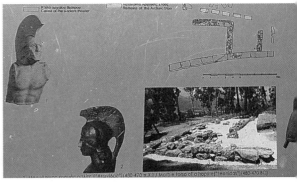

雅典娜神庙　　　　　　　　　　　列奥尼达国王雕像、雅典娜青铜胸像、献祭铜钟

图 160

终于见到一处有古物出土的遗址——雅典娜神庙（图 160- 左）。这么一小块地方，都没有一个排球场大，竟然是雅典娜大神的神庙。但，就在这么一小块地方，且在山岗顶上，竟然挖出三件重量级文物：一件列奥尼达国王大理石半身雕像，一件雅典娜青铜胸像和一只献祭的铜钟（图 160- 右）。

这么小的地方，这么浅的地下，就有这样重大的考古发现，令人难以置信。

莫名其妙凸出的罗马条石

平岗南面，就是斯巴达卫城的剧场。

剧场似乎是一个希腊城邦的标配。好像没有剧场，就称不上是城邦。尚武的斯巴达也不能没有剧场。但斯巴达卫城山实在有些小，这个剧场也很小，感觉只是意思意思（图 161- 左）。

走到平岗西侧，也是剧场西侧的扶台上（图 161- 右），往西观望，发现脚下有一条几乎察觉不到的小径，有几块凸出的石坎。凭着俺矫健的身手，轻松就到了下边，似乎有一种探险的兴奋。

抬头看，这石坎有一部分砌得比较整齐，有的地方则很随意，石块凹进凸出，甚至凸出一截条石（图 162）。

解说牌上说，这个剧场始建于 1 世纪，是一个叫韦帕芗（Vespasian）的罗马皇帝建造的。3 至 4 世纪，剧场得到了加固。剧场西侧这道石坎墙，就是

言不必称希腊——以图证史（上）

俯拍斯巴达剧场　　　　　　　　剧场的西侧

图 161

剧场西侧的罗马石坎，有的砌得比较整齐　　有的砌得凹进凸出甚至有条石凸出

图 162

这个时期的罗马建筑。

　　石坎墙砌得整齐的部分，条石打凿精准，砌得很水平，也几乎没有风化，完全不像已经历了 1700 多年历史。

　　而石坎凸出的石条，让我突然联想起 2004 年去法国南方尼姆市，看了那座著名的罗马引水渠——加尔桥（图 163- 左）。因为这座石桥也有许多条石，也莫名其妙地凸出于桥身（图 163- 右），给我留下深刻印象。

　　当时我被这座桥深深震撼，古罗马人太了不起了。当然心里也划过一丝狐疑：引水桥孤零零一截，两边都是悬空断掉（图 164- 左），断口两边都没有像古长城那样，有一种引水渠遗迹的沿续。尤其引水桥高悬在一条河流之上。两端既没有引水的来路，也没有引水的去路。无源之水天上来，天上之

法国加尔古罗马引水桥，尼姆附近　　　　　　　　　　凸出的条石

图 163

加尔引水渠两端是断头桥　　　　　　　　斯巴达剧场东侧基座条石完全是新的

图 164

水天上去，完全不符合现实逻辑。

　　当时不敢怀疑。现在了解到西方很早就有混凝土浇铸石，这座罗马引水渠，可以判定是现代伪造。斯巴达遗址，也使用了浇铸石。

永不磨灭的铭文

　　如果说剧场西侧的石坎还稍稍有一点旧的感觉，那么剧场东侧护墙基座的条石，完全是新的。（图 164- 右）

　　而这些新条石，据称也是古罗马留下的真迹！那些石条上刻满了 1 世纪

　　　　　　　　　　　　言不必称希腊——以图证史（上）

图 165　条石上刻满 2000 年前的铭文

古罗马文字（图 165）。解说牌明确说，这些石刻文字就是古罗马时期留下来的。

又来了一次德尔菲城露天石刻文字几千年不泯灭的奇迹。这一次比德尔菲的石头更新，文字也更清晰。对这样全新的石条，全新的铭文，说这是 2000 年前的"古迹"，你信吗？

西方也有大量"到此一游"

央视有一则公益广告，劝诫中国游客去国外不要乱涂乱写，好像中国人素质特别差。其实旅游景点，游客想标志一下"到此一游"，古今中外都有。

古代文人墨客云游，夜宿某个庙里，一时兴起会在庙的墙壁上挥墨题诗一首。也可算乱涂乱写吧？还有游览名山大川，即兴写诗一首，题字若干，让人刻在石壁上，也与到此一游性质差不多。当然，游客在景点乱刻乱划确实不可取。

当我看到斯巴达剧场的台阶上刻了许多希腊游客的到此一游（图 166），只是会心一笑。上面刻的都是日期和名字，最早的是 1938，两位 1943，两位 1947，一位 1951……

具有讽刺意味的是，这些刻了才七八十年的石刻铭文，竟然比号称有近 2000 年历史的铭文更显得漫漶，显示了真正的时间沧桑感。

绕着平岗兜了一小圈，就看完了斯巴达遗址。

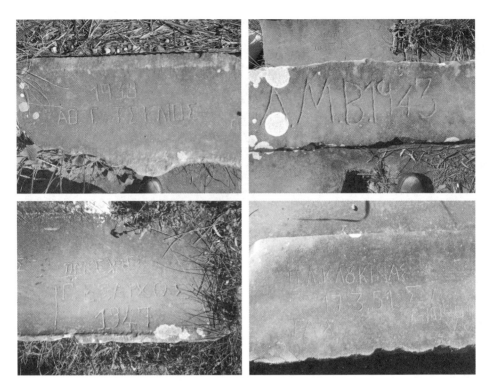

图 166　西方游客刻石"到此一游"

　　回到斯巴达小镇，得知西边数千米的雪山脚下，有一个叫米斯特拉斯的拜占庭遗址，离 5 点还有一个多小时，于是在街上叫了一辆出租车，说给 20 欧元来回快速跑一趟，司机欣然答应。

　　有意思的是，《孤独星球》手册竟然没有斯巴达这个景点（没东西可看），米斯特拉斯倒名列其中。米斯特拉斯建在高山山麓一个 500 多米高的小山上，半山腰有个修道院，山顶有个城堡（图 167- 左）。据介绍，这里曾经在 13 至 14 世纪是拜占庭帝国的实际首都。又是一个陡山坡，又是巴掌大的一点地方，就能当一个帝国的首都？

　　兴冲冲赶到米斯特拉斯，结果到了山门，说已经停止进游客。无奈，回望一下斯巴达，东边山脉的雪山历历在目（图 167- 右）。斯巴达就在这东西两条山脉之间。看过去，也不是平原，只是平缓的山丘，土地并不肥沃⋯⋯

　　5 点，大巴准时回雅典。回程司机开得较快，4 个小时，9 点多回到雅典。

米斯特拉斯拜占庭遗址　　　　　　　　　从米斯特拉斯，回望斯巴达和东边的雪山

图 167

第十一天，雅典半天，乘火车去萨塞洛尼基

　　去萨塞洛尼基的火车是下午两点多，还有完整的一个上午，可以把雅典国家考古博物馆看完。

　　先期计划雅典景点时，发现有一个铭文博物馆（Epigraphical Museum），就在国家考古博物馆旁边。很好奇，想看看古代铭文是怎么回事，所以先去看这个馆。

意外的石碑文字

　　9 点开门不久，就赶到这个馆。没什么参观者。进门后两厢观望，发现所谓铭文，就是石碑刻文。

　　这个馆左右各两个长厅，里面各有一个副厅。已在卫城博物馆和埃庇达鲁斯博物馆见识了几块希腊石碑，没想到希腊人还能整出一个博物馆的石碑（图 168）。

　　4 个大厅，摆满了各种各样的断碣残碑。通常而言，西方古代文字载体是羊皮纸和莎草纸。来到希腊，首先惊艳古希腊有泥板文字，现又看到还有大批的石刻铭文。

　　原先只知道咱中国人发生什么事，喜欢刻石铭记。比如秦始皇东临沧海，

图 168 雅典铭文博物馆

刻《碣石门铭》，宣扬统一中国之大功。东汉名将窦宪大败匈奴，勒石燕然山记功……没想到，古希腊比中国还早，在前 600—前 400 年间，就已有了非常成型的石碑文字。

古希腊的石碑铭文分三类：法律文字、给神和英雄的献词和墓碑铭。

刚刚感叹了一下克里特泥板线性文字没有涉及法律，马上这里的克里特石碑文字就涉及法律了。据称克里特是希腊法律传统的先驱。克里特人在前 7 世纪就已经有了关于家庭、社会和宗教事务方面的法律规定。

博物馆有一块克里特"戈尔梯斯城（Gortys）法规六号石碑"，使用的是克里特的希腊字母，法规涉及"自由人和奴隶的身份、馈赠、嫁妆、婚姻、离婚、收养、继承和债务"等内容……简直一个现代社会的法律。

小小克里特岛，今天两个城市也小得可怜，这个远古的戈尔梯斯城有几口人啊？

不可能统一的希腊文字

德国铭文学家柯尔霍夫（A. Kirchhoff）在 19 世纪末成功地辨读希腊各城邦的方言，并区分出三类拼音文字：爱琴海南部区域的"绿色拼音文字"，东部包括小亚细亚的"蓝色拼音文字"和西部的"红色拼音文字"。

且不说在前 400 年的古希腊有没有可能出现这些方言拼音文字，就算有这些拼音文字，一个德国佬，自己的德语还没讲利索（德语多方言，1781 年才有第一部德语词典，1852 年格林兄弟还在编德语词典以统一德语），他居然能区分并破译希腊各地的古代方言拼音字母？

用方言拼音字母，同时代的外地人都没法破译，更不要说隔了几千年的后人。如果有人用拼音记录温州方言，相信没有任何外地人能听懂读懂。作为浙江人，我完全听不懂同省的温州话、义乌话、东阳话等方言。希腊比浙江更多高山，交通更为不便，方言差异会更大。

像法国这么一个基本平坦的地方，也是方言一大堆。普列塔尼人坚称自己讲的是一种语言而不是方言。表示"是的"，有的地方说"奥伊"，有的地方说"奥克"，巴黎人说"唯"（Oui）。直到现代法国，强行用民族国家的力量，把巴黎发音作为统一标准法语，强加到法国各地。

当时古希腊，根本没有形成统一国家。希腊这三个地区也没有形成统一的行政管理，所以根本就不可能形成区域统一的方言文字。

逆忤天理的阅读方式

这些石碑文字的阅读方式，也让人绝倒。

首先，这些拼音文字的字母都是大写，单词之间、句子之间不空开（图169-左）。像中文那样单个方块字，古文排版没有标点，我们还常常句读断句搞不清。而拼音文字的单词黏连在一起，你还怎么读啊？

而且，这些石碑文字的行列读法完全是任意的。除了正常的从上往下和从左到右读，古希腊人还有逆忤天理的从右往左、从下往上读。这块墓碑残块就是从右到左、从下往上的读法（图169-右）。

有一块标注为前422年的石碑（图170），尽管碑身有一层黄泥，但透过黄泥，大理石的色泽非常新。看局部看得更清楚，完全是一块新石碑。

还有一种任性的读法：一行从左到右，接下去一行是从右到左，再接下去一行又是从左到右……美其名曰"牛犁地"方式。从右到左，从下往上，上下左右，这些花式读法，简直让人气绝而亡。

花生牛轧糖

观望间猛然看到几块超级巨型石碑。曾在前文提及看到过几块中国式石

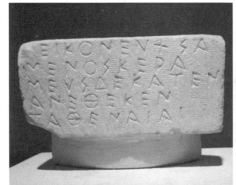

制陶者献给雅典娜的献词

墓碑铭文

从右到左从下往上阅读的墓碑

图 169

全新的石碑

石碑局部

图 170

言不必称希腊——以图证史（上）

向雅典贡税明细碑　雅典人向联盟城邦征税法令碑　　　花生牛轧糖

图 171

碑，因为这种长而扁的石碑，可谓中国特有。没想到古希腊不仅有，而且体量巨大。

这两块前 5 世纪的巨碑，一块有 3.56 米高，加上基座，将近 5 米高。另一块稍宽，也应有 3 米多高（图 171- 左、中）。我在承德见过一块用满、汉、蒙、藏 4 种文字镌刻的《普陀宗乘之庙碑记》大石碑，印象中也没有这两块希腊石碑高。

这两块石碑，是用石膏把石碑残片黏合复原起来。左边这块，残片有 149 块。真要赞叹希腊考古学家的工匠精神，竟然能够把如此零碎的石块，聚合成碑，真像一块巨大的花生牛轧糖（nougat）！

碑上刻的内容，左边一块，是登记了雅典联盟城邦的名录，以及它们向雅典贡税的数额，六分之一是祭献给雅典娜……右边一块是雅典人调整重新税赋的法令，显示联盟城邦交纳的贡税增加了，一笔一笔明细，总额达到 1460 银塔伦……满石碑都是雅典盟主的霸气。

行旅现场引发的疑问　　　　　　　　　　　　　　　　　　　*155*

这样的账单，有必要用这么巨大的石碑向世人和后人展示吗？雅典不是民主和自由的永恒典范吗？怎么像一个黑社会老大，在向弱者收保护费。

离奇的 3000 年前的亚麻袍子

看完铭文博物馆，10 点一刻左右，赶紧去雅典国家考古博物馆。

匆匆穿过了上次看的青铜展品区，来到中厅，想上二楼，猛然看到眼前有一个玻璃展柜，里面有一件纺织品（图 172）。

3000 年前的亚麻袍子　　　　　　　发现袍子的铜壶

图 172

走近一看说明……又是一个惊悚的故事：在雅典东边的埃维亚岛上，1981 年发现了一处前 11—前 9 世纪的古建筑和墓葬，墓主人是一个有很高社会地位的显贵，他的骨灰安放在一个贵重的青铜罐里（图 172- 右下），旁边安葬的是他女伴。

最惊人的是，在这个安放主人骨灰的青铜罐里，竟然发现一件"折叠整齐""由于青铜罐封闭而保存良好"的亚麻袍子！这恐怕是迄今为止世界上发现的最早古代织物。

这件袍子比我们西汉马王堆的丝织衣袍还要早 800 年，从年代上甩中国古代织物好几条街。希腊考古界老是打破世界纪录。

埃维亚岛是希腊第二大岛，也是山多地少，地理条件很差。3600 多平方千米，今天人口只有 16 万。这么一个荒凉岛屿，在这么早的时代，能有什么样的文明积淀可以织出这样的亚麻布、做出这样的衣袍？如果说是贸易品，那么对岸的小亚细亚或其他地区，当时也绝无可能制作出编织精细的亚麻袍。

巨型体量战略

在展品间行走，又一次被展品的巨大体量所惊骇。之前，已领略了巨型的库洛斯雕像，奥林匹亚的巨型红陶碗，克里特岛的巨型双面斧，铭文博物馆的巨型石碑……

这次，在雅典国家考古博物馆，又看到一些体量超大的冥瓶（图 173）。右边的瓶形物品也是祭祀用品，放在墓边。这些祭祀品都有近两米高，比真人还高。

上了二楼，大片展区是古希腊陶器。一个展柜接一个展柜，各式各样，成系列。又碰到 3 只大型陶瓶（图 174），差不多有一个人的身高。人类早期制作工具和器物，首先考虑的是实用。实用的陶器一般都不大，如中国古代的彩陶器皿。这样的超大型陶瓶，没有什么实用的功能。

极致的精美不可信

古希腊花瓶制作极其精美（图 175）。左边这个绘有《坐女与里拉琴》水

图 173　冥瓶，体量巨大

巨型陶瓶　前 760 年　　　　　　　　　　　　　　　　前 7 世纪

图 174

　　　　　　　　　　　　　言不必称希腊——以图证史（上）

古希腊红绘式花瓶　　　黑绘式花瓶

图175

罐，前420年，是西方艺术史所谓红绘式花瓶。右边是所谓黑绘式。展厅里满目都是希腊花瓶，那个精致啊，令人赞叹。

但正是这种极致的精美，引起了我友人林明先生的强烈质疑。林先生精于考古，尤其对古陶器有很高的造诣。当初他看到古希腊花瓶，立即断定是近代造假。因为古代希腊绝无可能烧出这样品相釉质的花瓶。这种花瓶虽然没有达到中国瓷器的工艺，但釉质已相当精致。

林先生正是从质疑古希腊花瓶开始，全面质疑古希腊文明："古希腊除了是个地名，什么都不是"。

这些古希腊陶器事实上也很新（图176）。左边的双耳瓶，标为前850—前800年，近3000年了，但瓶口内侧是全新的（局部）。右边的驴头角杯，也叫"来通"（rhyton），号称前450年，杯口内侧也是全新的。

再来看看古希腊人烧陶图（图177）。上图左和右据称是前6世纪科林斯陶片上的画：小馒头一样烧陶的窑。中间是现代学者绘制的古希腊烧陶窑。下图是前550年亚提克陶杯上的画，展示古希腊陶工在拉坯成型。

这样简陋的小陶窑，这样粗犷的拉坯，能烧出古希腊花瓶那样精致的陶器？

三脚双耳瓶局部　　　　　　　　　　　　　　驴头角杯局部

图176

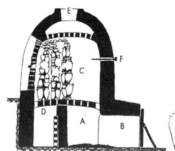

古希腊人烧陶器

拉坯成型

图177

"爱琴海的庞贝"

不觉间，走进二楼一个大厅，专门展示"Thera"文明。进门的展板上介绍说，Thera 是靠近克里特的一个岛，公元前第 5 个千年新石器时代就有人类居住。该岛小城阿科罗提里（Akrotiri），在青铜时代早期就已繁荣。到前1500 年火山大喷发将其毁灭之时，阿科罗提里已经是一个繁荣兴旺的港口城市，与爱琴海和近东主要城市都有商贸联系……

唼唼，这么重要一个文明从来没听说过啊。过了一会儿我才明白，这个Thera 中文名叫"锡拉"，其实就是鼎鼎大名、希腊旅游热门的圣托里尼岛！

不是说好的是旅游胜地吗？怎么也有如此重要的文明古迹？

据称锡拉岛原先是个圆形岛，火山喷发，岛中间被喷没了，现在变成了一个月牙形（图 178- 左）。现在岛的面积仅 76 平方千米。就算火山喷发前面积比现在多两倍，也只有 200 多平方千米。这么一个 200 多平方千米的小岛，怎么能原生出一个"锡拉文明"？

锡拉岛火山喷发的时间没有定论。有说是前 1450 年，也有说是前1650 年。

那次火山喷发，简直是再演了一遍庞贝故事。厚厚的火山灰掩埋了阿科罗提里，温柔地覆盖了全城，以致城里的许多房子，包括房子里的陶罐、天平秤等物件（图 178- 右），尤其是房间里的壁画，都得到完好保存。因此，

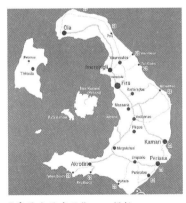

"爱琴海的庞贝"——锡拉
（圣托里尼岛）

图 178

锡拉出土的陶罐

阿科罗提里的壁画《春天》　　　　　　　《羚羊》

图 179

阿科罗提里被称为"爱琴海的庞贝"！

　　庞贝城离火山口比较远，所以遭殃的是火山灰。而阿科罗提里，看地图，就在火山口边上。又据说那次火山喷发非常猛烈，威力"比广岛原子弹大4000倍"，把岛中央给喷上了天，引起的海啸毁灭了克里特岛文明。这么大的一次火山喷发，居然没有把就在火山口边上的阿科罗提里城，烧熔个稀烂？

　　常理天理都是：覆盖这个"爱琴海的庞贝"的，只能是高温的熔岩，不可能是希腊考古界宣称的火山灰！

　　阿科罗提里与庞贝一样，也发现了室内壁画。庞贝的壁画还有点斑斑驳驳古色古香。这里的壁画却色彩极其鲜艳，是中国式轮廓线画法（图179）。

　　其中有一幅《羚羊》，绘图技法极其娴熟。那黑色的轮廓线，流畅准确。这种轮廓线只有毛笔才能画得出来，当时锡拉人已经有毛笔了吗？还有一幅《打拳的孩子》（图180），风格类似克里特米诺斯王宫壁画，像碎片拼凑，给人的感觉还是很假。

　　总之一句话，在一个猛烈喷发过的火山口边上，不可能保留如此完整的壁画。这个"爱琴海的庞贝"文明，也是故事。

童话般的航海文明

　　锡拉文明隶属于克里特米诺斯文明，但据介绍，锡拉也有自己相当的独立性。它不仅有繁荣的陶罐产业，还有自己的造船业。据介绍，锡拉的船载

阿科罗提里的壁画 《打拳的孩子》局部

图 180

图 181　锡拉海船（模型）

着迈锡尼的士兵，"联合舰队"经常在东地中海远征……

　　德国海德堡大学参加雅典国家考古博物馆建立 150 周年庆典，送了一艘锡拉海船的模型给博物馆（图 181），说是参考了锡拉岛上发现的描绘锡拉船队的壁画。

行旅现场引发的疑问　　　　　　　　　　　　　　　　　　　163

这样的海船，比舢板大不了多少，没有尾舵，没有罗盘。没有尾舵，就无法保持航向稳定。没有罗盘，离开海岸十几千米，就海天茫茫，无法辨别方向。如何能抵御地中海的风浪？

可笑的是，这样的海船还要人力划桨。克里特岛宣称有航海贸易已经极不靠谱。说这个比克里特岛还小40倍的锡拉小岛，也有很繁荣的海船贸易，就更是童话了。

看完二楼下底楼，经过几个专题厅，布置讲究很有气氛。再过去，是几个希腊罗马大理石雕像厅。体量一如既往的大，但其艺术性，比起土耳其伊奥尼亚地区几个博物馆，尤其安塔利亚博物馆，逊色不少。

快到出口大厅，是陈列迈锡尼文物的展区。迈锡尼出土的文物真叫那个多。除了阿伽门农金面具，陶器金器银器铜器应有尽有，还有线性文字的泥板……都宣称是前1600—前1200年的古物。此时，我已经没有什么感觉。照片是拍了不少，给大家看三幅吧（图182、183和184）。

看了两个半多小时，到下午1点多，终于把这个博物馆看完了。

图182 迈锡尼出土的金面具和陶器　前1600—前1400年

图183　迈锡尼出土的金、银、铜器和首饰

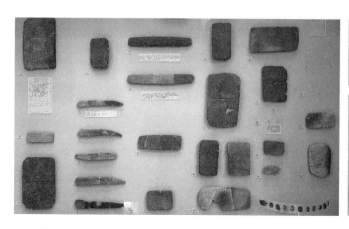

图184　迈锡尼出土的泥板线性文字B

第十二天，萨塞洛尼基

萨塞洛尼基，也叫萨洛尼卡。希腊好像真是地无三尺平，这个城市也是建在海边的一个缓山坡上。海岸线是西北向东南的斜线，东北高西南低。

早上出门，天气晴朗。反正城市也不大，还是步行，沿海岸大道走。

先去西北海岸边上的一个当代艺术博物馆。

本人是艺术史专业，写过《艺术的阴谋》（新版改名《"当代艺术"：世纪骗术》），揭露所谓"当代艺术"是一种美国于二战以后在全世界推广出来的美国式杂耍。法国已被美式"当代艺术"沦陷。看看希腊是什么情形。

进去一看，还是同样的货色。一些装置，拼贴，还有在一个墙角的两面墙上，搞了一点老旧残破的效果。全世界"当代艺术"都一个套路。

出来沿着海岸走一段，到了亚里士多德广场。据西方故事学，亚里士多德是当地人。

再往前走一段，便是萨塞洛尼基市的标志性建筑——白塔（图185）。塔高33米，里面有一盘旋的砖砌楼梯，通向各层，有介绍萨塞洛尼基历史的文字和图片。

图185　萨塞洛尼基的白塔

出来已是正午。继续往前，路过一座亚历山大大帝的雕像，前方就是萨塞洛尼基的考古博物馆。看这个馆也是我要来这个城市的主要原因。

离下午3点半关门，还有3个多小时，时间宽裕。

博物馆开头展厅是对萨塞洛尼基历史的介绍，说前2200年这里就有人居住。前315年，萨塞洛尼基开始建城。有许多考古遗址的照片……

世界最古老的金属硬笔和青铜墨盒

杜甫有言"语不惊人死不休"。这个博物馆也有点物不惊人死不休的架势。眼前出现了两把金属小刀（图186- 左），一把弯一把直。看介绍得知，这是两支金属硬笔（stylus）。直的那把，尖的头是用来刻字，刀片这头是用来刮写错的地方，类似橡皮的作用。

中国甲骨文也应是用硬物刻的，但没见过刻字的刀笔。而希腊总是让人见证奇迹：让你见识一下两支前5世纪、带刮刀、刻字的青铜笔。其中弯刀片的那支青铜笔，还有双头动物的雕饰，极其精致。

图186- 右是展示女孩在练习写字。解说词："学生在涂蜡的木板上写字。他们使用一种硬笔，将字母刻在软的表面。当他们想擦除什么时，就使用宽扁一端笔头。"嚯嚯！

塞萨洛尼基考古博物馆，金属笔刀、墨盒

图186

学生用硬笔在涂蜡的木板上写字

在前5世纪，希腊就有学校教学生在涂蜡的木板上练习写字。那时希腊人就开始养蜂有蜡，文明水平高得令人难以置信。

笔旁边是一个青铜墨盒，也很精致。阿拉伯人用削扁的竹木片，蘸墨写字。近代欧洲人用斜削的鹅毛羽管写字。古希腊人就已发明了墨水写字？相信读者已惊倒一大片。

海市蜃楼的三列桨战舰

紧接着又遭到惊吓。博物馆有一个模型：两条战船并列相连，上面竖一个攻城塔，配有甩石机（图187-左）……

据介绍："马其顿王国在前4世纪菲利普二世在位时就成为海上强国。马其顿山上充沛的树木有利于建造战舰"（西方故事学终于想到造船也需要树木），"当亚历山大大帝在前334年与波斯人开战之时，他已经拥有160条三列桨战舰……"

才知道，这样的战船（trireme），叫三列桨战舰。据说当年古希腊人就是靠它称霸地中海的（图187-右）。

据介绍，典型的三列桨战舰长37米（宽3—4米左右），不大。但要装多少人？170余名划桨手，还要加上船长、标枪手、弓箭手和水手40多人，共200多人，挤在这么一条小船上……

并列三列桨战舰＋甩石机攻城塔　　古希腊三列桨战舰

图187

看过一个视频：一些美国好事者，真造了这么一艘船，三层划桨手像划龙舟的选手一样，拥挤在一个狭小的空间。船是被划动了，但这么小的船，根本没有多余的空间来放这两百多人吃的粮食喝的水，更没有能容两百多人睡觉的地方。

据修昔底德记载，这样的战舰能以 7.5 节（14 千米 / 小时）连续航行 184 海里（340 千米）……而看视频，这些划桨手划着 4 米多长的桨，没划多少时间就累得不行……以大量划桨手划船就可以长距离航行，只是西方故事学的漫天想象。人究竟不是神仙，不是机器，终究不能在海上连续划 184 海里！

所以，这种三列桨战舰纯属西方故事学的虚构想象。

还看到了一艘马其顿商船的模型配图（图 188），也是一艘没有舵的船。看上去主要靠风帆行驶。而这个模型商船只有一根桅杆一面帆，不能自如选定方向逆风行驶，这样的船根本不能出海远航。

介绍说，马其顿是古代商业中心，"出口金属、木材和酒，运回酒、油、香料、武器等"……出口金属，什么金属？未闻有冶炼遗址。

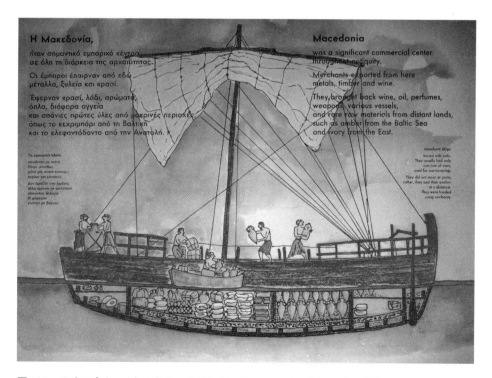

图 188　马其顿商船 "出口金属、木材和酒，运回酒、油、香料、武器等"

图 189　马其顿的黄金制品和金币　前 6—前 4 世纪

　　说到金属，博物馆专有一个厅展示马其顿的黄金制品，琳琅满目（图189）。据称这个地区也有中国古代那样的厚葬之风，把死者拥有的财宝一起随葬。于是此地就有大量王公贵族墓葬的黄金制品出土，包括金币……

　　马其顿真有厚葬之风？马其顿真有如此精细的金器制作能力？

能烧成碳的干草片

　　观览行走间，不经意看到一个墓的照片（图190），标注为德尔维尼（Derveni）A 墓，是石柜墓穴（cist）。还有德尔维尼 B 墓，没有图片。这两个墓，是 1962 年在萨塞洛尼基西北 10 千米处的德尔维尼，在扩大一条马路时被意外发现的。

　　A 墓很小：2×0.9 米长宽，深 1 米，上面盖几块条石，很寻常。但就是从这个不起眼的小墓里，出土了碳化的莎草纸片！这是我第一次亲眼目睹传说中的莎草纸。但莎草纸并非纸，而是莎草茎片编排黏在一起，类似席子，称为莎草片更为准确。

　　之前据说在埃及和近东已发现了数万卷莎草片。现在破天荒，在希腊也发现了埃及莎草纸"书"。因此它被称为"欧洲最古老的书"，被联合国教科文组

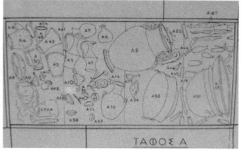

图 190 德尔维尼 A 墓，文物惊人

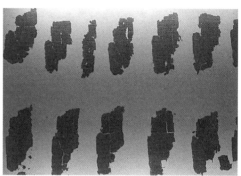

图 191 德尔维尼 A 墓，碳化的莎草纸片　前 4 世纪

织收入"世界的记忆"名录。德尔维尼莎草纸现已成为专门学科研究课题。

　　最奇特的是，德尔维尼莎草片是碳化状态（图 191）。介绍说，"可能与死者一起为宗教目的而焚烧过"。我不禁睁大惊奇的眼睛。以我山里老农民的经验，只有硬木才能烧过变成炭，一般草木都烧而成灰呀！而莎草片那样干的草本植物，是最好的引火料啊。一过火，肯定燃成灰。而德尔维尼的莎草片，竟然被"焚烧"（burnt），最终却变成了碳纸！呵呵，简直是精细烧炭啊：低温可控，不充分焚烧，最终获得草本薄片碳……奇迹，奇迹！

　　神异的是，这些莎草片不是放在墓里面，而是在石墓顶盖上面，一堆焚烧祭品的灰烬中，直接埋在泥土中，竟能在潮湿的土壤中保存 2300 多年而不酥化成泥，也是神迹。

　　更神的是，这些莎草片被拆分开后，竟还能一片一片释读上面的文字（图 192），说是一些俄耳甫斯式诗歌！看着展柜里一首又一首的诗歌，真是叹服西方考古界无所不能的法力。

图 192　莎草纸文本

小土坑里的"米开朗琪罗风格"大铜壶

德尔维尼 B 墓与 A 墓一样，是一个 3×1.5 米长宽、深 1.6 米的小坑。两个坑几乎不是墓，而像是堆满了财宝的宝藏，展示了古希腊有不亚于中国的厚葬文化。

A 墓堆满铜器（图 193- 左），极其精美，令人赞叹古希腊那么早就达到 18—19 世纪欧洲生活水平。B 墓则出土大量前 4 世纪的精美银器（图 193- 右），银光闪闪，一点感觉不到它们曾在地下埋藏过两千多年，而是像精细保存的 19 世纪欧洲贵族银器，全无时代违和感，可以马上拿来使用。

B 墓最惊人的一件随葬品，是一只雕饰精美的铜壶（图 194）。完全没有思想准备，猛看见"前 330—前 320 年"标签，一下呆了，因为从形制到装饰，这完全是一个现代风格的铜壶！

墓很小，但这个铜壶很大，有 90 厘米高，40 千克重。用的是黄铜材料，据说含有 15% 的锡，所以金光灿灿。冶炼黄铜需要金属锡，希腊地区并不产锡。历史上，西方是很晚才使用黄铜。

这个壶是用两块敲打出来的黄铜片"拼合"起来，几乎看不出拼缝，犹如焊接。壶外壁上的雕像据说是铸的，雕塑技法极其精细。其精度，只有西

图 193

A 墓的铜器   B 墓的银器

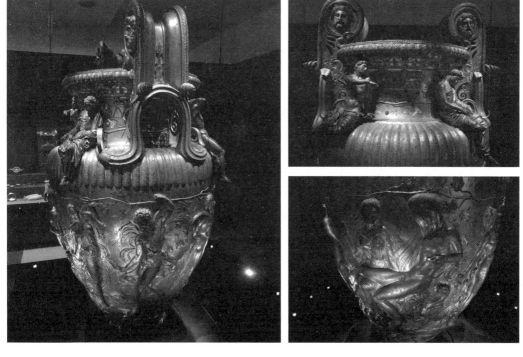

图 194　B 墓的黄铜壶　前 330—前 320 年

行旅现场引发的疑问

方现代才能做到，绝无可能是一件 2300 多年前的古代用品。

壶里装着一个男人和女人的骨灰。但据说壶本身的用途并非装骨灰，而是用来装酒混水。于是，就有了壶身上的酒神狄奥尼索斯和老婆阿里阿德涅。这个酒神一点也没有尼采笔下古希腊悲剧之神应有的样子——充满生命狂喜，倒像一个耽于酒色之徒，很随意地把右腿搭在老婆腿上（右下）……另外一些神祇也处于迷醉状态，跟酒神在一起嘛。

铜壶上部的雕像都显得有些慵懒，低垂着头，令我想起了米开朗琪罗为美第奇家族墓所雕刻的《昼夜晨昏》（图 195），两者雕塑风格极为相似，相信外行也能看得出。这只铜壶的制作者，显然是模仿了米开朗琪罗的雕塑。

图 195　米开朗琪罗为美第奇家族墓雕刻的《昼夜晨昏》之《夜》和《晨》

希腊与土耳其"民族大交换"的遗迹

走出博物馆，依然处于受刺激的眩晕状态……阳光依然灿烂。赶紧买了点食物，潦草打发拖延的午饭。

信步街头，走过伽列里乌斯拱门（图 196- 左），看了不远处一处城市考古遗址。再往上走，是一处被称为"圆拱建筑"的（图 196- 中），似乎无名。但侧旁高耸着一座宣礼塔，告诉路人这儿原先是一座清真寺。从历史照片看，萨塞洛尼基原先是一座穆斯林城市，有许多清真寺和宣礼塔。如今全盘希腊化，已基本拆完，能见到这一座已属稀罕。

1923 年，在新生的土耳其和希腊之间有一场"民族大交换"：土耳其向西边爱琴海驱逐了 150 万希腊人，希腊也将几十万的土耳其人清除出希腊。

伽列里乌斯拱门　　　　残存的清真寺　　　　　　萨塞洛尼基高坡上的老城墙

图196

萨塞洛尼基由此完成了希腊化。

在巴班和斯蓬的地图上，雅典也是穆斯林城市。今天的雅典已看不到半点伊斯兰痕迹。克里特岛原先也有大量穆斯林居住。如今干尼亚只留存一座海边清真寺和一座宣礼塔。

奥斯曼帝国时期，帝国境内各民族相安无事。大民族地盘里有小民族飞地，大家共存。第一次世界大战，把奥斯曼帝国打没了。于是不同民族之间大打出手，互相残杀（就像苏联帝国和南联盟瓦解后，不同族群之间杀戮不断）。这才有了1923年，约两百万希腊人和土耳其人抛弃故园，移民他乡。

这座清真寺顶扁平的圆拱，与伊斯坦布尔的圣索菲亚大教堂、蓝色清真寺是同一种建筑风格。瞬间漫想到：所谓圣索菲亚大教堂，可能一开始就是清真寺，并非是基督教的大教堂改为清真寺（后文确证）。

铁栅栏关着门，没进去。

傍晚，登上了萨塞洛尼基城东北的山坡顶。那儿有老城墙，也有一座白塔似的圆堡。俯瞰了一会儿萨塞洛尼基的夜色，下山觅食。还是在海边餐饮区，小海鱼配白葡萄酒，颇佳……

第十三天，萨塞洛尼基，经雅典回国

今天是在希腊的最后一天，还有半天时间可以看萨塞洛尼基。与拜占庭艺术博物馆相比，还是选择去看一个犹太博物馆，离我住的旅馆也不远。

在一条很寻常的小街上，看到这个普通住宅似的犹太博物馆。

楼下有一些石碑，楼上是配文图片，介绍犹太人迁居萨塞洛尼基的历史。在相当长的历史阶段，萨塞洛尼基是欧洲犹太人的重要居住城市之一。曾经一度犹太人占了该城人口多数。但二战期间被德军占领，驱除了大部分犹太人，许多人去了以色列。

博物馆里有一句话很醒目："萨洛尼卡是以色列之母"。没想到，萨塞洛尼基的犹太文化和犹太人对新建的以色列，有这么大的影响。

约12点，坐上去机场的公交大巴。飞机是2点半起飞，3点半到雅典。回国的飞机是晚上6点半。非常担心这个航班会不会延误。如果延误两小时到雅典就赶不上回国的航班，那就糟了。运气不错，希腊航班还是很准时，基本没有延误的到了雅典。

在雅典机场消磨了几个小时，终于登上回国的飞机……

淳朴的希腊人

回顾在希腊这13天，总体感觉希腊人比较淳朴。相对而言，伊朗人和土耳其人给人感觉是经历了长期文明，比较精明。来到伊朗一些城市，打第一辆出租车便有可能会被多收钱。而在希腊，出租车司机基本规矩。在萨塞洛尼基，晚上从山上下山到海边很近，为图简单，我跟出租车司机提议5个欧元，司机说打表吧，结果才花4个欧元。

希腊人看上去没有经历过长期烂熟的城市文明，还带有相当淳朴的"山民"特色。曾读到过，希腊债务危机时希腊想赖账，一些德国人很后悔当初硬把希腊人说成雅利安人，就骂希腊人是斯拉夫人！

我在希腊坐火车和公交，在斯巴达行走，也没有觉得希腊是一个欧洲发达国家，不如说是一个发展中国家……

人造希腊——"被希腊"的希腊人

复旦大学黄洋教授认为：18世纪中期开始，德国掀起Hellenism（希腊主义），制造出一个理想化的古希腊，以塑造德意志民族文化精神。后来"希腊主义"影响到英国乃至整个欧洲，以建构"欧洲"的现代性身份，来面对东方他者："古典希腊是一个想象的希腊，一个理想的希腊，一个用于阐述现代性的虚构"。①

欧洲人把这个想象虚构的古希腊，套到了巴尔干半岛最南端这块穷山恶水人稀的荒凉之地，生造出一个现代希腊。可怜这些原本混杂了斯拉夫、阿尔巴尼亚和土耳其穆斯林等文化因素的当地人，"不得不依靠这个从欧洲进口的Hellenism来构建其民族国家所不可或缺的民族认同"，他们被称作"希腊人"。

"作为欧洲现代性产儿的希腊民族国家，其实又无法摆脱其双重矛盾的自我认同困境……因此欧洲的Hellenism演变成了一种殖民主义，一种不是通过武力、而是通过文化想象而推行的殖民主义"！②

黄洋承认古希腊的存在。但他揭示现代希腊，被西欧国家的"希腊主义"文化殖民，强行扭曲成"古希腊"的接盘者之悲惨情形，令人深思。

希腊当代作家尼科斯·迪穆（Nikos Dimou）曾在2009年接受采访时说："我们以前讲阿尔巴尼亚语，称自己是罗马人。但温克尔曼、歌德、雨果、德拉克罗瓦一个劲告诉我们，'不对，你们是希腊人，是柏拉图和苏格拉底的嫡系后裔。'这导致了今天的结果。如果一个贫穷弱小的国族需要承受如此沉重的精神负担，它将永无生机。"

人们仿佛可以听见，希腊人悲愤喊道：我们明明是斯拉夫人，阿尔巴尼亚人，你们为啥硬把我们叫作希腊人？

那位自称"我是希腊人"的英国诗人拜伦，其实穿的也是阿尔巴尼亚人服装。

还有前面提及，第一任希腊国王奥托一世，强行推行一种人造希腊语——"纯化希腊语"，而本地阿尔巴尼亚人根本没法讲。僵持到1976年，还是当地民众胜利了：人造希腊语终于被抛弃，民众希腊语终于得到官方承认。

13天的希腊之行结束了。我的希腊印象，除了希腊是"被希腊"的，就是希腊博物馆里的"古代文物"，几乎都是希腊建国以后新制作的……

---

① 黄洋"古典希腊理想化：作为一种文化现象的Hellenism"，《中国社会科学》2009年第2期。
② 同上。

米利都大剧场

源远流长的西方历史、考古和文物造假

引论

2019 年 8 月，我参加了北京举行的首届"西史辨伪学术研讨会"。不久，一篇《本质上这是一群学术阿 Q》的文章作者，大笔一挥就把我归类到宣称英国人起源湖南英山的 D 教授一伙。

其实本人根本不认识 D 教授，也不认同他的观点。"西史辨伪"和"湖南中心论"全然不是一回事。但此人自称"小看君"，眼小，故意将两者混为一谈，心术不正。

他讽刺本人只是"跟随旅行团去古希腊旅游了一趟，称之为'田野调查'"……事实上，本人去希腊是单人行背包客，也并非纯粹旅游。

《人民日报》名下《哪来的迷之自信》一文，也跟着"小眼"，不点名批我"旅游式的田野调查"。新华社等官媒和诸门户网站纷纷转载……我成了"旅游式田野调查"的形象大使。

不过，本人欣然接受"旅游式田野调查"的说法。小看君认为旅游不是学术。但他有所不知，那些古希腊遗址，大部分都是旅游景点。不旅游，何来调查？古人云：读万卷书，行万里路。旅行游历，是做学问所必需。30 多年来，本人酷爱旅游。

早在 1986 年浙江美院读研期间，曾花 1000 元钱，云游祖国西北西南 3 个月：去了河南南阳（汉画像石）、山西芮城（永乐官壁画）、西安、天水麦积山（北魏雕塑）、兰州、西宁塔尔寺、敦煌莫高窟、吐鲁番（火焰山＋千佛洞），然后千里向西，龟兹（千佛洞），喀什，到了祖国西部尽头，再折向南，搭车翻越喀喇昆仑山，到藏西阿里，探古格王国遗址，再搭车千里向东，日喀则，拉萨。第一次坐飞机飞成都，九寨沟，大足石窟，重庆，买 5 元钱的无舱散席，游长江三峡而归……

1987 年去法国留学。1988 年专门去美国考察美术博物馆一个月，去看了纽约、波士顿、华盛顿、芝加哥、堪萨斯、克利夫兰等城市的博物馆。也去过加拿大蒙特利尔等地。

法国主要城市不用说，西欧国家基本跑遍。2004 年，去北非突尼斯，看了所谓迦太基遗址。2010 年后，去了柬埔寨吴哥石窟，游历俄罗斯、日本和韩国。

2015 年，背包客去了伊朗和土耳其。2018 年继续背包客去波兰、波罗的海三国和芬兰赫尔辛基，2019 年扫荡希腊……几十年的"旅游式田野调查"，足迹遍及亚非欧北美 30 多个国家，总比待在井底，瞪着小眼看天要强吧？

事实上，西方历史造假、考古造假和文物造假由来已久。进入 19 世纪，造假变本加厉，更加肆无忌惮，地理范围也更加广大。希腊只是西方考古文物造假的一部分。只有从一个更大的时空背景，才能更好地看清西方古代历史、遗址和藏品的造假。

先来简要地看看西欧历史。应该说，在蒙古人西征欧洲的 13 世纪之前，欧洲还处于相当荒蛮的状态。

古代欧洲农业落后，人口稀少。没有大城市，只有一些稀稀落落的小堡寨。有人形容印度是"一大堆操着千奇百怪鸟语的土邦"，至今有 100 多种语言。古代欧洲亦复如是。

古代欧洲人没有时间概念，没有历史概念。

一直要等到 16 世纪，一位名叫约瑟夫·斯卡利杰（Joseph J. Scaliger，1540—1609）的法国人，1583 年出版《时间校正篇》（*De Emendatione Temporum*），给欧洲编出了第一部"历史"，一部以圣经为依据的"圣经编年史"。

根据诸玄识先生考证，斯卡利杰是根据中国历代帝王年表，设计出西方第一部编年史。之前的圣经时间完全没有个数，有时说有几十万年。斯卡利杰晚年生活在荷兰，获悉耶稣会士带回来的大量关于中国的信息，被称为"莱顿的东方学家"。他根据中国历史朝代的时间，将圣经历史时间设定为 7980 年。比起疯狂的几十万年，是大大缩短了，显得稍稍更为理性。

尤其斯卡利杰将古代希腊、罗马、埃及、巴比伦和波斯的历史，也糅合到圣经编年里，最先编造出了一部西方古代史。由此，斯卡利杰成为西方历史编年的奠基人，今天使用的世界历史编年史也称作"斯卡利杰编年史"（Scaligerian Chronology）[1]。

接着，他的弟子狄奥尼修斯·佩塔维斯（Dionysius Petavius，1583—1652），又给这个圣经编年设定了耶稣基督出生的时间——基督元年，不早不晚，刚好设在我们西汉和东汉两汉之间，与汉平帝的"元始元年"刚好是同一年！（耐人寻味）没有基督编年史，西方的历史时间会是何等的一团浆糊！

没有时间，哪来历史？

所有西方历史，都是后来编排出来的。要把全是空白的西方历史塞进内容，编出故事，不是一件容易的事。更因为没有统一的"史官"，编撰历史的历史学家来自西欧各国，也没有传承有序的史料，常常把神话传说当历史，甚至无中生有瞎编，所以西方古代史漏洞百出，顾此失彼。

这样一部无米之炊搞出来的西方历史，在西方已遭到众多学者的质疑。简要例举 11 人。

1. 大名鼎鼎的英国科学家牛顿，曾花费大量心血研究圣经编年，写过《古代王国修正年表》（The Chronology of Ancient Kingdoms Amended），质疑斯卡利杰把编年史编得太长了。牛顿认为古代史仅仅开始于基督纪元前 1125 年。他大幅度砍减古埃及历史，只有 300 多年。他认为"希腊人的古代事迹充满虚构"（The antiquities of Greeks are full of fables），古代国家"并没有准确的时间记录"。[2] 可见，在 18 世纪的牛顿时代，西方古代史尚没有定型，还在编排之中。

2. 英国学者约翰·罗斯（John Wilson Ross，1818—1887）1878 年发表"塔西佗与布拉乔利尼：15 世纪伪造的编年史"（Tacitus and Bracciolini: the Annals forged in the Fifteenth Century），揭露布拉乔利尼为柯西莫·德·美第奇"伪造了塔西佗的《编年史》"。各种证据表明，美第奇家族是当时伪造"古籍"之风的大推手和幕后赞助商。我们今天读到的古希腊和古罗马经典著作，大多来自美第奇家族。

---

① 参阅诸玄识先生《虚构的西方文明史》第一章"揭示西方历史的'周期律'"。

② Isaac Newton: *An Abstract of Sir Isaac Newton' s Chronology of Ancient Kingdoms*, Edited By Mr. E. Reid, London, 1782, p. 6.

3. 法国学者保利多尔·奥沙尔（Polydore Hochart）同样认为，是布拉乔利尼伪造了塔西佗的《编年史》和《历史》，这两本都是伪书。

波吉奥·布拉乔利尼（Poggio Bracciolini，1380—1459），意大利文艺复兴时期著名学者，担任过7任教皇的秘书。他是古代手稿的"大发现者"，一生到处搜寻古代抄本。他靠发现、倒卖"古卷"发了大财。死后家财万贯，其实是一个大伪造者。

还有一位与布拉乔利尼齐名的人文主义学者洛伦佐·瓦拉（Lorenzo Valla，1407—1457），也一生喜好收集"古代手稿"。是他把西方历史之父——希罗多德的《伯罗奔尼撒战争史》和《历史》，从古希腊文翻译成拉丁文，献给教皇尼古拉斯五世。据陈大漓先生考证，瓦拉所谓的翻译，其实是"撰写"，希罗多德的《历史》是瓦拉伪造。

4. 英国历史学家爱德温·约翰逊（Edwin Johnson，1842—1901），写了《古代材料：基督教起源研究》（*Antiqua Mater: A Study of Christian Origins* 1887），认为没有任何可信的证据可以证明基督及其十二门徒真实存在过。在《保罗书信》和《英国文化的兴起》两本书里，他惊人宣布：所谓圣经文本，基督教福音书，圣保罗书信等，都是16世纪初本笃派僧侣的"文学创造"。是本笃派僧侣在16世纪制造了整个"基督教神话"。西方历史所谓"700—1400年之间的黑暗时代"根本就不存在。是基督教作家发明了"中世纪"，创造了一些臆想出来的人物和事件。在"出版时代"之前，没有任何可信的文献记录……（英文维基百科）

5. 瑞士历史学家罗伯特·巴尔多夫（Robert Baldauf），仔细研究了天主教最重要的古代文献中心之一——瑞士圣加伦修道院的档案，发现许多"古籍"是意大利15世纪人文主义者布拉乔利尼和助手伪造的。还有"许多被认为是古代的手稿，都是近代伪造"。

巴尔多夫认为，古希腊"荷马，索福克勒斯，亚里士多德以及许多其他'古代'作家……都是来自同一个世纪——意大利文艺复兴的14至15世纪"，都是那个时代的造假。他还发现，圣经《旧约》和荷马史诗《伊利亚特》，与中世纪的传奇故事（romance）非常相似对应，因此认定："《伊利亚特》和《圣经》文本，来自中世纪晚期。"（英文维基百科）

荷马史诗和圣经《旧约》都是"中世纪晚期"的东西？中世纪晚期，即

1300—1400 年左右。呵呵，这些一直被认为是两千多年前的东西，竟然只有600—700 年历史。

不要认为西方伪造古代手稿很稀罕。直到 19 世纪，西方还有人在伪造"古代手稿"。法国著名造假高手弗兰 – 卢卡斯（D. Vrain-Lukas，1816—1881），10 多年间，伪造了 29472 件"古代"信件、手稿和文献，其中包括大量古希腊、古罗马名人信件！比如：亚历山大大帝给亚里士多德的信，阿基米德给叙拉古国王的信，埃及艳后克莱奥帕特拉给凯撒大帝的信，还有查理大帝的信……获利 14 万金法郎。此人行迹堪比荒诞剧，令人目瞪口呆。

6. 俄罗斯裔美国学者伊曼纽尔·维利科夫斯基（Immanuel Velikovsky 1895—1979），天文学家，爱因斯坦的好朋友，用天文学的方法来测定年代，提出"修正年表"。他把好几个埃及古王国的朝代往后移到了托勒密时代，还质疑古埃及与古以色列历史，质疑两河楔形文字的真实性。虽然他没有全盘否定圣经编年，但他的"修正主义"历史学，一个人搅了三个局：圣经史、古埃及史和古巴比伦史，影响不小。

7. 德国历史学家赫利伯特·伊利格（Heribert Illig，1947—），是维利科夫斯基的赞同者。他研究得出结论：西方历史中 614—911 年这 300 年不存在，称其为"失踪的 300 年"（three missing centuries）或"幽灵时段"（phantom time），因为这 300 年缺乏实证材料。

1991 年他作了一个假设：教皇西尔维斯特二世（999—1003 年任教皇），神圣罗马帝国皇帝奥托三世，他们合谋设置了基督纪元元年，将自己放到基督纪元 1000 年的时代位置。他们通过改变、曲解和伪造材料，制造了一个"加洛林时代"和查理曼大帝这个人物。由此，给西方历史添加了近 300 年的"幽灵时段"。

我也觉得这个查理曼大帝是故事。西方历史书说他在 800 年——这么巧凑一个整数，在罗马受教皇加冕，建立查理曼帝国。他四方征讨，统一了西欧大部分地区。死后，帝国被三个孙子一分为三：大体相当今天的法国、德国和意大利三国。实际上，查理曼帝国不可能真实存在。他带一帮武士，在西欧游荡一圈，跑马圈地，没有统一的行政管理，也算是一个"帝国"？

西方编年历史好比一个大厦，伊利格说"失踪的 300 年"，就是从里面抽掉 3 个楼层，大厦被拆得七倒八歪，整个西方历史就全都乱套了。牵一发而动全身："如果查理曼大帝和加洛林王朝是虚构的，那么欧洲其他国家的历史，包括盎格鲁撒克逊英格兰、教皇和拜占庭帝国，也必然有相应的虚构。"（维基百科）一大堆与这300年西方历史相联系的世界历史事件，都要重新改写……

8. 近年对西方历史学最具颠覆性的，是俄国历史学家、俄罗斯科学院院士阿纳托利·福缅科（Anatoly Fomenko，1945— ）。他近年主编出版了7卷本《历史：虚构还是科学？》，在俄罗斯发行100多万册，全盘质疑斯卡利杰的西方编年史，提出"新年表"（New Chronology），认为西方古代史都是17—18世纪耶稣会士的编造。

福缅科的观点很震撼：西方历史开始于10世纪。10世纪之前，西方历史空荡荡，啥也没有（我也这么看）。所有10世纪以前的"西方历史"，不过是11世纪之后中世纪发生的事件的投射幻影。耶稣是11世纪的人物。所谓的西方历史学家，实际上是一些"历史发明家"……

福缅科的观点在西方学界产生巨大反响和非议，但也有不少支持者。

尽管福缅科基于俄罗斯中心论，把蒙古帝国说成是俄罗斯帝国，有相当多的观点站不住脚，但他质疑西方古代历史的论证，相当一部分是有实证的，极富启发意义，值得重视。

他拍过一部20多集的系列专题片《历史发明家》，在中国网络广为传播，很有影响。其中也提到耶稣会伪造历史："弗拉芒耶稣会专门致力于编写假的圣人传记。从1643到1794年，他们发表了53卷伪造传记。"19世纪法国天主教会进行了统计，"伪造的文件数量惊人：拉丁文文献221卷，希腊文文献161卷。""也就是说，17世纪的历史学家们，在没有根据、胡编乱造的基础上，为自己国家乃至全世界编写编年史。"西方所谓的"古籍"，都是中世纪后期写作的，即纸张普及以后。"我们熟悉的历史，很大的程度上等于虚构小说"……

9. 法国学者弗朗索瓦·德·萨尔（François de Sarre，1947— ），认同福缅科的"新年表"，也认为西方历史没那么古老，提出"新近主义"（récentisme），认为西方历史很短，很"新近"。

对于萨尔，不止是要"失踪"300年，而是整个"中世纪"都要失踪。2013年，他出版了一本很有趣的书：《中世纪去哪儿啦？》（*Mais où est donc passé le Moyen Âge ?*），听上去有点"爸爸去哪儿啦？"，说的是西方历史就没有什么千年"中世纪"。或者说西方历史在"中世纪"末（1300—1400 年）之前没有历史，空空如也什么也没有，历史短得很。

10. 还有一位德国学者乌韦·托珀（Uwe Topper，1940— ）也认同福缅科和伊利格等学者，质疑西方编年史。他试图证明"我们所熟悉的历史，是16 世纪开始编造出来的"，"1400 年之前，很少事件是年代准确的"。

11. 当代美国历史学家雅各布·杜尔曼（Jacob Duellman）质疑斯卡利杰的历史年表是"虚幻"（Hallucinatio Scaligeri），西方古代历史是"一个炮制出来的骗局"（Ancient History: a manufctured hoax）……

西方质疑西方历史的学者还有很多，但他们的声音基本被西方主流媒体所遮蔽，在中国更是不为人所知。如果要去寻找，还是可以找得到。

对于西方历史，归根结底就是一句话，在纸张传到欧洲之前，西方没有历史。所谓泥板文字、羊皮纸、莎草纸等载体，都不靠谱（后面论述）。所有西方古代史，纸张之前都是讲故事。

其实在这个世界上，就数咱中国人爱记历史。国事家事自己事，一一记录下来。国家记下来，成为历史。家族记下来，就是族谱家谱。[①]尤其中国人记史，是为了以史为鉴，让后人继承前人的智慧，不犯前人的错误。

中国的"史"，是历史事件的记录。而西方的"历史"，是一两千年之后回过头去给祖宗编故事。

因此我们必须要清楚，西方的"历史"≠中国的"史"。

英语"历史"（history）可谓"他的故事"（his-story）！

西方不仅历史造假，考古也造假。

西方考古其实是被逼出来的。因为西方没有像中国那样自古一贯的历史记载，古代历史一片空白。怎么办？于是想出一个办法——往地里挖。

中国有厚葬的文化传统。中国各地往地里挖都能挖出文物。而在西欧，

---

① 我很幸运在 2019 年找到族谱——浙江余姚（今慈溪）彭桥《黄氏宗谱》，12 大卷，巨大开本（46×30cm），从北宋始祖黄继冕（1101—1149）记录到 1915 年，毫无中断，谱系完整。第 18 世祖黄珣，明朝科举考中榜眼（同科状元是同乡王阳明的父亲王华），曾任国子监祭酒，谥号"文僖公"。宗族续谱，我得以认祖归宗，为彭桥黄氏第 32 世孙。

比如在法国、英国的地里，是挖不出古代墓葬文物的。

为了支撑西方古代史，西方考古学在19世纪全面铺开，全世界开挖"古代遗址"，欧亚非美到处开花。

要证明一个文明，光有遗址不行，还得要文字。嘿嘿，伪造文字是西方人的拿手好戏。上帝要有光，于是就有了光。西方历史学需要文字，于是就有了各种"古代文字"，比如古埃及象形文、古巴比伦泥板楔形文字、克里特泥板线性文字等。然后再出现几个毛头小伙，灵犀神通，"破译"成功。

考古学和语言学，是西方虚构古代史的两大法宝！

本来白茫茫大地一无所有，自有了西方考古学和语言学，靠掘地三尺，破译古文字，西方古代史居然体态丰满，故事越来越多，断代越来越精，常常精确到年份个位数！

福缅科在《历史发明家》专题片中公开指控西方考古造假：西方"在编造古代历史的时候，有一个重要手段是制造假的古代遗址""16世纪以来，伪造古代遗址的数量十分庞大。这一工作目前还在世界各地进行""博物馆里存在着大量假文物……一些古代建筑，甚至整个古代遗址都是假的""一小撮人怀着邪恶的目的，制造假的历史古迹，灌输给人们篡改的历史""这些错误的历史常识已经深深地印在全世界人们的心中，误导了人们几百年"……

西方伪造古代遗址有一个非常严重的漏洞，就是相当一部分古代重要城市"遗址"，都选在一些不靠河没有水源的地方，比如雅典、迈锡尼、德尔菲、帕加马、波斯波利斯……没有水，哪来城市？

西方考古学貌似严谨，其实"一本正经地胡作非为"。

西方文物造假也是一项长期兴隆的产业，尤其在意大利。16世纪米开朗琪罗伪造古代雕刻赝品，开了西方文物造假的先河。

一直以来我都相信古希腊雕刻是真的。但当我去了土耳其帕加马的宙斯祭坛，又去了希腊奥林匹亚的宙斯神庙遗址，终于让我彻底否定古希腊雕刻的真实性：现场是绝对不可能挖出这么多体形巨大、肢体完整的"古希腊雕刻"。后来考证出巴特农神庙的雕刻是额尔金和福维尔伪造，更证明所谓"古希腊雕刻"都是米开朗琪罗之后伪造出来的。

让我们先来看看西方现代考古学的两位开创者——施里曼和伊文思，是如何造假"古希腊遗址"。然后再延伸开来，揭示两河文明、波斯文明、埃及文明、美洲文明和印度文明的造假。

最后例举一些西方文物造假的案例，一些震惊世人的文物造假丑闻。

一、虚假的特洛伊古城

德国人施里曼和英国人伊文思，都不是学术专家，而是老大不小忽发奇想、半路出家的业余选手。他们的事迹，与其说是考古发现，不如说是见证奇迹。太多的巧合，太多的运气，都被他们碰上了。

他们之后，形迹可疑的考古学家不断涌现，创造了一个又一个考古奇迹。先来扒一扒他们俩的光荣业绩。

业余土豪"西方考古学之父"

如果要找一位西方 19 世纪最富有的"学者"，非德国人施里曼（H. Schliemann，1822—1890）莫属。他从一个流浪汉，逆袭成为富豪。

施里曼出身贫寒，年幼丧母，11 岁才上了三年学。之后就去杂货店当伙计，卖了 5 年鲱鱼和蜡烛。14 岁那年，一次搬重物，小身板居然撑不住，以致血管爆裂。唉唉悲剧，伙计干不成了，于是就到一艘商船上做服务员，出海去委内瑞拉。结果商船在荷兰水域出事沉掉，他命大没淹死，就留在阿姆斯特丹，给一家贸易商行办公室做记账人。

穷小子时来运转，24 岁被派到俄罗斯做商行贸易代表，开始自己创业。29 岁去美国加利福尼亚，倒卖金沙，还从事银行业务，发了大财。

1854 至 1855 年，他又大做俄土克里米亚战争的军火生意，垄断硝石和硫磺，发了更大的横财。屌丝终于逆袭，成为百万富翁。

1858 年他 36 岁，猛然想起小时候他父亲给过他一本讲荷马史诗的书，里面有特洛伊城被大火焚毁的情境，一直萦回心底。于是发财之后，他要去寻找特洛伊城。他先在巴黎学了一个月的考古，然后去罗马和庞贝游历。庞贝的发掘现场给施里曼很大的启发（已看出庞贝造假的猫腻？），他想以后自己去挖古遗址。

1868年，施里曼去了希腊。第二年，47岁的他娶了一位比他小30岁、芳龄17的希腊小姑娘索菲娅。

1870年他来到土耳其，认识了一位热爱寻宝的英国人卡尔弗特（F. Calvert）。后者在土耳其西海岸、离达达尼尔海峡不远的地方，买了一块叫希沙立克的土丘，怀疑这里就是特洛伊古城的所在地。施里曼于是与他合伙挖宝。卡尔弗特不久退出，施里曼全盘接手。

施里曼搞过三次大发掘，动用民工160人，历时9个月。在1873年5月27日，就在原定停工的前一天，"终于找到"了特洛伊国王普利阿姆的财宝（图197-左）！

西方考古学原来是一门"指认学"

施里曼说，当时他支开了民工，只有他妻子在场看到，成为挖出宝藏的见证人。这等于是没有证人。他说挖到了那就是挖到了。他指认这是普利阿姆的财宝，那就是普利阿姆的财宝。

施里曼"挖出"了一些铜盘铜杯和铜制矛头，大量的黄金制品，金味汁

普利阿姆的财宝

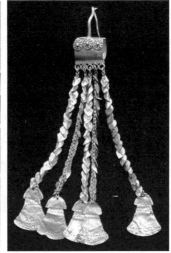
黄金耳饰

黄金头饰和项链

图197

碟、金花瓶、金戒指、金手镯、金发箍、金耳饰，还有一件由 16000 多颗小金粒以金丝编织而成的冠状头饰（图 197- 中、右）。施里曼将这套精美首饰，指认为"海伦的珠宝"。

海伦？就是那位古希腊倾国倾城的绝色美人，被特洛伊王子诱拐导致特洛伊战争的红颜祸水。施里曼居然法眼那么一瞧，就认定是属于美人的东西。认定"普利阿姆的财宝"，施里曼也是轻松愉快，一拍脑袋就这么定了。

施里曼后来在迈锡尼，指认阿伽门农金面具和阿伽门农墓，还有伊文思指认米诺斯王宫，命名宫殿区域……都是这样指认的。

中国人心目中庄严、神圣、崇高的西方考古学，原来从一开始就是一门"指认学"：指什么就是什么。

骗子嫌疑施里曼

施里曼财大气粗，口若悬河，经常撒谎，这是公认的。

施里曼最大的行骗嫌疑，是他发现的 3800 件金银制品。福缅科的纪录片揭露，"有人发现施里曼曾向珠宝商定做一些珠宝，请教古代黄金制品的信息，并付给珠宝商一大笔钱。"也有人指控施里曼伪造"海伦的珠宝"，认为是他"在黑市上购得后安放于现场"。

英国历史学家迈克尔·伍德（M.Wood）《追寻特洛伊》一书也揭露："一些学者甚至认为，这些财宝本身就是施里曼伪造，而且是他自己把它们埋藏于泥土之下。"[①]

嘿嘿，把古董先埋到地下，然后声称"发现"，这在中国文物界叫"埋雷"。没想到，西方考古第一人竟然被指控"埋雷"。

事实上，施里曼有作案的动机和能力。那年头，整个德国文化知识界都狂热认祖古希腊。如果能找到古希腊遗址，对于施里曼那是多大的荣耀？

至于能力，施里曼富可敌国，其个人势力甚至压过希腊国王。雅典卫城山上有一座碉堡式塔楼（其实是新伪造的），1874 年，施里曼觉得与"古希腊建筑"巴特农神庙不配，不顾希腊国王乔治一世的反对，说拆就拆了，国王

---

① 伍德，71 页。

施里曼在雅典的豪宅　　　　　　　　　　　　　　施里曼之墓

图 198

徒呼奈何。

　　施里曼在雅典建有豪宅，死后陵墓也极其豪华（图 198），可见其财富之巨。尤其不要忘了，施里曼曾去美国加利福尼亚淘金，本身就是黄金贩子。他手里黄金大大的有。打造几批"古代"黄金制品，黄金原料完全不成问题。

　　施里曼造假嫌疑也极明显。为什么挖了三年无所收获，突然在最后收工前一天，就挖到宝藏了？明显有"埋雷"之嫌。挖出的物品本身也很可疑。美国历史学者戴维·特雷尔（David Traill）写《特洛伊的施里曼：财富或欺骗》（*Schliemann of Troy: Treasure and Deceit*），认为施里曼挖到宝贝是"穿凿附会的浪漫故事"。

小到离谱的特洛伊城

　　特洛伊战争首先是一个古希腊传说，不是历史史实。

　　我去土耳其之前，买了一本土耳其旅游法文背包客手册（Le Routard），对特洛伊遗址提醒游客："尽管一路有英语解释牌，但游览是令人失望的，因为没什么东西可看。而且，荷马描写的规模宏大与遗址场地的狭小，有巨大

18世纪意大利画家蒂耶波罗所画特洛伊木马　　现代仿制木马

图 199

反差……"既然特洛伊遗址没啥好看，加上行程紧，干脆没去，坐夜大巴直接从伊斯坦布尔去了帕加马王国遗址。

的确，特洛伊古城遗址非常小，完全不像一个曾被希腊大军围困 10 年、最后施展木马计才攻入城内的古代大城市（图 199- 左）。现在能够招徕游客的，是遗址入口一个现代仿制木马（图 199- 右）。

福缅科的纪录片专门有一集是《特洛伊城是假的》。他认为发生于距今 3000 年前的特洛伊战争是"后人编造出来的"故事。他也质疑遗址过小。最初认定的古城遗址只有一个足球场大小，后来扩展为 30000 平方米，大约 200×150 米，里面充其量能生活 500—1000 人。

他设问："几万希腊士兵围攻这样一座最多不超过 1000 人的小堡垒，而且还围攻了 10 年……这完全不符合逻辑。"

故事大，地盘小，是古希腊"历史"的通病。帕加马王国和斯巴达城邦，赫赫有名，但遗址只是小小村落规模。奥林匹亚、德尔菲城、克诺索斯王宫等遗址，也都只有长宽几百米。

这个号称是特洛伊古城的遗址，是一个平原中凸起的小山丘。特洛伊卫城是小山丘的核心区域（图 200）。示意图显示，最上段是 36.5 米。这么小的地方，居然埋藏着三层特洛伊古城的卫城：最下面一层深黄色的是前 2600—前 2250 年的卫城城墙遗址。中间粉红色第二层是前 1700—前 1500 年的城墙。最上面蓝色层是 1—4 世纪罗马时期的特洛伊卫城，还画了一个小型神庙……

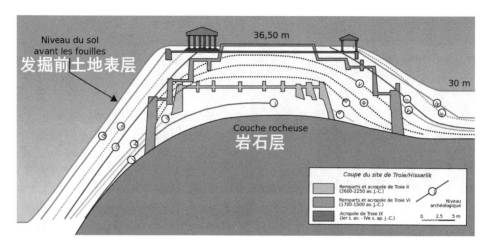

Niveau du sol avant les fouilles
发掘前土地表层

36,50 m

30 m

Couche rocheuse
岩石层

Coupe du site de Troie/Hissarlik

Remparts et acropole de Troie II (2600-2250 av. J.-C.)

Remparts et acropole de Troie VI (1700-1500 av. J.-C.)

Niveau archéologique

Acropole de Troie IX (Ier s. av. - IVe s. ap. J.-C.)

0   2.5   5 m

图 200   希沙立克小山丘，三层特洛伊卫城

图 201   特洛伊遗址沉积层：最底下 II 层，最上面 VI 层

　　示意图一本正经：从最底下最古老的特洛伊 I，到最上面的特洛伊 IX，标注了 9 个沉积层。但其实现场看，这些沉积层的石块都差不多，看不出沉积层的区别（图 201）。

　　现实理性告诉我们，这个小山包绝不可能是荷马描写的特洛伊城。

　　法文手册坦率承认："对于特洛伊历史，至今仍然没有任何东西可以证实或否定特洛伊战争，即使发生，也没有任何东西可以证明希沙立克小山包就是古代特洛伊……对于否定论者，狭小的场地规模不能解释荷马的奔放诗情，几块尸骨也不足以解释一场动员了整个希腊的战争。"所以指认这个地方就是特洛伊古城遗址，没有任何实证。它实在是太小了，场地还不够两个黑帮打

特洛伊古城墙基　　　　　　　　　　特洛伊遗址全然是新修建的感觉

图 202

群架……

　　遗址当中有一个帆布保护棚，保护的东西很不起眼（图 202- 左）：小土堆，一段红泥砖墙，据称是特洛伊最古老的城墙基，属于特洛伊 II–III 时期，时间标定在前 2500 年。但这些墙基，却是用"最不可靠的建筑材料"——土坯块和泥砖做的。福缅科表示不服。他认为是"现代考古队"伪造的。

　　事实上，今天呈现给游客的特洛伊遗址，都显得是后来新修建的（图 202- 右）。

　　福缅科认为特洛伊古城遗址是一个骗局："这是全世界主流史学界合伙制造的一个骗局。很明显，仅凭施里曼一个人的力量，是不可能伪造出这样宏大的遗址的。"他悲叹：全世界的游客"只知道 19 世纪考古学家挖出了特洛伊古城，而不知道，他们看到的都是新建的东西"。

多到令人倒胃口的古代剧场

　　特洛伊遗址已经那么小了，却也有一个"罗马剧场"（图 203- 左）。在施里曼挖掘时，现场并没有这样一个剧场。所以，这个剧场是后来新建的。

　　剧场有一部分石台阶显得残破，看上去有些岁月沧桑。但石台阶的样式是上面边檐有点向外突出，与土耳其和希腊其他地方见到的一样（图 203- 右）。

　　一下子，我对所有在土耳其和希腊见过的那些古代剧场都发生了怀疑。

特洛伊的罗马剧场　　　　　　　　　　　　台阶与土耳其棉花堡古剧场的台阶一样

图203

它们真的是迄今2000多年古希腊古罗马时期建的？

　　我在土耳其和希腊见过21个大大小小的古代剧场。几乎所有的古代城市遗址，都有一个古剧场。好像我们中国农村，每个像样一点的村镇都有一个戏台。这古剧场也几乎是每一个西方古代城市遗址的标配，有时甚至一个遗址配两三个。

　　我看过的古剧场，希腊有6个——雅典2个，埃庇达鲁斯、德尔菲、斯巴达和萨塞洛尼基各1个。土耳其有15个——帕加马、以弗所、尼萨（Nyssa）、普利埃内（Priene）和阿芙罗迪西亚斯（Aphrodisias）各2个，米利都、棉花堡、佩尔格（Perge）、希德（Side）和阿斯潘多斯各1个，共21个。看得太多了，最后有些麻木了。

　　我看到的第一个古剧场，是土耳其帕加马遗址的山坡剧场（图204-左）。那叫一个震撼啊！两个印象：巨大，估计坐上1万—2万人没问题；坡陡；台阶间隔很高。新修的感觉很明显。当时也有两个疑问：第一，山顶的古王国遗址很小，只有一个小村落的规模，怎么需要这样的万人剧场？第二，因为是在一个陡坡上，舞台很小，不实用。后来发现1881年帕加马遗址发掘者德国人卡尔·胡曼（Carl Humann）所绘的帕加马卫城平面图（图204-右），图左侧的山坡上根本就没有剧场。所以可以断定，剧场是1881年之后新建的。

　　帕加马山下不远，还有一个附属于医药神阿斯克勒庇俄斯的中型古代剧场，与希腊埃庇达鲁斯剧场是同样性质，用戏剧来治疗病人。

　　一个地方，有两个剧场，够奢侈的。

帕加马古城，山坡大剧场

胡曼绘制的帕加马卫城平面图，并无标示剧场 1881 年

图 204

　　之后到了土耳其塞尔丘克的以弗所古城，那里的古剧场可能是古希腊世界最大的剧场，又一次受震撼。它可以坐 25000 人（图 205- 左），比希腊最大的埃庇达鲁斯剧场还多坐 1 万人。古城还有一个小剧场（图 205- 右）。以弗所是古希腊伊奥尼亚的首府，号称有 50 万居民。但从现场看，遗址能住 5 千至 1 万居民，就很不错了。

　　出于要好好梳理古希腊伊奥尼亚文明的目的，我又坐大巴从塞尔丘克往东到艾登，再打出租车去一个很小的尼萨（Nysa）遗址，是在一个面朝平原的山坡上，很偏僻。这么小的遗址，好家伙，也是上下两个剧场（图 206）。尼萨那地方，最多就是只能住几百居民的小山村。照道理，上方有一个坐四五千人的剧场完全足够，为啥公路下边，还要弄一个台阶式会场？

　　普利埃内（Priene），是在一座高山脚下的山坡上。遗址不大，也有两个剧场，一个是半圆形，一个是方形，比较罕见（图 207）。

　　然后到米利都，是伊奥尼亚的重要城市。古希腊哲学有苏格拉底之前的

以弗所古城（塞尔丘克）可容纳 25000 人的　以弗所小剧场
大剧场

图 205

尼萨古剧场　　　　　　　　　　　上边的剧场

图 206

图 207　普利埃内半圆形和方形古剧场

图 208　米利都大剧场，
能坐 15000 人

图 209　棉花堡古剧场

"米利都学派"。古希腊哲学开山宗师泰勒斯，就是这个地方的人。奇怪的是，这个米利都古城只剩一个大剧场，孤零零凸出在平原上（图 208），周围没有什么遗址。这个剧场也很大，可以坐 15000 人。人们会问，为什么米利都城市没有了，但大剧场却可以相当完整地保留下来？

黄金旅游点棉花堡的山坡上方，有一个遗址，也有一个能坐好几千人的古剧场（图 209）。也是古城不见了，古剧场很完好。那些台阶上檐突出，似旧非旧，标准化制式，在土耳其和希腊各地的剧场都能看到。

阿芙罗迪西亚斯（Aphrodisias）遗址，比以弗所古城小，约几千居民的规模，却也有一中一小两个剧场，而且还有一个万人大运动场（图 210），构成某种三件套。这三个公共聚会场地，占了遗址相当比例的面积。感觉古希腊人的生活只是看戏，搞运动比赛，不需要干别的。

安塔利亚附近的佩尔加（Perga）古城遗址，也是一个剧场和一个万人大

阿芙罗迪西亚斯中型剧场　　　　　　　阿芙罗迪西亚斯小剧场

阿芙罗迪西亚斯大型运动场

图 210

运动场格局（图 211）。奇特的是，剧场和大运动场紧贴在一起。人们会想，运动场一端的半圆形台阶，也可以用来观剧，何必要再建一个剧场？

　　离佩尔加不远，有一个热门旅游景点是古罗马时期的阿斯潘多斯大剧场，能坐 15000 人（图 212- 左）。这个剧场比较明显是新修的。这么大的一个剧场，旁边只有山丘上一点点遗迹，没有大城市的遗址。孤零零，在荒野中间突兀地冒出一个万人大剧场，观众哪里来？

　　再过去一点路，有一个名叫希德的海边小城。那里有一个阿波罗神庙的几根柱子。但这么小的一个迷你小城，也有一个不小的罗马剧场（图 212-右）。入口在上下两层看台的中间，也能坐几千人……

佩尔加古剧场

佩尔加大运动场

图 211

阿斯潘多斯大剧场

图 212

希德的罗马剧场

源远流长的西方历史、考古和文物造假

土耳其西部爱琴海沿岸，从特洛伊到安塔利亚，据说最初都是古希腊人的殖民地，后来被罗马人征服。出现这么多古希腊古罗马遗址，是支撑古希腊古罗马历史的证据。

对这些古剧场，开始我觉得震撼，之后越看越多，就觉得有点泛滥成灾，与所在城市的地理和人口规模，严重超标不配比。好几个剧场地处偏僻，缺乏存在逻辑。有些东西，少弄几个，大家容易相信。弄多了，到处都是，就会有破绽，令人怀疑。

最初看到帕加马、以弗所和米利都大剧场，我是完全相信的。后来就渐渐起了疑心。等到发现特洛伊这样一个小山丘，竟也有一个罗马剧场，尤其做旧的台阶，同样的标准化制式，其他地方也到处可见，就彻底怀疑了。

最近又看到，1829年法国科考队在希腊伯罗奔尼撒半岛南部一处偏僻的荒山脚下，发现古希腊城邦美西尼（Messene）古运动场。图绘上的运动场石台阶形制（图213-左上），可以说是后来古剧场标准化石台阶的原型。今天的美西尼运动场就是标准的古剧场石台阶，也一定程度地做旧（图213-左下）。

只是这个运动场，地处荒山僻壤，被放大到非理性的巨型规模：坐4万—5万人毫无问题（图213-右），与雅典的泛雅典娜运动场不相上下。这么巨大的场地，你让正宗的奥林匹亚运动场那么小一点地方，情何以堪？

特洛伊古罗马剧场以其小，美西尼运动场以其大，古剧场以其多，恰可

美西尼古运动场石台阶

今天美西尼运动场的台阶

美西尼运动场全景

图213

证明这些完全不符合现实常理的古剧场古运动场都是假的。尽管石台阶看上去有一点旧，只是人为做旧和百余年风雨而已，都是近代新建。

二、同样虚假的迈锡尼文明

施里曼挖完了特洛伊，1876 年来到希腊，一挖挖出了迈锡尼文明。

看官不要以为这两地没有关联，其实是有直接联系。因为前来攻打特洛伊的希腊军队司令官，就是迈锡尼国王阿伽门农。那个被特洛伊风流王子勾引拐跑的美女海伦，是阿伽门农的弟弟、斯巴达国王墨涅拉奥斯的老婆……所以施里曼在特洛伊得手之后，来希腊寻找迈锡尼，是逻辑的必然。

寻找特洛伊遗址，还有一个英国人开了头。寻找迈锡尼，施里曼好像没花什么气力，一下就找到了。运气好？

与特洛伊一样，这个被称作迈锡尼王国的城市，也是小得离谱。这个三角形的小山包，左边近乎断崖，右边也很陡，只有主面的山坡稍稍平缓一些。

有一幅迈锡尼城复原图（图 214- 左），俨然房屋不少，在陡坡上建起了楼房。迈锡尼城墙周长 900 米，是一个大约 300 米等边三角形，面积约 30000 平方米。以那个直径 27 米的圆形大墓为比例，山寨里摆不了几个 27 米直径的圆形，可以显出山寨的面积小得可怜。要住人，恐怕住不到 1000 人，比特洛伊遗址还少。

那地方满眼都是石头。山脚据称有一口小储水处，说说而已。因为迈锡尼紧靠的两座石头大山，没有茂林厚土可以蓄水。附近也没有河流，土地贫瘠。现在附近地区也只是种种橙子。

一句话，那是一个极其荒僻、不适宜人类居住的石头小山包，绝无可能是一个古代鼎盛王国的都城。

这里再质疑两点。

无来处的黄金

在荷马史诗里，迈锡尼被描绘成"黄金遍地、建筑巍峨、通衢纵横"。现

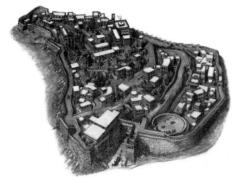

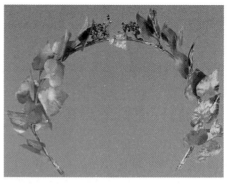

迈锡尼城复原图，圆形墓直径27米　　　　　迈锡尼的黄金冠　前1500年

图214

实中的迈锡尼，只产石头不产金。

　　但施里曼却在迈锡尼挖到了大量黄金。他就像会施魔法一样，所到之处都能挖到黄金。他在特洛伊挖到了"海伦的珠宝"黄金饰品，现在迈锡尼又挖到了数量惊人的黄金宝藏。其中一个制作精美的黄金冠，金叶片薄得像树叶（图214-右）。

　　要打制这样的金叶片，即使在今天，也需要极其精细的工具和精湛技艺的金匠。在工具落后的古代，可能打制出这么薄的黄金叶片吗？

　　施里曼在迈锡尼挖出大量金器，有一个大疑问：为什么施里曼在特洛伊和迈锡尼，一挖就挖出大量金器，他之后别人就没有挖到金器？西方历史上并无厚葬文化，为什么古希腊有厚葬之风，把大量的金器往地下埋？

3500年前的现代绅士小胡子

　　还有那个所谓的"阿伽门农金面具"（图215），造假嫌疑最大，破绽也最明显。这件面具极其精致，不仅是整个迈锡尼文明的核心要件，也是雅典国家考古博物馆的镇馆之宝之一，在西方艺术史上极为著名。

　　我们来端详一下这个金面具，高25厘米，金箔打制得很薄，脸额光洁，耳朵轮廓分明。挺直的鼻子不太像南欧人，倒是像施里曼所属的北方日耳曼人。面具最值得注意的，是面具主人修剪整齐的小胡子，完全像一位现代欧

图 215　阿伽门农金面具　前 1500 年

洲绅士。

从审美角度对待发须，各民族各时代都有不同。欧洲古代多留大胡子。圣诞老人的大胡子便是一个例子。我们中国也有对大胡子的赞美，称为美髯公。京剧里，专门有表现大胡子的须生。

古代俄罗斯，一直以留大胡子为美。彼得大帝搞现代化改革，就是以割胡子为标志。就像中国民国初年剪辫子，彼得大帝强迫俄罗斯贵族剪去大胡子（图 216- 左），不愿剪胡子的要交税。彼得大帝自己带头，剪了一个标准的西欧式小胡子（中）。施里曼自己也是留了小胡子（右）。

由此可见，金面具主人不符合欧洲民族留大胡子的历史，倒是与彼得大帝和施里曼的现代小胡子极其神似。金面具主人完全是西欧现代人小胡子。

俄罗斯强迫贵族剪胡子　　　　　　彼得大帝　　　　　　　　施里曼

图 216

第二，从工具上来说，古代没有可能剪出这样的小胡子。对于现代人，剪刀根本就是日常生活用品。但是对于古人来说，要把自己的头发或胡子割断，并非易事。用石木竹片，或用铜刀铁刀来割胡子头发试试？很难割的。长须长发，是古人自然也是无奈的结果。

修剪小胡子，只有剪刀才能完成。而这位 3500 年前的绅士，他那时就有剪刀了吗？

我倒是在雅典国家考古博物馆看见过一把定为前 400—前 500 年的 U 形青铜剪刀（图 217- 上），长约 25 厘米。

即使迈锡尼有这样的剪刀，青铜较脆易折，这种 U 形底部，也没有足够的弹性，供刀片反复张开合拢。再者，青铜刀片锋利度有限，大笨剪两个刀片难以严丝合缝地闭合，不可能剪出这么精致的小胡子。

百度说前 3 世纪古埃及出现了剪刀，传说而已。世界上最早使用剪刀，有实物可证明的，是咱中国人。西汉时期，中国就已出现 8 字形铁剪，东汉变得普及（图 217- 下）。铁的弹性韧性比青铜高，8 字形比 U 形多一个弯，可以减少 8 字底部的开合度。到了五代北宋，中国就出现中间有支轴的现代交叉剪。

古希腊青铜剪刀

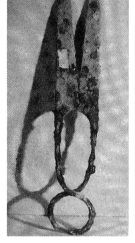

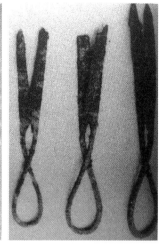

图 217　　　　　　　　　　中国西汉铁剪　　　　中国东汉铁剪

潘吉星先生大著《中外科学技术交流史论》考证："在整个中世纪直到15—16世纪的漫长时期中，波斯还不断从中国进口小巧的铸铁制品，其中包括铸铁锅，还有理发师用的剃刀、剪刀……"[①]这么晚，西亚波斯还在进口中国的铁剪刀。更往西的欧洲，情形更不妙。

结论：必须要有一把现代小铁剪刀，才能剪出阿伽门农金面具那样的现代绅士小胡子。而古希腊根本没有可能有小铁剪，所以人们有充分理由断言：阿伽门农金面具是施里曼伪造。

不要小看这个小胡子。如同"一个馒头引发的血案"，一撇小胡子也可以引发一场巨大的学术雪崩：整个地掀翻所谓迈锡尼文明，甚至整个古希腊文明史！

① 第 633 页。

三、虚幻的克里特王宫

1878 年 12 月，克里特当地一位商人卡洛凯里诺斯（M.Kalokarinos），在克诺索斯遗址挖了几下，挖出一些陶罐，送到伦敦、巴黎和罗马，立即引起欧洲考古学家们的关注。施里曼等人，包括比施里曼小 29 岁的英国人伊文思，都来遗址参观。

最后是伊文思抓到了机会。对伊文思在克诺索斯遗址造假的质疑，前文已说了一些。这里针对米诺斯文明本身，做几点根本性的质疑。

笔架山上的海市蜃楼

克里特岛，原本是海底高山，露出海面的一排山峰（图218- 左）。地图可以清楚显示克里特岛突兀高出于海面的样貌，连带看到伯罗奔尼撒半岛也是布满高山。

豆丁一点儿小地方，岛上超过海拔 2000 米的高峰就有三座，像极了中国文房用品之一——笔架山（图218- 右）。笔架山，东西向，山山相连。克里特岛东西长 260 千米，南北最宽 60 千米。设想一下，在南北 30 50 千米的距离内，忽然隆起一座海拔 2400 多米的山峰，是一种什么样的视觉体验？

我乘坐大巴，沿岛的北岸，从伊拉克利翁到干尼亚，沿海山路十八弯，平地很少。岛上唯一一块稍稍平缓的地方，在南部海边，长 29 千米，宽 7 千

克里特岛是海底高山露出海面的一排山峰

图218

文房用品——笔架山

图 219　克里特岛西部

克里特岛中部

克里特岛中部高山（三维卫星图）

图 220

米，已被称作"美沙拉平原"了。

　　克里特岛大部分地方是高山和荒坡。克里特岛西部，只有干尼亚所在的北边有点平地，大部分是高山。有一块像白头山，但白头不是白雪，而是近乎白色裸露的砂岩（图 219）。中部和东部也一样，多是光秃秃的高山（图220）。从海拔 2400 米的高山往下，没有森林，树木也不多。岛上没有真正意义的河流，只有一些小溪或季节性小水沟。

　　而且岛上土壤贫瘠，只能种一些油橄榄和葡萄，基本种不了粮食。全岛面积 8000 平方千米，人口只有 60 万。设想一下，一个大约相当于我国两三个县大小的地方，人口只有 60 万。自然条件荒凉啊。

　　任何文明必须要有人口储备，尤其是农业人口。只有农业基础丰厚，才能养活手工业和其他产业。古代克里特岛最多能生活几万人。几万人口就能在这么一个多山缺地的笔架山上，折腾出一个克里特米诺斯文明？

　　西方故事学说，克里特人善于航海搞外贸，说粮食可以从埃及进口。但克里特岛离埃及有 540 千米之遥，难道克里特人从历史一开始就能造出海船、并有航海技术，轻松往来埃及？

克里特岛笔架山似的地理条件，根本决定了这个小岛上冒不出一个伟大光荣的米诺斯文明。

"海膜皮打仗"

小时候经常听阿婆用浙江临安方言，讽刺某人吹大牛，说他那张嘴是"海膜皮打仗"……弄不清字面意思是什么，但听上去感觉很形象。这个所谓的米诺斯文明，就是"海膜皮打仗"吹出来的。

荷马史诗《奥德赛》把这个多山小岛描绘成美好得不得了。给一段不同的译本：

> 在玉液琼浆般的大海深处，矗立着一座名为克里特的富饶而美丽的岛屿，终年为波涛所簇拥，人口稠密，分布着99个城邦……克诺索斯是其中最大一个城邦，米诺斯王对其统治了9年，并与天神宙斯分享着友好的情谊。[①]

几千年前这个岛与今天一样到处是高山，这99座城邦不知如何安放？

西方"伟大的历史学家"修昔底德记叙：克里特岛有一支强大的海军，米诺斯王就是这支海军的司令。克里特海军不仅统治附近的基克拉迪群岛，对其进行殖民，还主宰了整个爱琴海地区。

这个小岛的米诺斯王是如此的强大，竟可以勒令希腊雅典国王每隔9年都要向米诺斯王贡献7对童男童女，给关在米诺斯迷宫里的牛头怪物食用。

后来据说迈锡尼变得强大，征服了克里特岛。于是，迈锡尼王阿伽门农攻打特洛伊时，也让当时的米诺斯王伊多墨纽斯，率领一支有80多条战船的舰队一起出征……克里特岛能派遣80多条战船，说明小岛文明水平很高。

最后，终于出现吹牛最大的人——业余考古学家伊文思。是他发明创造了"米诺斯文明"的说法。把玄乎的希腊神话考证为历史！

作为妄想狂，伊文思大大超越施里曼。克诺索斯遗址只有150×150米，

---

① 引自伍德，103页。

20000 多平方米，比特洛伊遗址还要小 10000 平方米。伊文思没挖几下，挖到"仅仅几英寸的草地之下"，就立马认定，这里就是传说中的米诺斯王宫，关押牛头怪的迷宫！

伊文思命名"王宫"（palace）还不够，继续吹捧这个王宫代表了一个"米诺斯文明"。

伊文思认为这是一个完全独特的文明，一个可以"追溯到前 4000 年的高度文明，远远超越在欧洲大陆所发现的一切"，比希腊罗马文明还要辉煌："克里特鼎盛时期，远远地超越了（希腊和罗马）历史阶段所限的范围……""这简直是一个奇迹，希腊人算什么，罗马人又算什么。"[1] 牛皮吹大了。

伊文思还与施里曼较劲。施里曼跟随主流，认为西方和希腊文明来源于近东。而伊文思则认为西方和希腊文明是欧洲自身创造的，就来源于米诺斯文明，高调宣扬欧洲中心主义历史观。

今天的西方历史学都认同伊文思：欧洲文明起源于古希腊，古希腊文明起源于克里特小岛。克里特岛是欧洲文明的摇篮，已成为西方故事学的常识。

无水可引的引水管

伊文思几乎狂妄地新建了克诺索斯遗址。

房子是钢筋水泥新建筑，墙上壁画也是新画的。维基百科披露，伊文思请了瑞士画家吉列龙（Galliérons）父子两人来帮忙："王座厅里最著名的一些壁画，都是吉列龙父子的创造"。

克诺索斯最值得关注的造假有两项：一截红陶引水管，一个冲水厕所。

这一截红陶引水管，位置在遗址中央大院的一个深坑中（图 221），引来的水通向庭院平台下方的所谓王后的浴室，以及一个冲水厕所……[2]

暂不管红陶水管是否是 3800 年前的古物，首先问一个根本问题：既然有

---

[1] 伍德，114 页。

[2] 这个红陶引水管，让我想起 20 年前我去庞贝古城看到的一小段铅制的自来水管。那位自称爷爷、爸爸和自己都是庞贝遗址导游的导游，声称了解庞贝的每一块石头。他指着墙角一截铅管子，说这就是庞贝古城的自来水管。当时就惊呆了，哇！这么早古罗马文明就用上自来水，太高大上了。今天明白了，庞贝遗址也是伪造。

图 221 红陶引水管

克诺索斯

图 222 克诺索斯遗址，对面（右边）是荒瘠的红砂岩山

引水管，那就必须要有水源和引水的渠道。就是说，王后要洗澡或使用冲水厕所，首先得要有水。

但，哪儿有水啊？

我们来看卫星图，克诺索斯王宫遗址坐落在一个缓山坡上，对面是一座红砂岩山（图 222）。这暗红灰颜色的砂岩山，播散着强烈的干旱感。四周除了呈白色的不肥沃的砂质土壤，并无河流。米诺斯文明处于荒漠之中。

人们在王宫后边的缓坡上，只能看到一条干沟，从左上往右下，穿过公路靠近遗址（图 223）。也许下大雨时，沟里会有一些水，平时完全没有水。所以附近根本就没有一条河。

缓坡上，或更远的周边区域，都是光秃秃，没有树林，没有储水的土壤，也没有积聚雨水的水潭。

图 223 缓山坡从左上往右下，有一条干沟

　　我老家章头坞山清水秀。村后有一个林木茂盛的山湾、名叫"毛竹湾"。每年春天，屋后山溪边就涌出汩汩的泉水。母亲老家横岭岭西头村，是高山半山腰上的山村。记得村后上坡山谷里有一蓄水潭，村民用凿通的毛竹管子，从山上往下引"自来"水。进村后用半破开的竹管引水，流经各家房前屋后，随意接用。外婆家后墙有个洞，可以半途截流，用短竹管把水直接引进水缸。还记得长流水从架空的半圆竹管口流出，划出一道诗意的弧形……

　　说这些，只是想提示一个常识：山地水源一般都要有一个山谷，有树木植被蓄水。而克诺索斯遗址背后缓坡上只有一条干沟，根本就没有水源。既然高处没有水源，就不可能有往下流的水，引入王宫给王后洗澡冲厕。

　　所以，那根红陶水管纯粹是给了一个"引水管"的概念：大家看，这是引水管啊。至于它引不引得来水，伊文思就不管了。

　　遗址介绍说，王宫不仅有引水管道，还有完善的排污水管道体系（这给后来英国人马歇尔伪造古印度哈拉帕文明的城市排水体系提供了样板），实在是太先进了。

　　至于英文维基百科说，当时有一条引水渠，从 10 千米之外的 Archanes 村，引来活水供给米诺斯王宫……真是欲盖弥彰。

　　王宫周围没有水源，因此可以非常实证地宣布：红陶引水管无水可引，是一个彻头彻尾的考古造假。

图 224　3900 年前的冲水厕所

3900 年前的冲水厕所？

　　整个遗址，最牛的是一个 3900 年前的冲水厕所（图 224）。

　　理查德·扎克斯（Richard Zacks）所著《西方文明的另类历史》曾有美妙的描写："前 1900 年，一位克里特的皇后将其可爱的屁股坐落于室内的石板上，她明白自己排泄出来的东西会被长流水冲走……"[1]

　　西方历史学还给我们展示，古罗马时代也有流水冲粪便的公共厕所。最为人所知的是罗马郊外奥斯梯亚（Ostia）公共厕所（图 225- 左），厕所下边有流水。好先进！

　　但从历史逻辑上讲，如果说古代克里特人已经发明了冲水厕所，古罗马人也有流水公厕，为什么欧洲人后来把这么先进的厕所文化给遗忘了？

　　事实是，西方古代并没有流水厕所，流水厕所纯属臆想。罗马、以弗所等"古罗马城市"内并没有四处流动的水，哪来流水厕所？

---

① 　扎克斯，第 119 页。

古罗马公共厕所，罗马郊区 Ostia 遗址　　　古罗马公共厕所，公用擦屎棒

图 225

　　最搞笑的是，西方故事学也承认古罗马没有纸，竟然想象出了一个擦屁股神器——公用擦屎棒（图 225- 右）。棍子一端绑一块海绵（天然海绵？），一人用完，在一个小水池里涮一下，下一个人继续用……呕呕，我的天哪！

　　西方历史学家的想象力实在是太离奇了。这样的擦屎棒，并无考古实物遗存，不知他们是怎么想出来的。

　　由于没有擦屁股的纸，欧洲人甚至到了 16 世纪，还是用匪夷所思的杂物胡乱擦屁股。16 世纪法国作家拉伯雷所著《巨人传》中有："我擦屁股用过丹参、茴香、莳萝、牛膝草、玫瑰花、葫芦叶、白菜、萝卜、葡萄藤、葵花、玄参、莴苣、菠菜……用过床单、被子、窗帘、坐垫、地毯、绿毡、台布、毛巾、手帕、浴衣……用过头巾、枕头、拖鞋、背包、筐子……还用过干草、麦秸、兽毛……"

　　事实上，由于西方人长期不讲卫生，居住条件脏乱差。意大利、法国和英国等国的家庭和城镇长期都没有厕所。中世纪不用说了，市民直接把粪尿往街上或房前屋后随意倾倒，导致欧洲中世纪数度爆发大规模的鼠疫黑死病。1347—1353 年间，欧洲爆发了大规模的鼠疫黑死病，导致 2500 万欧洲人死亡，欧洲人口减去 1/3。意大利和法国受灾最严重。佛罗伦萨据说死了 10 万人，80% 的人都病死了。薄伽丘的《十日谈》正是 10 个逃避瘟疫的年轻人在 10 天内讲的故事。

　　中世纪结束，据说已经文艺复兴了，欧洲城市卫生依然没有根本的改善。

居民的屎尿依然跟中世纪一样，往楼下和街道上随意抛洒。鼠疫等瘟疫依然时不时光顾欧洲。

1665年，伟大的莎士比亚时代都过去50年了，伦敦又一次爆发大规模鼠疫，六七万伦敦市民死亡。人多的时候，每月死七八千人，王室逃离伦敦……

由于恐惧黑死病，法国人长期恐水不洗澡。在1853年奥斯曼男爵主导改造巴黎街区之前，巴黎没有排污的下水道。迟至19世纪的1832年，巴黎还爆发过一场霍乱瘟疫……

19世纪中期以前的欧洲城市没有厕所，屎尿横飞，臭气熏天。今天的中国人难以想象。中世纪巴黎人随地大小便，"不仅在城内各处的走道上、胡同口排便，而且在宫殿里干这等事"。为此法国王宫卢浮宫里很多地方都标有朱红色十字符号，禁止在此大小便。[①]1670年，卢浮宫宫里宫外粪便坨坨的美景，依然如故。一位法国人写道：在卢浮宫的"里里外外，在四处的走道和门栋后面，以及几乎所有的地方，人们都可以看到数千堆粪便。"[②]

17至18世纪巴黎市有法令，如果市民先喊三声"小心水哦"（Gare à l'eau），则被允许从楼台窗口倾倒尿粪……哈哈哈。这个优良法令，连同这句法语，也传到英国。英国直至近代，城镇市民都把尿屎直接从楼上泼下，路人遭殃。

18世纪英国风俗画家威廉·荷加斯（W. Hogarth）画过一幅《夜景》（图226-左），生动画出了一位女仆人从窗口往街上倒尿水的情景。她一边喊着"Gardy-loo！"，就是上面那句法语"小心水"（loo是法语"水"l'eau的发音），[③]一边把一盆尿粪小瀑布，泼到楼下一家"牙医-理发匠"铺子前的街道上，路人熟视无睹……

请容许打一下岔，理发匠铺怎么会拔牙？这又是一个会让中国读者惊愕

---

① 扎克斯，第116页。

② 同上，第113页。

③ Gardy-loo是一句苏格兰爱丁堡用语，一直用到1930—1940年！一位英国史学家描写过18世纪爱丁堡粪便飞溅的市景："在高高的头顶上，有一些窗户打开了，5层、6层或10层，爱丁堡的尿筒就将过去24小时积存起来的粪便倾倒在街上。"有时泼尿人会喊一声Gardy-loo。同上，117页。

威廉·荷加斯《夜景》 楼上向街道泼尿

欧洲理发匠一手拿剪、一手拿外科刀、又兼职牙医

图 226

得闭不拢嘴的历史事实：在 18 世纪以前，英法等欧洲国家的理发匠，同时兼了牙医和外科医生等杂活儿（图 226- 右），图中理发匠一手拿剪发须的剪刀，一手拿着据说是用来做外科手术的刀。

有道是，不会拔牙、耍外科手术刀的不是好理发匠。

今天理发馆门口旋转的红蓝白三色柱，其实是保留了当初理发匠同时兼职外科医生的历史记忆：红色是血（有说是动脉），蓝色是静脉（理发匠也客串放血），白色是纱布。

欧洲城市用上自来水，使用水冲厕所，是很近代的事。法国和伦敦都是在19世纪中期以后，才大规模建成城市地下排污水系统，广泛普及抽水马桶。

就像一个现代绅士小胡子可以推翻迈锡尼文明，一个冲水厕所也可以整个地推翻克里特岛的米诺斯文明。

四、无中生有的古希腊雕刻

早先读何新先生的《希腊伪史考》，说
古希腊雕刻都是西方文艺时期伪造的，心
里并不认同。这次去了希腊奥林匹亚博物
馆，介绍说馆里的古希腊雕刻都是从附近
宙斯神庙旁边的乱石堆里挖出来的，我终
于开始怀疑所谓的古希腊雕刻都是假的。

后来得知，2005 年 4 月 6 日，美国
哥伦比亚大学艺术史讲师琳恩·卡特森
（Lynn Catterson）（图 227）在该校意大
利高等研究院发表演讲——"米开朗琪罗

图 227　琳恩·卡特森：炮轰米开朗
琪罗伪造《拉奥孔》

的拉奥孔"，公开声明古希腊雕像《拉奥孔》（图 228- 左）是米开朗琪罗造
的假！

米开朗琪罗伪造《拉奥孔》

一石激起千层浪，因为琳恩·卡特森的这一炮，直接轰在古希腊雕刻的

《拉奥孔》——西方发现的
第一件古希腊雕刻

图 228

米开朗琪罗：人身马之战

命门上。

为什么这么说？因为这件出土于 1506 年的《拉奥孔》雕像，是西方世界发现的第一件"古希腊雕刻"。所有我们今天在西方各地博物馆和遗址看到的古希腊雕刻，都是在《拉奥孔》之后才陆续被发现的。

就是说，在发现《拉奥孔》之前，西方人只是想象古希腊雕刻，没有见过真的古希腊雕刻长什么样。欧洲中世纪的绘画或雕刻都很呆板。忽然有一天《拉奥孔》出土了，人们才知道，原来欧洲古希腊雕刻这么写实逼真。

《拉奥孔》据称创作于前 1 世纪，表现特洛伊祭司拉奥孔，识破了希腊人的木马计，告诫特洛伊人不要把木马拖进城。此举激怒了雅典娜，她派了两条海蛇咬死了拉奥孔，并缠死了他的两个儿子……

这件雕像被发现，代表了古希腊雕刻重见天日。因此卡特森质疑《拉奥孔》，简直就是质疑整个古希腊雕刻。

现在来看看，这个《拉奥孔》是怎么被发现的。西方故事学，尤其是西方"艺术故事学"，总是充满了奇迹、神迹。

1506 年 1 月 14 日，风和日丽，在罗马埃斯奎林山丘（Esquiline Hill）的一处葡萄园，有人（有说一个农民）发现了一组大理石古代雕像。得到消息后，教皇尤里乌斯二世立即派建筑师朱利亚诺·达·桑加洛（Giuliano da Sangallo）和米开朗琪罗二人，前去察看。

到了现场，两人立即鉴定，这组雕像就是古罗马作家老普利尼在《自然史》中所描绘过的最伟大的古代雕刻杰作——拉奥孔！教皇立马买下，放到了教皇宫供人瞻仰，一直摆到了现在。

琳恩·卡特森是一位艺术史家，说有"一座山的证据"可以证明米开朗琪罗造假，而且有"动机和手段"。

卡特森的指控在西方艺术文化界掀起轩然大波。《拉奥孔》根本就是古希腊雕刻的象征。西方艺术史祖师爷、德国人温克尔曼，对《拉奥孔》崇拜得五体投地。德国美学家莱辛专门写过一本书《拉奥孔》……现在《拉奥孔》遭到质疑，那还得了？

马上，2005 年 4 月 20 日，美国知识界第一大报《纽约时报》发表凯瑟琳·沙塔克（K. Shattuck）的文章，题为《〈拉奥孔〉是米开朗琪罗伪造的吗？》，持论中立。

接着，4 月 27 日，英国大报《卫报》也刊登乔纳森·琼斯（J. Jones）的文章《拉奥孔是米开朗琪罗伪造？》，对卡特森持否定态度。

有意思的是，作者开篇也承认："米开朗琪罗的确是一位杰出的造假者（brilliant forger）。"米开朗琪罗的造假嫌犯身份谁都无法否认。作者还从米开朗琪罗发现《拉奥孔》之前的一幅浮雕中（图 228- 右），看出一个年轻人与拉奥孔的儿子特别像……拉奥孔雕像肌肉健硕，与米开朗琪罗绘画中的健硕人体也极其相似。但乔纳森·琼斯否认米开朗琪罗会造假。西方主流媒体捍卫《拉奥孔》可以理解。

自这个火爆的 2005 年 4 月之后，西方艺术史界对《拉奥孔》的争议就没有停止过。2014 年 2 月 11 日，《纽约每日新闻》发表迈克尔·沃什（Machael Walsh）的文章，题为"造假是文艺复兴大师米开朗琪罗业务的一部分"，再一次指控米开朗琪罗造假。《拉奥孔》是米开朗琪罗的伪作，这个观点已广为流传。奇怪的是，这个事件在中国艺术史界和新闻界却没有什么反响。

让我们从另一个角度来质疑《拉奥孔》，雕像来历不明。

《拉奥孔》被发现时，拉奥孔是缺右手臂的，两个儿子也缺手。于是教皇找来米开朗琪罗和拉斐尔等人，商量怎么修复。老米说拉奥孔的右手臂应该是弯曲的，而拉斐尔认为是伸直上举，更加英雄气概。最后是拉斐尔的观点占了上风。所以《拉奥孔》被修复，右手臂是向上举，长期摆放在梵蒂冈博物馆好几百年。并以手臂上举为原型，大量复制。在佛罗伦萨乌菲齐博物馆等地，几十上百件《拉奥孔》石雕铜铸复制品，都是右手臂上举（图 229）。

但狗血的剧情发生了。1906 年，在《拉奥孔》被发现整整 400 年之后，原籍捷克的古董商路德维希·波拉克（Ludwig Pollak），在罗马一处据称离《拉奥孔》发现地点不远的建筑工地，发现一截弯曲的大理石手臂（图 230- 左）。他认为这截手臂属于《拉奥孔》雕像，是真迹，拿去向梵蒂冈教廷报告……

教廷收下了这截手臂，弃置于教廷仓库一角。梵蒂冈博物馆长期展览的，依然是手臂上举的《拉奥孔》。直到 1957 年，不知教廷是哪根筋抽了，觉得这一截被遗忘了半个世纪、弯曲的手臂才是真迹，于是把上举的手臂取下，换上了弯曲的手臂。从此，那截弯曲的手臂被正式确认为是真品。

佛罗伦萨乌菲齐博物
馆 手臂上举的《拉奥
孔》

常见手臂上举的《拉奥孔》

图 229

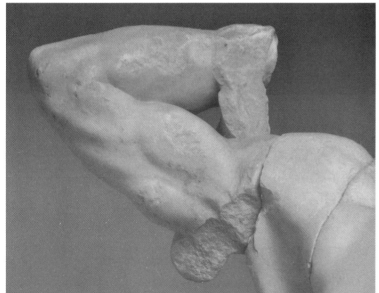

1906 年发现的《拉奥孔》弯曲的右手臂

梵蒂冈的《阿波罗》
第二件被发现的古希腊雕刻

图 230

源远流长的西方历史、考古和文物造假

在一处"建筑工地"发现，语焉不详。工地的位置，也只有一句"离《拉奥孔》发现地点不远"，含糊其辞。因为波拉克据称消失在奥斯维辛集中营，也死无对证。

实际上，《拉奥孔》本身被发现的地点，现在也搞不清了。埃斯奎林山丘（Esquiline Hill）是罗马七丘之一，在罗马卡庇托利山丘东边，是个大地方。但那个小葡萄园究竟在什么位置，说法令人头晕。有说是在圣玛利亚教堂附近，也有说在尼禄皇帝的宫殿附近。最新说法是位于图拉真浴场供水的蓄水池遗址，大致在斗兽场东北 800 米左右的一个地方……谁也说不清。

西方世界第一件"古希腊雕刻"，竟然是一件没有来历的东西！

波拉克发现手臂的故事更离奇。雕像的材料是大理石，不是人的尸体，决计不会发生野狗把一截手臂叼走，孤零零遗落在另外一个地方的情况。照道理，1906 年发现，年代并不久远，理应说清具体地点。

《拉奥孔》雕像体量巨大，高 2 米多，长 1.6 米，宽 1 米多。这么大一个玩意儿，说是在一个葡萄园的山坡上被挖到，雕像旁边也没有宫殿废墟，这种情形违反常理。它原先是摆放在罗马皇帝的宫殿里，怎么会跑到一个农民的葡萄园地底下？

400 年前一组群雕在一个说不清的地方被发现，400 年后在另一个也说不清楚的地方，又发现了群雕的一个小零件……这是什么样的狗血故事？

卡特森的质疑完全成立：拉奥孔雕像是米开朗琪罗伪造。

米开朗琪罗不止伪造了《拉奥孔》，也为后世伪造古希腊雕刻做了典范。

还有许多别的古希腊雕刻与《拉奥孔》一样，都是来历不明。梵蒂冈还有一件著名的古希腊雕像《阿波罗》（图 230- 右），1511 年无缘无故地"出现"在梵蒂冈，是第二件被发现的"古希腊雕塑"。法语维基百科明确说"雕像发现的时间和地点并不确切知晓"。但这并不妨碍这件古希腊雕刻，赢得连续几个世纪的热烈赞美，其复制品遍及欧洲。

卢浮宫的断臂《米罗的维纳斯》也来历不明。据称这件雕像是 1820 年被米罗小岛上一位地里干活的农民发现挖出。故事曲折，有许多不同说法。首先米罗岛很小，东西 23 千米，南北 12 千米，只有 150 平方千米。不仅小，这还是一个火山岛（图 231- 左），岛中间缺一块。米罗岛可以说是一座海底

150 平方千米的米罗岛小得可怜　　　　发现断臂维纳斯的地方也很随意

图 231

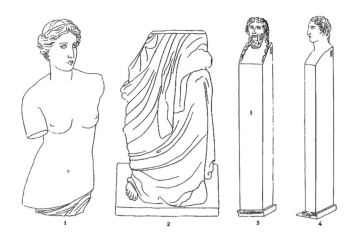

图 232　法国海军见习
军官伏基叶声称在现场
见证农民挖出雕像，并
画了像

1　　　　　　2　　　　　3　　　4

火山的尖峰（海拔 700 米）。贫瘠的山丘，种不了粮食，今天岛上居民也只有
4000 余人。所以这个小岛不可能发生繁荣的"古希腊文明"。

　　发现雕像的地方也不像有掩埋雕像的古建筑遗址，而像随意指认一个地
方（图 231—右）。

　　尤其离奇的是，随军舰来到米罗岛的法国海军准尉伏基叶（O.Voutier）
声称在发现雕像的现场，见证农民挖出雕像，并给雕像画了像（图 232）。之
后，法国海军军官丢维勒（J. D. d'Urville）、法国驻米罗岛领事人员布雷斯特
（L. Brest）、奥斯曼船队的翻译莫鲁西（N. Morousi）、法国驻伊斯坦布尔大
使利维埃尔侯爵（marquis de Rivière）、大使助理马塞吕斯男爵（Marcellus）
等，十几个人参与了雕像的发现和购买过程。他们各说一套，互相矛盾。农

民的名字有说叫乔治，也有说叫肯德罗塔斯（T. Kendrotas）。雕像发现的时间和地点也互不一致……完全是一笔糊涂账。

雕像本身也疑点重重。最初发现时，雕像底座右侧刻有作者名字："阿历山德罗斯，大门德雷斯河畔的安条克公民"。但后来底座作者签名部分被切去，神秘失踪（图233—左、中）。

最匪夷所思的是，雕像在胯部被切成两截，雕像内凿有榫洞，用来装铜榫或铁榫。雕像两侧还有两个斜孔，用来灌注液态的铅，固定榫条（图233-右）……古希腊就已经使用铜铁榫、灌铅？仅凭这一条就可以确定这件"古希腊雕刻"是现代伪造。

卢浮宫另一件镇馆之宝，缺头的《胜利女神》雕像，据说是1863年在萨摩色雷斯岛被一个法国外交人员发现，跟施里曼发现财宝的故事差不多……

这些雕像都来历不明，涉嫌伪造。

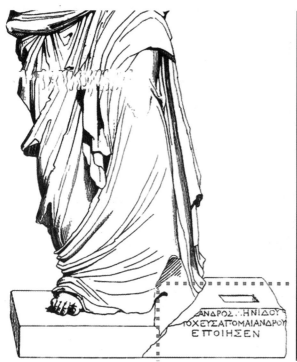

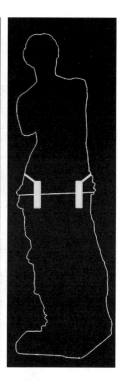

原先雕像底座有签名　　　　　　今天签名部分神秘失踪　　　两截雕像使用铜或铁
　　　　　　　　　　　　　　　　　　　　　　　　　　　　　榫，灌铅固定

图233

凭空冒出的帕加马祭坛雕塑

20世纪90年代我去柏林参观帕加马博物馆，见过场面宏大的帕加马宙斯祭坛（图234）。

当我来到帕加马山顶，面对眼前两棵树，一个排球场这么小的一块地方，解说牌说这就是宙斯祭坛遗址（图235），立刻让我感到很吃惊。太小了吧，与博物馆里的大场面相比，这场地显得实在太小了。

这块山坡上的一块小平地，感觉放一个篮球场都很勉强。这么小的一个遗址，德国人居然能在自家博物馆"复原"出一个如此宏大的祭坛建筑。

帕加马遗址是德国铁路工程师卡尔·胡曼（Carl Humann）发现的，他本业是建造铁路，也是业余考古学家。胡曼是1878年9月开始发掘帕加马遗址，与施里曼挖特洛伊和迈锡尼差不多同一时期。

祭坛是一个U形建筑，东西长34米，南北长36米。6米高的台座上，是一圈爱奥尼亚柱廊。台座一圈120米，配有一条高2.3米的高浮雕带，由宽1米左右的雕刻石板拼接而成。

无法想象，如此大型的建筑是如何建在这么小的一块坡地上？在这么小的平台，挖出如此多柱廊的柱子，高浮雕的残块，祭坛高台废墟……物理上

图234　柏林帕加马博物馆宙斯祭坛　前2世纪

源远流长的西方历史、考古和文物造假

图 235　宙斯祭坛现址，地方很小

巨人与海洋神　　　　　　　命运三女神与巨人搏斗　　　　　　雅典娜与巨人战斗

图 236

绝无可能。

　　这些高浮雕雕像，表现奥林匹斯诸神与巨人族搏斗等场景，雕像巨大（图 236）。这 100 多块高 2 米多、宽 1 米左右的高浮雕石板残块，怎么能混在废墟中，保存得这么完整？

　　尤其是：祭坛遗址是在山顶上，一个狭小的山坡平台上，三面都是往下的斜坡，没有土来掩埋这些柱廊、台座和巨大的雕像。没有掩埋废墟的泥土，空间狭小，容不下这个巨大的祭坛。所以，这些"古希腊"巨型高浮雕，只能是无中生有，现代伪造。

米利都市场大门，柏林帕加马博物馆

以弗所图书馆大门，精细的装饰雕刻

图 237

　　帕加马博物馆还有一个米利都市场大门（图 237- 左），可以说是德国人无中生有的另一杰作。因为我到过米利都遗址，那里除了一个大剧场，一个淹在水里的房屋地基和一些残拱券，几乎什么都没有。

　　天知道德国考古队从哪里找到这么多残块，然后在柏林"复原"，弄出这么一个大门，高 16 米，宽 30 米。大门看上去也显得古旧，说明西方把建筑做旧，建筑造假，已不是问题。

　　这个大门与土耳其以弗所古城的图书馆大门（图 237- 右），非常相像。当时我就怀疑图书馆大门上面极其精细的大理石装饰雕刻。虽然看上去显得有些旧有缺损，但常识告诉我，不可能经历 2000 多年还保持如此精细。

又一件来历不明的古希腊雕刻

　　与帕加马王国有关系的，还有一件非常著名的雕塑《垂死的高卢人》（图 238- 左），据称原作是前 3 世纪的古希腊青铜作品，现在看到的是罗马时期的大理石复制品，藏于罗马卡庇托利博物馆。

　　这尊雕像表现的是，帕加马王国打败了相邻的加拉太高卢人。为了庆功，雕刻了一个受伤慢慢死去的高卢战士。敌人虽然被打败而受伤，垂着头，但依然目视手边的利剑，表现了英雄不屈的气概……这件雕塑的复制品遍及世界各地。在柏林、布拉格、华沙、斯德哥尔摩、法国凡尔赛、英国剑桥大学、美国许多地方，都有这件雕像的青铜或大理石复制品。

不可思议的是，这也是一件来历不明的东西。

全部的信息是："它被认为是在17世纪初，在罗马郊外的鲁多维西别墅挖地基时被发现的。1623年，第一次被列入鲁多维西家族的收藏清单。"英语维基百科用的是"被认为（is thought）"，法语版用的是"人们认为（On estime）"。

又一个葡萄园《拉奥孔》的故事！"被认为"，也就是听说、据传，没有一个确切的历史记载。尤其人们从来不去追究一下，一件纪念土耳其帕加马王国战功的雕像，怎么会出现在意大利罗马郊外？

据琳恩·卡特森的研究，在米开朗琪罗时代，意大利伪造一件古代雕像，可以获得比订做一件普通雕像多7倍到10倍的暴利，造假已经成风。她专门写过一本书——《发现，确定，造假，制作》（*Finding, Fixing, Faking, Making: Supplying Sculpture in '400 Florence*），封面就是两个雕塑匠在伪造一个古代雕像（图238- 右）。该书以米开朗琪罗等四位同时代雕塑家为例，阐述他们如何为了满足客户要求，降低成本，不惜造假（faking），获得更高收益……

《垂死的高卢人》古希腊雕像之罗马时期复制品

图238

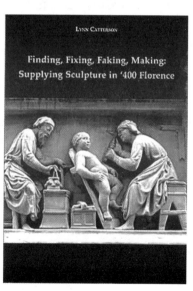

琳恩·卡特森著《发现，确定，造假，制作》封面

可见，从《拉奥孔》，到19世纪的帕加马祭坛高浮雕，这些所谓的"古希腊雕刻"都是来路不明的假货。

文物贩子的戏法——巴赛的阿波罗神庙浮雕

巴赛的阿波罗·伊壁鸠鲁神庙（图239-上）是希腊的第一个世界遗产。友人李树军曾发微博（微博号：el00le），揭露神庙横饰带浮雕（图239-下）是伪造的。

树军先生指出，"现实中没有找到浮雕面板所借以依附的构件遗存"。历史图片显示，神庙中间是空的，没有挂浮雕的地方。他还找到一些浮雕的"测绘图"（实际上是设计图），与实物浮雕有差异（图240）。如果是面对实物测绘，不可能有如此误差，由此证明浮雕是伪造的。

很遗憾，我去希腊没有去成巴赛的阿波罗神庙，因为那地方太偏僻了。

后来查卫星地图，根据经纬度坐标，费了很大劲，才在伯罗奔尼撒半岛

巴赛的阿波罗·伊壁鸠鲁神庙

神庙横饰带浮雕，大英博物馆

图239

图240　浮雕实物（上）与设计图（下）有误差

深处一个荒僻之地，找到了这个神庙。神庙遗址现在被包进一个保护性的帐篷里（图241）。神庙的位置是如此偏僻，之前全然没有想到。附近不要说城市，连村庄都没有。完全是在一个人迹罕至的大山深处的山岭上。

但据说古罗马旅行家保萨尼亚斯却到过这地方，并赞美这个神庙之美，盖过所有其他神庙，除了 Tegea 的雅典娜神庙之外……保萨尼亚斯能摸到这个地方，真是见鬼了。1780 年，前面提到的法国驻雅典副领事福维尔，费了很大劲，还是没找到这个神庙。

图241　巴赛的阿波罗神庙（帐篷中），四周荒无人烟

这是一个很小的神庙，长 38 米，宽 14 米，可以说是个袖珍神庙。神庙的横饰带浮雕也小，挤在一个很局促的小空间（图 239- 下）。但这个迷你小神庙却被认为是设计雅典巴特农神庙的建筑师伊克蒂诺斯（Iktinos）设计的，建于前 450—前 400 年，属于保存最好的古希腊神庙。

资料说：神庙柱子横梁都是用石灰石建的，只有横饰带浮雕是用大理石雕的。当地并无大理石可采，非常可疑。

再来看来到这里的是些什么人。据说最早是一个法国建筑师在 1765 年偶然发现这个神庙，第二次再来时被强盗杀死。后来 1811 年，被考克雷尔（C. R. Cockrell）和哈勒斯坦（C. H. von Hallerstein）等人发现。1812 年，又由斯塔克伯格（O. M. von Stackelberg）等一伙人剥取了神庙浮雕。

1810 年，这些人在雅典建立了一个名叫"克塞内庸"（Xénéion）的国际考古者协会，成员都是一些古董商、建筑师和艺术家。先后加入的成员有：英国建筑师考克雷尔，后来担任英国皇家建筑学院主席，是英国"希腊复兴"建筑风格的重要代表；出生在爱沙尼亚的德国考古者和画家斯塔克伯格，后来成为德国考古学院的创始人；德国考古者哈勒斯坦，丹麦考古者布隆斯泰德（P. O. Brøndsted），德国考古者和画家林克（J. Linckh），德国考古者和外交官格罗皮尤斯（G. C. Gropius）……

这伙人说他们是考古学家实在不配，名义上说是研究、测量图绘，甚至翻模复制希腊古物，实际上是一帮文物造假售假者。

考克雷尔、哈勒斯坦等"克塞内庸"成员，1811 年 4 月，去了离雅典不太远的爱琴纳岛（Aegina），那里有座爱法伊娥（Aphaia）小神庙。这帮人去了以后马上就"发现"了神庙山花上的 16 件雕像，据说用 40 英镑从当地人手里买下，不久后以 6500 英镑的价格，卖给了德国巴伐利亚王子路德维希一世，就是第一任希腊国王奥托一世他爹。这批东西现展示在慕尼黑古代雕塑博物馆。

1811 年 8 月，他们又结伙去了伯罗奔尼撒的大山，"发现"了巴赛的阿波罗神庙。1812 年，斯塔克伯格和哈勒斯坦两人领衔组成一个远征队，再次去巴赛，"拆取"（伪造）了神庙横饰带浮雕。很快，当年就卖给了大英博物馆，卖了 60000 英镑！

天下哪有这么暴利的营生？

大英博物馆所藏巴特农神庙雕像是额尔金伪造

巴赛神庙横饰带的浮雕卖了好价钱。而远远更为著名的雅典巴特农神庙的雕像，东西也更大更多，1816 年卖给大英博物馆，却只卖了 35000 英镑。

与其说是巴特农神庙的雕像倒霉，不如说是出售这些雕像的英国外交官额尔金伯爵倒霉。这批被命名为"额尔金的大理石"的石雕，故事非常曲折，其实就是额尔金自己伪造。

额尔金是谁？额尔金伯爵（Earl of Elgin）本名托马斯·布鲁斯（Thomas Bruce，1766—1841），是英国驻奥斯曼帝国的大使。世人皆知，他从巴特农神庙"盗取"了神庙的雕刻。

巴特农神庙人人皆知，太著名了，不多说。神庙东山花上的雕刻，据说是古希腊最著名的雕刻家菲迪亚斯所雕。被称为"命运三女神"的一组雕像，好像还进入了中国中学美术课本。

都说是额尔金从巴特农神庙上剥下"盗取"东山花雕像，运回英国。而实际上，这组雕像是额尔金按照 1760 年斯图尔特的设计伪造的（图 242）。设计图粗略，而雕刻精细。这正好证明雕像是伪造的，因为斯图尔特是一个非常精确的画家和建筑设计师。如果额尔金的雕像原先就在巴特农神庙上，斯图尔特决不可能将其画成如此简略的模样。

额尔金 1799 年底赴任去君士坦丁堡（伊斯坦布尔），路过意大利西西里，受爱好古董的英国驻西西里王国大使的影响，起意要去希腊测量图绘、翻模复制古希腊建筑和雕塑。于是雇佣了一位那不勒斯的宫廷画家路西耶里（G. B. Lusieri），又雇了一位画家，一位建筑师，两位绘图师和两位石膏翻模师（令人联想"人造石"模铸），由路西耶里当技工团队的头。

路西耶里的团队，据说最多时雇佣 300 多名工人，断断续续从 1801 年"工作"到 1805 年。搬走了 12 座山花雕塑，156 块横饰带浮雕，共装了 200 多大箱，重 120 吨……如果仅仅是从巴特农神庙上剥取这些石雕，根本不需要这么长时间。只有伪造雕像，需要时间。

再来看斯图尔特设计的神庙横饰带骑士队列，画得还比较精细。额尔金的雕塑工匠，制作得相当接近设计图（图 243），尽管还是有一些小误差。

为什么说斯图尔特的图是设计图？因为这一骑士队列是巴特农神庙北横

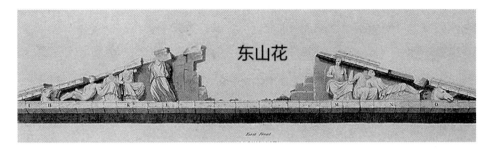

斯图尔特设计的东山花　1760 年

额尔金"盗取"（伪造）的巴特农神庙东山花雕像

"命运三女神"

图 242

源远流长的西方历史、考古和文物造假　　　　　　　　　　233

斯图尔特设计的
北横饰带浮雕

额尔金伪造的
北横饰带浮雕

图 243

饰带浮雕。按照神庙发生爆炸的说法，神庙北侧廊柱中间是断开的，神庙上部没有横梁构架，来放置这么一长列横饰带浮雕。所以这些浮雕根本就不可能存在，斯图尔特只是臆想画设计图。

斯图尔特的《雅典古迹测绘》1794 年已出版了 3 卷。额尔金完全可以得到斯图尔特的设计图，伪造东山花雕像和横饰带浮雕。

法国驻雅典副领事福维尔则根据法国画家卡雷的设计，伪造巴特农神庙横饰带雕像。

我找到了卡雷为巴特农神庙设计的全套 32 块横饰 "排档间饰"（metope），这里放两组 16 张设计图（图 244）。福维尔就是从这两组图里选了两幅，让工匠伪造了两块排档间饰浮雕（图 245），后来卖给法国的 "好古" 人士，最终收藏在卢浮宫。

为什么说卡雷是设计？还是逻辑问题：如果当时巴特农神庙上真有这两块浮雕，卡雷面对实物，绝无可能画成 "设计图" 的样子。尤其，巴特农神庙是一个清真寺，这 32 块裸体人体浮雕更不可能存在。卡雷也是画臆想。臆想 32 幅图，不可能每一幅都画得很精细，所以画得比较粗糙。而雕刻工匠很能干，制作比设计草图更精细。

当初看到福维尔的浮雕，马上想到是来自卡雷的设计图。但真要从这 32 幅画面中找出福维尔浮雕的出处，还是费了一些比对功夫。在排除近似的几

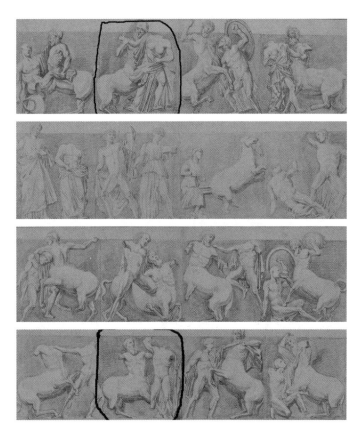

图 244 卡雷设计的巴
特农神庙横饰带浮雕

卡雷设计

福维尔伪造浮雕，卢浮宫

图 245

源远流长的西方历史、考古和文物造假

幅，最后认定是这两幅时，颇有侦探破案，终于找到罪证的欣喜和成就感！

再来一个实证。同一个巴特农神庙，都是东横饰带，浮雕主题也一样都是纺织女，但额尔金"盗取"回英国的，和福维尔弄回法国的，其艺术风格乃至风化程度，竟然完全不一样，两者有天壤之别（图246）！

东横饰带北侧纺织女，福维尔伪造，卢浮宫

东横饰带中间纺织图，额尔金"盗取"，大英博物馆

图246

福维尔那一块浮雕来自东横饰带北侧，名叫"纺织女"（Ergastines），收藏在卢浮宫。曹衣出水的衣纹，雕刻极其精细。两个织女的面部，眼睛鼻子清晰可见。人物的肌肉非常光滑，毫无风化。

额尔金的那一块，是在东横饰带中间，也是表现纺织主题。左边两个女子，头上顶着一个小凳和垫子。右侧一男子和一小孩拿着一块织好的布料……但这块浮雕风化极其严重，衣纹模糊，人物面目不辨。

太奇怪了！两块浮雕都是在东横饰带，同一个位置，但风化程度怎么会有如此大的差异？

大英博物馆还有一块东横饰带南侧的"纺织女"（图247）。雕刻风格靠向法国"纺织女"，而风化程度又靠向英国"纺织女"，处在英法两块浮雕样貌之间。大概有人发现了这个问题，试图调和。

在同一座神庙，同一条东横饰带，英法两国收藏的浮雕风格和风化程度却差异巨大，绝不符合现实逻辑。两者必有一伪。而在这里，两者皆伪。

额尔金和福维尔两人各干各的，依据了斯图尔特和卡雷的不同设计，请了不同的雕塑工匠，没有互相协调一致，所以才造成了两人伪造的雕刻风格差异巨大。

额尔金伪造巴特农"古希腊雕刻"，技术上没问题。额尔金1803年离任回国，取道意大利，古典雕刻造假的老巢。经过罗马时，额尔金见了意大利新古典主义雕塑家卡诺瓦（A. Canova），据说请他"修复"雕像。

卡诺瓦制作了大量的"新古典"雕刻，比如《珀尔修斯手提美杜莎之首》（图248-左）与古希腊"古典雕刻"几无差异。这表明，当时的意大利

图247　东横饰带浮雕南侧纺织女，大英博物馆

源远流长的西方历史、考古和文物造假

卡诺瓦《珀尔修斯手提美杜莎之首》 1806 年　米开朗琪罗《大卫》 1501 年

图 248

雕刻匠，卡诺瓦或其他匠人，造假"额尔金的大理石"，在技术上没有任何问题。

　　雅典长期处于信奉伊斯兰教的奥斯曼帝国统治之下。巴特农神庙又据说当时是清真寺。伊斯兰教不允许宗教建筑出现人物形象，更不能容忍在清真寺出现裸体人体雕像。可以确定，奥斯曼帝国时代巴特农神庙的裸体或半裸人体雕像，绝不可能公然留存。

　　各种证据表明：大英博物馆收藏的巴特农神庙的雕像，是额尔金自己伪造的。额尔金并没有"盗取"巴特农神庙的雕像。他卖给大英博物馆的雕像，完全是他自己伪造的赝品，与希腊并无关系。

　　世界上本无什么古希腊雕刻。只是从米开朗琪罗"发现"《拉奥孔》之后，才有了层出不穷的所谓古希腊雕刻。

　　事实上，米开朗琪罗在 1506 年发现《拉奥孔》之前，已经创作了他的两件最著名的作品《哀悼基督》（1496 年）和《大卫》（1501 年）（图 248- 右）。这两件作品的雕刻技艺已炉火纯青。也就是说，在米开朗琪罗发现第一件古希腊雕刻《拉奥孔》之前，他的古希腊雕刻艺术已经高度成熟。

希腊和意大利并非热带，气候并不适宜长年裸体生活。为什么这些"古希腊""古罗马"的雕塑多是裸体？遮体也是搭一块布料，脚穿永恒的凉鞋……有学者说，这种雕塑风格可能来自南亚的佛教雕刻。这种可能完全存在。实际上古希腊雕刻的裸体和风凉穿戴，是西方现代伪造者缺乏现实和历史常识，凭空想象出来的。

从 1500 年的米开朗琪罗，到 1800 年的英国额尔金伯爵和法国外交官福维尔，以至 1880 年的德国铁路工程师胡曼（伪造帕加马祭坛雕刻），都与意大利文物造假有关。意大利伪造古希腊雕刻和古代文物产业长期兴隆。因为这几百年中，欧洲有一种强烈的寻祖古希腊古罗马、虚构欧洲古代历史的动机，古董商和博物馆机构有极大的"好古"需求。

米开朗琪罗是西方伪造古希腊雕刻的开山祖。所有西方的古希腊雕刻，都是在米开朗琪罗之后伪造。

五、泥巴捏的两河文明

西方历史解释古希腊文明的起源，是把神话当历史。确定两河流域的文明，则把圣经当历史。于是有了"神话考古"和"圣经考古"。之所以有两河文明之说，依据是旧约圣经。圣经考古就是依据圣经提到的一些地名，比如尼尼微、巴比伦等，去进行发掘。

考古印证了圣经，圣经就变成了历史。

一直以来，我们都被告知，人类有四大古老文明：埃及、巴比伦、印度和中国。以大河为标志，则是尼罗河、两河、印度河和黄河。这当中，古埃及文明被认为最古老，中华文明最年轻。

但最近几十年西方有一种学术趋势，认为巴比伦的苏美尔文明是人类最古老的文明。四大文明重新排了座次，老大换成了两河文明，老小还是中国。

早年学习西方艺术史，两河地区的一些名词——亚述、巴比伦、阿卡德、苏美尔等，老搅在一起打混仗。现在有一张图标得比较明白：两河流域分为南北两块。北边的叫亚述，南边的叫巴比伦。而巴比伦又可分作两块：北边叫阿卡德，南边叫苏美尔。苏美尔处于两河流域最南部（图 249）。

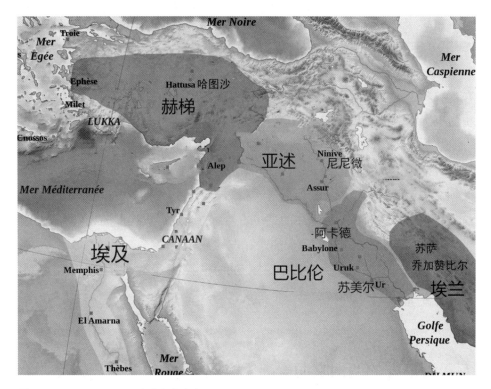

图 249　亚述与巴比伦（苏美尔在最南）

　　虽然常说古埃及有 7000 年历史，但一般都是从前 3000 年有象形文字记载的古王国开始算。这样，埃及迄今是 5000 年历史。而两河文明，苏美尔的乌鲁克在前 3400 年出现了泥板楔形文字（图 250），比前 3000 年有象形文字的古埃及文明，生生领先更古老了 400 年，成为"人类最古老的文明"。

　　嘿嘿……

　　为什么嘿嘿？因为两河文明的历史根基最为脆弱：不止是基于宗教传说，最要命的，它的历史全部基于泥板文字。

　　建立在泥板文字之上的两河文明和赫梯铁器文明，终究像泥一样不坚实。就像泥腿巨人，泥腿一碰就碎，轰然倒地。"人类最古老的"两河文明，包括发明铁的赫梯文明，都是泥腿巨人。

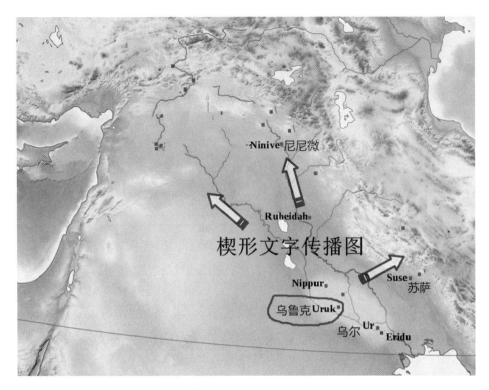

图 250　楔形文字起源于苏美尔的乌鲁克

没有 5000 年不化的泥板

两河楔形文字有极少数是刻在石头上，绝大多数是刻在黄泥做的泥板上。而泥板根本就不适合用作文字的载体。

我们中国最古老的文字甲骨文，是刻在龟壳、牛骨等动物骨头上。刻虽然不易，但比较持久，经得起岁月的磨蚀。后来有金鼎文，印刻在铜器上，更持久。再后的竹简、木简、丝帛和纸，作为文字的载体，都很持久。

而西方的文字载体，羊皮和莎草已经很不靠谱（羊皮会生物降解，莎草植物片片会脆化为粉尘）。这用泥板来刻字，真是亏他们想得出来。

这种泥板楔形文字分布区域横跨亚非，极为辽阔：从苏美尔诞生，向东传到伊朗（埃兰），向北传到亚述和赫梯，再沿地中海东岸南下，直到埃及。

1849 年，英国人在伊拉克北部，亚述的尼姆鲁德，挖到了一个泥板图书馆，史称"亚述巴尼拔图书馆"，出土 30000 多块泥板。

1887 年，在上埃及阿马尔纳（Amarna），一位埃及妇女在地里劳作时挖到一个地窖，出土了 382 块泥板"阿马尔纳信件"。

1906 年，德国人在土耳其的赫梯首都哈图沙，挖出了 30000 多块泥板。

1933 年，美国人在伊朗波斯波利斯附近挖到 50000 多块泥板。据说已总共挖到 40 多万块泥板！

咱们来看看楔形文字泥板长什么模样。

先看两块最古老的泥板。前 2250 年，就是说 4000 多年前，巴比伦的阿卡德国王和古波斯埃兰国王，两个君王之间签了一个和平协议（图 251- 左），竟然刻在泥板之上。看得出，纯粹是泥。

还有用泥板刻的国家法典。有一块在 20 世纪 20 年代才新挖出来的《乌尔纳姆法典》，制于前 2095—前 2047 年，比汉谟拉比法典还要古老，是人类最古老的法典（图 251- 右）。

泥板也可以用来写信（图 252），左边一块是前 19 世纪商人写给领队的私信。右边那块写于前 1350 年，是巴比伦国王写给埃及国王的外交信件，也是

阿卡德与埃兰君主和平协议　　　　　　　　乌尔纳姆法典

图 251

一个亚述商人写给商队领队的私信，
纽约大都会博物馆

巴比伦国王给埃及国王写的外交信，
大英博物馆

图 252

图 253　前 650 年 1 月 3—4 日夜尼尼微
星象图

著名的埃及"阿马尔纳信件"（letters of Amarna）中的一封。

　　有一块饼状泥巴更神奇，是一幅星象图（图 253），上面标示的竟然是前
650 年 1 月 3—4 日在尼尼微这个地方看到的星象！时间多么精确，精确到某
日。泥巴块块的用途简直与纸张没有什么两样。

据介绍，泥板楔形文字都是趁泥板潮湿状态，"用芦苇或木棒削成三角形尖头"，在上面刻字，然后把泥板晾干……也有一些泥板说是被莫名其妙的宫殿大火烤干，但绝大多数泥板都是自然晾干。

这些泥板，据说在地底下埋了4000多年，坚强抵御了地下的潮湿和地上的雨水，依然没有松化为泥，焕然如新。这符合物理常识吗？

需要强调的是，这些泥板的黏合完全是靠水，用水和泥，趁湿刻字，自然干结成块。这样的泥板坚实吗？物理常识告诉我们，在塑料袋和橡胶布发明之前，地下空间做不到完全密封。泥板在地底下，必然会受潮。不用多少时间，就会酥化成泥。

来看一段百度来的伊拉克（两河流域）降雨量："年平均降雨量由南至北为100至500毫米，北部山区达700毫米。"伊拉克南部干旱，可以不论。伊拉克北部，就是发现大量泥板的"亚述地区"，还是有相当降雨。再看土耳其"赫梯地区"的降雨量："峡谷地区全年降雨量600至800毫米，沿海地区全年降雨量为500至700毫米"……

就是说，在亚述和赫梯这两个盛产泥板文字的地区，并非干旱无雨，而是有相当的降雨量。这些雨水必然渗透到地底下，以地下水或潮气，化解这些泥块。

因此，这些泥板小块在土耳其和伊拉克北部的潮湿地底下埋藏，不管封闭在什么地下空间，不要说4000年，就是500年也熬不过，一定会受潮松散化解，重新化为泥土。

泥板埋在多雨地区的地下，历数千年而不化，只能是一个骗人的神话。

无法实用的泥板

第一，写字麻烦。要趁泥板还是潮湿时才能刻写，沾一手泥巴。

第二，不牢固。因为是泥质，湿或干，刻上去的字母很容易碰掉，磨损。用泥板来签定国与国之间的条约，根本是笑话。把泥板用作铭记君王伟大功绩的丰碑，更是笑话。伟大威武的亚述王萨尔贡二世，打了第八次战役，取得辉煌的胜利，本应用坚固不可磨灭的方式记下来，传之永久。结果却是记录在一块泥板上（图254-上），非常不严肃。

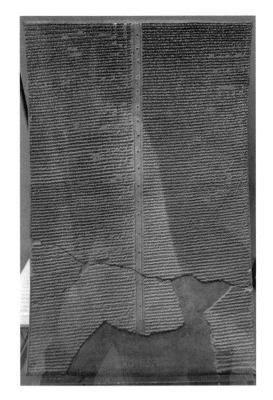

萨尔贡二世第八次战役纪功　前714年

萨尔贡二世建城纪念铭文九面泥柱

图 254

还有一个滚筒泥柱，记录萨尔贡二世建造都城的功绩（图254-下）。稍过一些岁月就字迹漫漶，简直嘲笑寡人。用泥板记，还不如不记。

用泥板来做字典或者教材，更是滑稽。比如尼尼微图书馆中有一块列出苏美尔－阿卡德两种文字的同义词词汇表（图255-左），还有一块是算命先生用的教材（图255-右）。字典和教材，是日常要拿来用，要耐磨。这泥板怎么反复使用？

有一块泥印章，记录的是苏美尔人在前3000年就喝上啤酒了（图256-左）！文字符号中并没看出啤酒杯。一般印章需要牢固。用泥做印章，有些呵呵。

第三，通常的泥板面积都不大，写不了多少字符。如果要写一个文学作品，讲一个故事，抒发一下情感，得要用多少泥板？据说尼尼微的亚述巴尼拔图书馆，有12块记录人类最早的史诗《吉尔伽美什》的泥板，共3500行，成形于前19世纪。

吉尔伽美什是古代苏美尔的乌鲁克国王，史诗就是描写他的故事。1872年，英国人乔治·史密斯（G. Smith）成功破译了其

源远流长的西方历史、考古和文物造假

苏美尔－阿卡德同义词词汇表　　　　算命先生教科书

图 255

从机构分发啤酒，乌鲁克　前 3000 年　　史诗洪水帖，阿卡德文
前 18—前 17 世纪

图 256

　　　　　　　　　　　　　　　　言不必称希腊——以图证史（上）

中第11块泥板（图256-右）。据说是描写巴比伦的大洪水，印证了圣经传说，构成圣经大洪水故事的原型。但用十几块泥板来记录几千行字、内容天马行空的文学作品，装得下吗？在我看来，这件事本身属于神话。

第四，泥巴块块占体积，易碎，非常不适宜携带。据说巴比伦人用泥板来通信。比如阿马尔纳的外交信件，从巴比伦写给埃及，几千千米，如何带十几、数十块泥板上路？万一路上遇到雨怎么办？

还有，小么小儿郎，背着书包上学堂。带几本印有几万字的纸质书，完全没问题。若是带几万字的泥板，恐怕一个大人都搬不来，且不说如何把几十块泥板放进书包、又不互相碰坏……不敢想象。

第五，泥板不便于集中存放。尼尼微号称有一个3万多块泥板的图书馆。人们难以想象，这么多松脆怕磕碰的泥板，是如何堆放在一起？泥板之间是用什么软材料隔离？更别提，这么多块泥板埋在地底下，是如何防潮而保持干爽了4000—5000年？

第六，以子之矛，攻子之盾。直接的逻辑否定：既然在亚述尼尼微挖出了巨大的石刻人首翼牛雕像和萨尔贡二世的石刻浮雕，说明已经有了钢铁凿子和石材，那么完全可以把法典、史诗、萨尔贡二世的丰功伟绩等刻在石碑上啊，怎么会用泥板去记录这些重要文件？

鬼画符的楔形文字

楔形文字现被西方指认为"世界上最古老的文字"。它最早是由巴比伦南部的苏美尔人发明，阿卡德人加以继承和改造，形成一种独特的文字体系，然后向四方传播。

据称这种文字开始也是象形文字，后来就转为拼音文字。而且这种拼音楔形文字还不是单一一种，而是分为好多种。早期苏美尔和阿卡德文字，据说就很不一样。北边的赫梯与东边的波斯楔形文字又据说是属于"印欧语系"，发音不一样。尽管如此，这种楔形文字仍然是古代两河流域和西亚大部分地区的唯一通用文字。

它神秘地在前3400年出现，大流行，然后在公元元年前后，神秘消失……

楔形文字就形态而言，是一种极其杂乱无章的文字。除了字迹都是钉子形，所谓楔形，统一一致，其余没有什么统一的特征。在同样的楔形文字形态下，包含了不同的语言，同一种语言又有早期后期不同，还有极其混乱的表音符号……

表面上说楔形文字含有象形和表意，但只是虚晃一枪。实际上楔形文字从一开始就不怎么象形，然后很快就"简化"，变成既不象形又不表意的符号（图257）。

从图中可以看出，楔形文字极其繁复，比中国的繁体字繁多了。该图标题是象形符号"简化图"，但怎么看怎么觉得是更加复杂化。比如"人头"，开始还看得出是人头，简化后的巴比伦文和亚述文根本看不出是人脑袋。

中文的"人"只有两笔。而那个楔形文字的"人（男人）"太复杂了，可谓超级繁体字。由此可以质问：为表达一个简单的意义，要刻如此繁多的笔划，这还是一种文字吗？

再来看楔形文字的数字（图258），笔划也非常繁多。这59已经要刻几十下（数不清），要来个89或109，怎么刻？怎样用这些数字来加减乘除？据说两河文明已发明了一种"太阴历"，怎么计算百千年的天文星象周期？……不

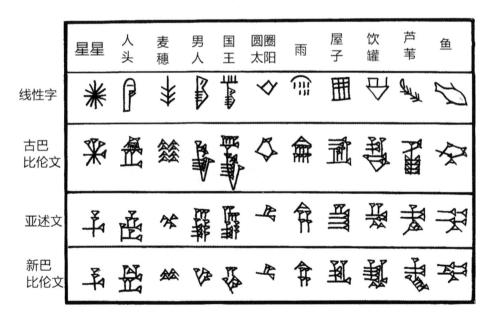

图257 楔形文字简化图

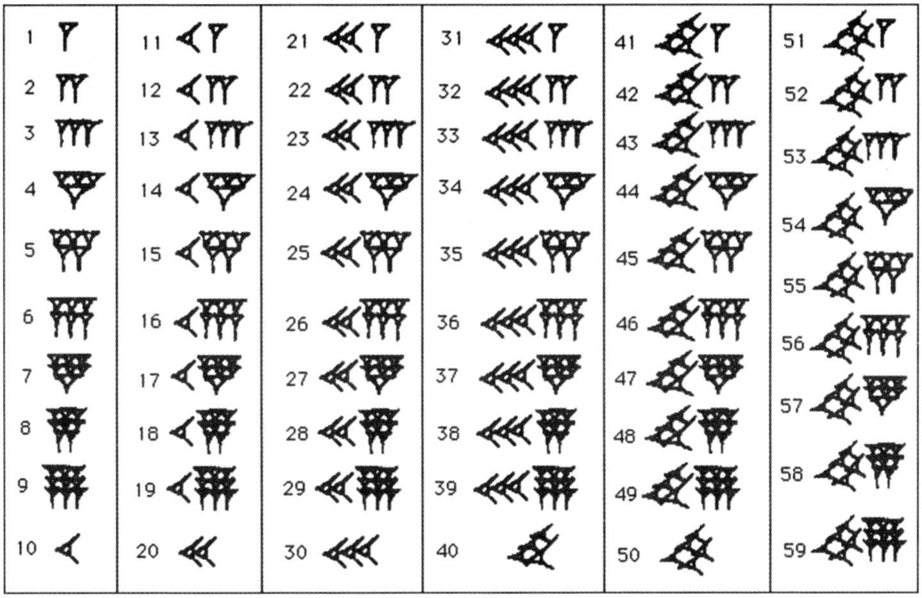

图 258　巴比伦 60 进位数字

敢想象。再一问：用如此繁复的符号来表达一个简单的数字，这还是一种数字符号吗？

　　楔形文字基本是拼音文字。据说有 14 个辅音和 4 个元音。使用楔形文字的语言有好多种，更灾难性的是，其标音符号也不一样！

　　随便搜索一下，就有三种不同的楔形拼音字符（图 259）。三个字母表上的第一个符号，长得完全不一样，但都发 a 的音。再如 c 的音符，三个字母表也全然不同。尤其表格（1）的字母 c，笔划非常复杂。这样的东东，还是拼音字符吗？

　　用这样形状的辅音与元音符号组成一个音节，再与别的音节组成一个单词，再进一步用这个单词与别的单词组成一句话……其复杂，不敢想象。

　　更有甚者，据称楔形文字中有大量"同音异义"（homonym）词和"同形异义"（homograph）词。初一听，简直让人抓狂。继而一想，嘿嘿，那不是给解读者打开了任意解释和胡乱解释的方便之门么？发音差不多的符号，你可以说成是别的意思。形状一样的符号，也可以说成是你想要的含义。

　　来看这 5 组楔形文字符号（图 260）。每一组符号，字形一样，竟然有 4—6 种完全不同的意思。而且，每个意思都是正确的。

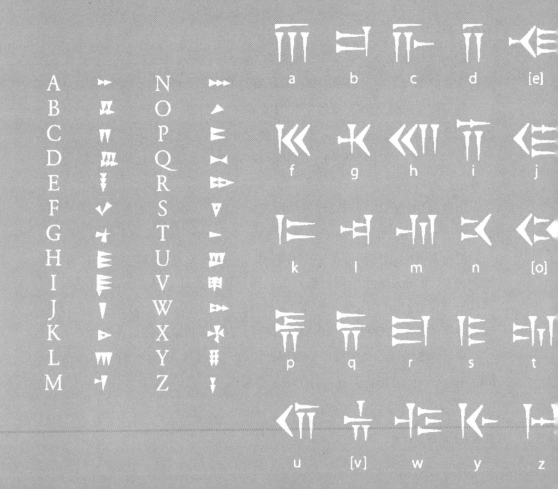

図259 三种不同的楔形文字拼音字母表

图260 同样的符号，可以有4—6种完全不同的解释

He gave me the high priesthood.
He gave me godship.
He gave me the noble, enduring crown.
He gave me the throne of kingship.

He gave me the noble sceptre.
He gave me the staff.
He gave me the holy measuring rod and line.
He gave me the high throne.
He gave me shepherdship.
He gave me kingship.

He gave me the princess priestess.
He gave me the divine queen priestess.
He gave me the incantation priest.
He gave me the noble priest.
He gave me the libations priest.

He gave me truth.
He gave me descent into the underworld.
He gave me ascent from the underworld.
He gave me the *kurgarra*.

He gave me the dagger and sword.
He gave me the black garment.
He gave me the colorful garment.
He gave me the loosening of the hair.
He gave me the binding of the hair.

这意味着对这些钉子形符号，人们想说它是什么意思就是什么意思。泥板楔形符号本来就不统一。基本上就是，你"破译"了什么就是什么。

百度对楔形文字是这样介绍的："在其使用的约3000年历史中，楔形文字由最初的象形文字系统，字形结构逐渐简化和抽象化，文字数目由青铜时代早期的约1000个，减至青铜时代后期约400个……"文字一般都是越使用越多，而这楔形文字却越使用越少，符合文字演变的一般规律吗？

楔形文字的离奇发现和破译

最早描绘楔形文字的，是17世纪意大利冒险家瓦莱（Pietro Della Valle）的东游记，说是在参观伊朗波斯波利斯附近时，发现这种奇怪的文字。但他

只是文字描述，没有图形。

1761—1767 年间，德国哥廷根大学（英德合办）高材生卡斯腾·尼布尔（Carsten Niebuhr，1733—1815），是一个出色的地理绘图家，参加了一个东方科学远征队，经埃及、也门等地，抵达印度孟买。回程时路经波斯波利斯、巴比伦遗址、摩苏尔、君士坦丁堡等地。他宣称在路过波斯波利斯遗址时，发现了楔形文字，并做了精确的描摹（图 261- 左）。1771 年，尼布尔出版了这些楔形文字：楔形文字第一次正式亮相。

在尼布尔之前，楔形文字都是作为游记奇谈，或作为奇怪装饰图案。只是在尼布尔那里，楔形文字才第一次成为正式文字。

尼布尔还发现，他描摹的波斯楔形文字，里面有三种语言，Class I, II, III。据说这为后来破译楔形文字，提供了钥匙。他的楔形文字影响深远。直到 1950—1960 年，美国学者克拉默尔（S. N. Kramer），还从中释读出重要内容，以拔高苏美尔文明。所以尼布尔是真正的楔形文字之父。

事实上，尼布尔未必"发现"，而是有嫌疑新创了楔形文字。欧洲 17 世纪创造新文字已不稀罕。尼布尔要创造一种新文字，并非难事。

1663 年，"埃及学之父"、德国人阿塔纳修斯·基歇尔（Athanasius Kircher，1602—1680），被称为"百艺大师"，是一位达芬奇式的全才。他

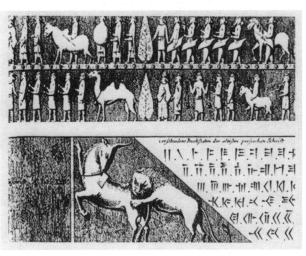

尼布尔发现的波斯楔形文字

图 261

17 世纪天书"伏尼契手稿"，文字至今无解

在其《多形字新论（*Polygraphia nova*）》中，就自称发明了一种"人造语言"（artificial language）。

基歇尔还在 1639 年见到过一份"伏尼契手稿"（Voynich manuscript）（图 261-右），完全是一种奇怪的文字。有很多 8 和 9 那样的小圈圈，看上去很像一种文字，但至今未能破译。显然，这是一种人造语言。

最诡异的是，据维基百科法文版，基歇尔 1632 年在法国阿维尼翁，自称"发现了一份用阿拉伯文、科普特文和古埃及文三种文字撰写的稀罕手稿"，首创了三种文字同框的先例。

这个案例非常非常重要。

科普特文是一种古埃及文字——"是古埃及语言发展的最末阶段语言，形成于纪元前"。我原先以为，古埃及文字只有一种。后来才知道古埃及文字可以分为前期和后期两种。前期是象形文字，后期叫科普特文字。

但奇怪的是，对古埃及的科普特文，这种已死去 1600 多年的死文字，17 世纪的欧洲人好像没费什么劲就读懂了。据称是法国人尼古拉·贝雷斯克（N. Peiresc，1580—1630）最早成功地释读了科普特文，"在贝雷斯克之前，欧洲根本未闻科普特文"。但基歇尔也声称自己是"第一个辨识科普特文"。

在贝雷斯克和基歇尔之前，谁也不知道科普特文是个什么东西。他俩竟然凭空就破译了科普特文，堪称神奇。

至于古埃及象形文字，一般认为是法国人商博良（J. F. Champollion），在 20 世纪根据罗塞塔石碑破译出来。但今天的人们几乎全然无知：基歇尔早在 17 世纪就宣告，借助科普特文，就破译了古埃及象形文字！

基歇尔把自己比作解开斯芬克斯之谜的俄狄浦斯，写了一本《埃及的俄狄浦斯》。在这本书里，插画了许多埃及方尖碑，以及碑上刻的象形文字（图 262-左）。

我们可以看到，书中方尖碑上的古埃及象形文字，与今天埃及遗址的象形文字完全一样！古埃及象形文字竟然在 17 世纪的意大利就已出现，发明者就是基歇尔。

就是说，在拿破仑去埃及 200 多年之前，没有去过埃及的基歇尔就已经画出与今天一样的古埃及象形文字。这真是，埃及文明在埃及，但"埃及学"诞生于意大利。

基歇尔的方尖碑，古埃及象形文字　　　　　　　"米修石"楔形文字

图 262

最值得追究的，是基歇尔那份三种文字同框的神秘手稿。戴维·杰克逊（David Jackson）生动描述了那份阿拉伯手稿的故事：

基歇尔曾答应给贝雷斯克看一份"神秘的古老手稿。是一位巴比伦的拉比，用阿拉伯文写就，论阅读方尖碑上的埃及文字的规则和方法。"贝雷斯克几次索要观览，基歇尔都找不同借口推诿。最后终于拿出来给看了，但贝雷斯克当即判定是一件伪作（hoax）。基歇尔"像贼一样黑夜中逃离了贝雷斯克的住所"……①

---

① 见 *So why did Kircher ignore the Voynich Manuscript?*

基歇尔是最早用三种文字同框的方法，用阿拉伯文来破解古埃及文字。事情败露未成功，但三种文字同框的方法却被后世反复沿用。

基歇尔对古埃及象形文字的释读被认为是错误的，但他绘制的古埃及象形文字却与今天的古埃及文字一模一样。基歇尔依然被公认为"埃及学之父"。

17世纪"诞生"了贝雷斯克的古埃及科普特文，基歇尔的古埃及象形文字，那么在18世纪尼布尔新创一种楔形文字，完全有可能。何况尼布尔画的楔形文字还比较简单，设计起来并不难。

第一个把楔形文字的实物带回欧洲的，是法国植物学家安德烈·米修（A. Michaux）。1782—1784年，他受法国国王派遣，去波斯研究波斯药用植物，顺手带回了一块前1500年的"巴比伦石头"，上面刻满了尼布尔式的楔形文字，人称"米修石"（图262-右）。值得注意的是，最早在欧洲展示的楔形文字实物，是石头，而不是泥板。

1802年，德国哥廷根的一位27岁的中学教师格罗特芬德（G. F. Grotefend）在饮酒时与朋友打了一个赌，一定要破译尼布尔带回的楔形文字。他打赌赢了，真地破译成功。他辨认出这是一种古波斯文，从左到右书写……奇迹啊!

1835年，一位25岁英国年轻军官罗林森（H. C. Rawlinson）也开始研究楔形文字。他是研究刻在伊朗西南部克尔曼沙汗省一块山崖上的"贝希斯敦铭文"（图263）。石刻是用古波斯文、埃兰文和阿卡德文，三种文字刻了同样的内容。据说罗林森的驻地就在附近，是他发现了贝希斯敦石刻。1838年，他破译了石刻的楔形文字。

据称罗林森先是破译了其中的古波斯文。他比照希罗多德的《历史》，看到一个符号反复出现，便判定是"王"字。于是他释读铭文的开头："我是大流士，伟大的国王，诸王之王，波斯之王，万国之王……"铭文是古波斯大流士一世（前558—前486）的纪功文。大流士一世像秦始皇一统诸国，功成四巡，巡至这个叫贝希斯敦的小村，抬头一望，此崖甚好，便命人在崖上铭文纪功……罗林森破译了古波斯文之后，顺藤摸瓜，又成功破解阿卡德楔形文字，后来成了研究两河文明的所谓"亚述学"（assyriology）之父。

贝希斯敦石刻 　　　　　　　　　　　铭文近观

图 263

　　两位业余青年，两个毛头小伙，成功破解了人类最古老的两河文明的楔形文字，不亦太匪夷所思乎？

　　实际上，贝希斯敦石刻极其可疑。阿拉伯文献从来没有记载过这块石刻。石刻并非刻在人迹罕至的偏僻之处，而是在一个村落附近的大路旁，一条连接伊朗高原和伊拉克平原的古代商路要道，当地历史怎么可能全无记载？

　　另外，这种三种文字同框的套路极其可疑。首先是基歇尔最早尝试，继有罗林森，最后有商博良的罗塞塔石碑。埃及和两河流域的古人真是体恤后人，竟然想到给后人留下三种文字对照互读的小字典！

　　综上所述可以结论：泥板楔形文字是一个学术骗局。

圣经考古考出来的尼尼微

　　"圣经考古学"是一个专有名词。英国在 1870 年专门成立了一个"圣经考古学会"（Society of Biblical Archeology）。圣经考古学顾名思义，这个学科就是为了证明《圣经》故事并非宗教传说，而是真实的历史。

　　西方大规模地对两河文明发生兴趣，是从 1840 年开始，主要出于对《圣经》考古学的热情。

　　1842 年，法国驻摩苏尔领事保尔－埃米尔·博塔（Paul-Émile Botta），凭着一腔寻找圣经城市尼尼微和巴比伦的希望，来到离摩苏尔东北 15 千米的一个小村豪尔萨巴德（Khorsabad），他认为那里就是尼尼微，于是"亚述文

图264　豪尔萨巴德的人首翼牛雕像，卢浮宫　前8世纪

明"重见天日：他挖出一个古代王宫一角，认为是亚述国王萨尔贡二世（前722—前705年在位）的宫殿。其中有3个院子和14个大厅，出土了大量巨型人首翼牛雕像（图264）。人首翼牛是宫殿的守门神兽，成双成对。有圆雕，也有高浮雕。1847年，这些雕像运回巴黎，法国率先建成欧洲第一个亚述博物馆，现在都收藏在卢浮宫。这些雕像体量巨大，有两人高（图265-左）。美国也有收藏（图265-右）。

法国考古队随队画家欧仁·弗朗丹（Eugène Flandin），是一个很重要的

1852年照片：法国人挖掘
人首翼牛现场

豪尔萨巴德厅，芝加哥东方研究院博物馆

图265

源远流长的西方历史、考古和文物造假　　　　　257

人物。他先去了波斯，后来了
摩苏尔。他画了许多"考古图
绘"，事实上他是亚述雕像的设
计者。他先是在波斯波利斯设
计了万国门的人首翼牛（后面
论述），然后来到摩苏尔，两地
的人首翼牛几乎一样。

他还设计了"亚述浮雕"，
如萨尔贡二世浮雕（图266-
上）等。也有一些设计图后来
没有被实现，没有对应的实物。
比如这幅戴着手镣脚铐的战俘
的浮雕（图266-下）。

紧跟着，1845—1847年、
1849—1851年，英国人奥斯
丁·亨利·莱亚德（Austen
Henry Layard），身兼考古、收
藏、绘图、艺术史、写作、外
交、楔形文字专家于一身，也
两次来伊拉克寻访尼尼微和巴
比伦。他在离摩苏尔南边30千
米的尼姆鲁德（Nimrud）进
行发掘，认为这里才是尼尼微。
他的发现比博塔有过之而无
不及。

莱亚德与博塔都是外交官
身份的业余考古学家，却获得
了巨大的考古成就。他们两人
似乎在进行一场考古竞赛：博
塔发现了萨尔贡二世（前8世

豪尔萨巴德的大型浮雕，萨尔贡二世与贵族

弗朗丹画的浮雕设计图

图266

纪），莱亚德则推出亚述巴尼拔二世（前883—前859年在位）；博塔考古考出豪尔萨巴德是亚述都城，莱亚德考出尼姆鲁德也是亚述都城，而且早于前者，建于前13世纪。而且，尼姆鲁德挖出的人首翼牛雕像和浮雕数量更多，大大超越豪尔萨巴德。

两人挖出了大量的人首翼牛和浮雕。有趣的是，两地雕塑风格非常接近。尼姆鲁德挖出的人首翼牛（图267、268），与豪尔萨巴德挖出的没有区别。浮雕也是，两地风格如出一辙。可以判定，英国人也采用了法国人弗朗丹的设计。

亚述雕像非常多，如今很多欧美博物馆都可以看到令人震撼的亚述浮雕。法国人有萨尔贡二世，英国人也有亚述巴尼拔二世（图269-左）。还有国王

亚述巴尼拔王宫外景，尼姆鲁德

图 267

人首翼牛，尼姆鲁德

尼姆鲁德的人首翼牛，大英博物馆

图 268

尼姆鲁德的人首翼牛，大都会博物馆

尼姆鲁德的浮雕
亚述巴尼拔二世与官员

亚述战士光屁股泅水攻击敌人城市

图269

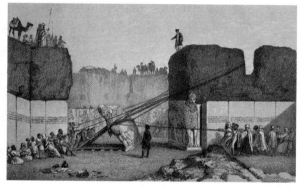

发现尼姆鲁德

搬运雕像图

图270

射狮子和战争场面等。右边那块浮雕表现亚述战士，光屁股泅水进攻敌人城市的图景，太过富于想象力，令人莞尔。

值得特别书一笔的是，1849年，莱亚德在尼姆鲁德还发现了一个泥板楔形文字图书馆，所谓"亚述巴尼拔图书馆"，一块黑玄武岩铭文方尖碑，几千件象牙雕刻……这是西方第一次大规模出土楔形文字的泥板。

尼姆鲁德与豪尔萨巴德一样，都是深埋地下的宫殿（图270-左）。从图片看，从地面到宫殿雕像足有两三米厚的土层。于是可以一问：他们没有洛阳铲，是怎么探测到这个地底下的宫殿？尤其是他们如何能在荒凉野外找到

图271 尼姆鲁德遗址被
炸毁前外景，遗址很小

这个地方？

那个搬运地下雕像的绘图画面（图270-右），更多是显示雕像浮雕在地下的情景。众人拉绳子并不符合力学原理，不是搬走雕像的真实场面。

尼姆鲁德出土的文物多得实在可疑，因为尼姆鲁德的遗址很小（图271）。

在这么一片荒野的地底下，深埋了一个辽阔帝国的王宫和都城？现场的狭小，与出土的巨型雕像和辉煌文物，形成巨大反差。

2015年，极端组织将摩苏尔博物馆收藏的大量"古文物"砸毁。尼姆鲁德遗址干脆被装上炸药，一声巨响浓烟升天，被彻底炸毁。所以，现在已经看不到尼姆鲁德遗址。销毁造假窝点？

巴比伦在海中央

两河流域，西方叫"美索不达米亚"，意思就是两河之间。两河虽然都起源于土耳其，但两河流域主要是指今天的伊拉克地区。幼发拉底河沿着阿拉伯沙漠边缘，底格里斯河沿着伊朗高原的边缘向前流淌，最后双流归一，形成一条阿拉伯河，注入波斯湾。

我一直有个错觉，也许很多朋友也会有，以为两河流域是一片肥沃的土地。我们被告知，世界上最早的小麦是那儿培育出来的。脑子里想象，那里就是咱中国黄河长江流域那样的产粮区。

后来打开卫星图一看，吓一跳。幼发拉底河，从叙利亚开始就是穿行在沙漠里。到了伊拉克，河西边基本是沙漠。两河流域的上半部，都是呈灰黄色，也是沙漠和半沙漠，土地明显不肥沃（图272）……

两河流域像一个斜放的沙漏，中间有一个细腰，分成所谓上下美索不达米亚。下半部，就是史上赫赫有名的巴比伦地区。

地图上，巴比伦颜色深一些，是冲积低地平原。其实早先，巴格达以南是大海。两河最早的入海口是在两河细腰位置，巴格达北部。

巴比伦虽然是冲积平原，但土地并不肥沃，还有相当的盐碱性。尤其，伊拉克气候炎热，这块平原的夏季七、八月份气温常常高达45—50℃。整体上很干旱，终年都有沙尘暴。基本不适宜种小麦，只能种植耐旱的椰枣。伊拉克是全世界最大的椰枣生产和出口国。

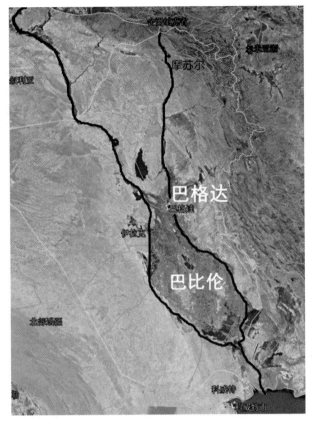

图272　两河流域西边和上半部是沙漠半沙漠下半部是低地，早先是大海

号称"伊拉克的粮仓"根本不在两河之间的巴比伦平原，而是在伊拉克北部丘陵山区的库尔德地区。

所谓两河流域巴比伦平原，根本就不是农业文明的适宜之地。

戳破"两河流域古代文明"，更有一个致命事实：所谓巴比伦平原，尤其南部的苏美尔，在5000年前是大海！

1570年奥特柳斯的《世界地图》标示，当时两河刚刚汇合，是一个狭长海湾（图273-左），尚没有阿拉伯河。荷兰16至17世纪重要旅行家林斯霍滕（J. H. van Linschoten），1596年出版过一幅当时最精确的中东地图。该图也显示：两河合流不久，也是一个尖长的海湾（图273-右）。

1608年绘制的中国《坤舆万国全图》同样显示，两河刚合流，没有形成

言不必称希腊——以图证史（上）

奥特柳斯《世界地图》
两河刚刚交汇，还是一个尖长海湾　1570年

林斯霍腾地图　1596年

图273

阿拉伯河（图274- 左）。

三张地图都显示，在1600年或1500年，即400—500年以前，两河刚刚交汇合流，阿拉伯河还不存在。

《坤舆万国全图》在两河右边还画了一条河。这是什么河？这其实是伊朗的卡伦河（Karun）（图274- 右），当时也直接注入波斯湾。

卡伦河是伊朗最长的河流，总长950千米。所以，这片地区准确地应该称为"三河流域"。今天卡伦河在阿巴丹附近注入阿拉伯河，变成三河合一。

这三条河，尤其是长距离穿行沙漠的两河，携带了大量泥沙。每年有6000万立方米泥沙[①]填入波斯湾（图275），不断往南增加冲积平原。

图上左右两块新的冲积沙洲，在几十年前的老地图上还是两个小海湾。现在左边的小海湾已被泥沙淤满，右边这个也淤满了一小半。右上伊朗的马赫夏赫尔港，原先是波斯湾的一个海港，现在变成一个彻底的内陆城市。

内陆城市挂着海港的地名，给人强烈的沧海桑田的震撼。下边的霍梅尼港，用不了多少年，也会被泥沙淤满变成内陆城市。所以，阿拉伯河口往南推进陆地的速度非常快。

---

① 　见 http://www.didarseir.ir/en/route/iraq-1.htm。

明朝《坤舆万国全图》
两河刚合流，尚无阿拉伯河　1608年

图274

伊朗的卡伦河

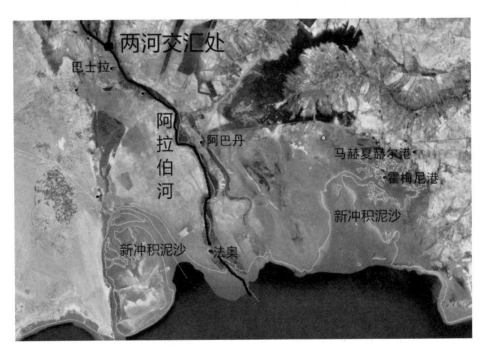

图275　阿拉伯河口，每年填海6000万立方米泥沙，海岸快速南移

　　　　　　　　　　　　　　　　　言不必称希腊——以图证史（上）

前面提到，两河交汇形成阿拉伯河，大抵只有五百多年历史。从两河交汇点到波斯湾，直线距离170千米。这意味着：五百多年间波斯湾往南移了170千米。

往北，从两河交汇点到巴格达，直线距离390千米。理论上讲，如果以这样一个速度，波斯湾从今天的海岸北退，2000年前可以退到巴格达。

巴格达所处的巴比伦平原，早先是一片汪洋大海。巴格达地区是两河注入波斯湾最早形成的冲积平地。今天巴格达的海拔也只有34米。巴格达作为城市，历史也不悠久，是一个8世纪下半叶才新建的城市。762年巴格达新城建成。

2000年前，巴格达地区如果不是海，至少是一片湖沼泽国。即使在今天，巴格达周围有四个湖，是波斯湾最古老的潟湖残留。

两河交汇处，长期有一个名叫哈马尔湖的"堰塞湖"。现在变成了五个小湖泽（图276-左）。在东南边，伊朗境内也有一片湖泽。这是卡伦河形成的潴留。这些都是波斯湾残留的痕迹。

据西方历史，苏美尔的乌尔和乌鲁克，是两河文明最古老的发源地。

乌尔是人类最早的城市。乌尔还创造了人类最早的法典——乌尔纳姆法典。乌鲁克则是人类最早文字——楔形文字的发源地……

而世界上最古老的城市乌尔，和发明人类最古老文字的乌鲁克，都离两河交汇点不远（图276-右）。

今日两河交汇处依然有湖泽　　　　　　乌尔紧邻两河交汇处附近的哈马尔湖

图276

源远流长的西方历史、考古和文物造假

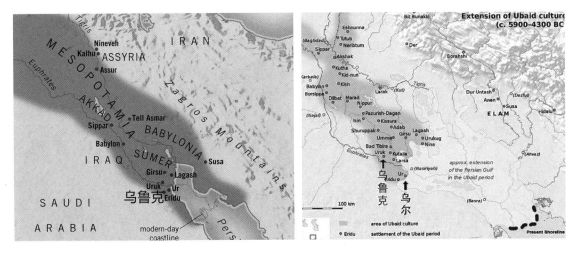

图 277　西方地图也承认早先两河直接入海，乌尔紧濒大海

今天西方人也承认：两河交汇处曾经是大海，阿拉伯河非常晚才形成。西方有许多表现古巴比伦的地图，都显示波斯湾退到两河交汇口以北……这里选两幅（图 277），两河交汇处以北是大海，两河直接注入波斯湾。

有意思的是，这些地图，波斯湾都止步乌尔，好像乌尔地区有一道无形拦海大坝，把波斯湾挡在乌尔跟前。其实，1850 年到这里来"寻古"的西方考古学家，都不是地质学家。他们只是一心要找个地方将其指认为乌尔，完全不顾及这个地方的地质年龄。于是今天就出现了这些地图：既要承认这块地方曾经是波斯湾，又要照顾已经成为"历史"的巴比伦文明。

乌尔和乌鲁克，处于巴比伦平原最南边。与北方相比，南边形成陆地的时间最晚，是最新形成的土地。就是说，南边比北边淹在海里时间更长。

今天的西方人只能设定，在乌鲁克和乌尔创造出人类最古老的的文明之时，两河冲积平原已经南移到那里，紧靠着海。之后波斯湾继续南退……

那么人们要问：难道人类最古老的文明，是起源于一片刚刚形成的海滩滩涂上？这好比是问：中华文明是起源于上海？

实际上，以两河交汇之后形成阿拉伯河的速度，算得紧一些，2000 年前，乌尔（海拔 6 米）和乌鲁克（海拔 9 米）已经是大海。算得宽松些，5000 年前，两河文明最古老、最核心、最关键的遗址乌尔和乌鲁克，断然在海里！

乌尔和乌鲁克是两河文明的基石。这两块基石粉碎了，整个两河文明的煌煌大厦便轰然倒地。

亚述学与"造古学"

所谓亚述学，是研究古代美索不达米亚（但不限于美索不达米亚）的学问。

亚述学的出现，比埃及学晚，主要是 20 世纪的事情，尤其二战以后还获得很大发展。也就是说，把两河文明捧上天的"亚述学"，也就 100 多年。

两河地区本是阿拉伯文明的地盘。忽然有一天西方考古学家来这里搞亚述学，说这地方远古很文明啊……阿拉伯人一脸懵。

西方人也给土耳其人戴假高帽子。你们土耳其西部在古代是古希腊地盘。古希腊多荣耀啊。许多古希腊名人都是你们这儿的人，特洛伊战争也在你们这儿打的，现在还有这么多古希腊遗址在你们这里……

祖先是突厥人的土耳其人可能对自己说，这古希腊干俺们屁事。不过，能造一个大木马，搞一些废墟卖卖旅游门票，也挺不错。后来有了亚述学，西方又给土耳其人戴了一顶"赫梯文明"的金冠，那是人类最古老的铁器文明啊！但西方人又特别注明：赫梯人是雅利安人，没突厥人什么事……

西方人倒是对波斯人给予了最大的恭维。尽管波（斯）希（腊）战争你们是失败了，你们大流士皇帝被咱亚历山大大帝打败，但你们波斯帝国还是很伟大，疆域无比辽阔，东到印度河，西到非洲利比亚（没有强盛的波斯给希腊做陪练，古希腊怎能显得伟大？）。亚述学还给波斯编撰了一个古埃兰王国（前 2700—前 600 年），来跟巴比伦文明演对手戏。再后来，西方人尤其德国人，自认是雅利安人种，而雅利安人起源于西南亚的波斯和印度……本来已吃尽西方苦头、正要实行全盘西化的波斯人，忽然听说西方人要来自己地盘上认祖宗，种族自豪感油然而生。1935 年波斯把自己国家的名字改了，叫"雅利安人的地方"——伊朗。

所谓亚述学，主要是为了把圣经考证为历史。圣经的创世纪故事中，耶和华为了亚当和夏娃的幸福生活，在东方建了一个伊甸园。有四条河从伊甸园流出并滋润园子……其中就有幼发拉底河和底格里斯河。西方考古学家来到奥斯曼帝国统治下的伊拉克地区，认定这里就是东方的伊甸园。这个炎热得像烤箱的地方怎么可能是伊甸乐园呢？

亚述、尼尼微、迦勒底、乌尔和埃兰等，都是圣经里提到过的地名。尼布甲尼撒、居鲁士、大流士、尼姆鲁德等，都是圣经里出现过的人物。这些人名和地名，当然要去寻找其踪迹。最重要的是古巴比伦城，城里有巴别塔，那是必须要找到的。

尤其有一个著名的圣经故事，巴比伦王来到耶路撒冷，灭了犹太国，将犹太国王和大批犹太人掳到了巴比伦，所谓"巴比伦之囚"。

西方考古学家，1840 年到了伊拉克北部的摩苏尔，寻找古亚述。在那里，法国人博塔和英国人莱亚德大出了风头。然后在 1899 年，德国人罗伯特·科尔德威（R.J. Koldewey，1855—1925）来到伊拉克中部，发掘古巴比伦城。南方的乌尔和乌鲁克遗址，是 1920 年才开始发掘。

江晓美先生认为，整个亚述学的考古活动是得到了罗斯柴尔德和共济会银团的资助。罗斯柴尔德家族作为犹太人，后来也是犹太复国主义建立以色列国的重要推手，大力资助《旧约》圣经考古活动。尤其亚述学建构的"新巴比伦王国"，也叫"迦勒底王国"，是一个闪米特人的王朝。[1]进而推出，两河地区曾经是一个古犹太国。

"亚述学的内容从本质上否定了中东古代前阿拉伯游牧文明的历史贡献和客观存在，把中东游牧民族的古代文明解释为'闪米特人'缔造的文明。"[2]

30 多年前在法国买过一本法文版的《圣经》，粗粗浏览过。这几天写到这里，又找出来翻阅。惊奇发现，美索不达米亚竟然是一个圣经词汇。还发现，乌尔也是一个圣经的地名——"迦勒底的乌尔"！

希伯来人的祖先亚伯拉罕，就是出生在"迦勒底的乌尔"。

现在我们终于可以明白，最晚成形的亚述学要把两河文明推为人类最古老文明，把乌尔推为"人类最古老的城市"，实际上是把希伯来人的文明捧为人类最古老的文明。

对乌尔展开发掘的是 1922 年。英国人查尔斯·莱纳德·伍莱（Charles

---

[1] 闪米特人常常意指犹太人。西语"反闪米特主义"（anti-Semitism）就是反犹太主义。

[2] 江晓美：《给口渴的人一杯水：古巴比伦财经故事》，中国科学技术出版社，2011 年，第 21 页。

Leonard Woolley），带领一支大英博物馆和美国宾夕法尼亚大学联合考古队来到乌尔，一直工作到 1934 年。

1922 年什么日子？这一年宣告了奥斯曼帝国的解体。1918 年，英、法、意军队占领战败的奥斯曼帝国首都君士坦丁堡。1922 年，这个横跨欧亚非的"西亚病夫"老大帝国，轰然崩溃，分裂成 30 多个国家。伊拉克变成英国的托管地。所以，伍莱来到伊拉克，可以甩开膀子大干，放开手脚造假。

我们已经知道，乌尔在 5000 年前绝对是在海底，所以伍莱这里所"发掘"出来的古迹和古物，当然都是伪造的。

我们来看看西方考古学家胆大包天的肆意"造古"。

乌尔原先可能有个土堆，经过一番新修，建成了一个祭祀月神南纳的塔庙（ziggurat）（图 278）。塔庙外面包了一圈泥砖墙，大部分都是上世纪六七十年代新砌，长 64、宽 45、高 20 多米。近看很雄伟，远看很荒凉。

据称这个塔庙是前 2000 多年乌尔国王乌尔纳姆所建。就是这个国王颁布了人类最早的法典——乌尔纳姆法典（图 251-右）。当时的乌尔，人口 3 万—4 万，是一个辽阔帝国的首都。

离塔庙不远，有一个泥砖建筑的小庙（图 279），也说是 4000 年前的建筑。最被称道的是，那里有一个 4000 年前全世界最古老的圆拱。在这里，打破一个人类建筑文明的历史纪录太容易了。

真是活见鬼，泥砖圆拱，居然可以在沙漠里屹立 4000 年不倒！泥砖能抗得住 4000 年的风沙酷日而不风化？

不远处，有一片乌尔纳姆的国王陵墓区，发现了 16 座王家墓葬。

乌尔的南纳月神塔庙　前 2000 年　　塔庙的沙漠环境

图 278

塔庙旁的小庙遗址　　　　　　　　4000 年前的世界最古老圆拱

图 279

　　伍莱简直是施里曼再世。他在这块不毛之地，挖出了可以与特洛伊和迈锡尼媲美的黄金制品，王后的宝石首饰（天青石，肉红玉髓等）（图 280）。这些首饰展览在美国宾州费城大学博物馆，马未都先生说："那些珠子不要说5000 年，有 5 年还差不多，都是新的！"伍莱不仅挖到王后的珠宝，还挖到了"王后的里拉琴"。一共挖出了三架里拉琴和一架竖琴。这些琴被认为制作于前 2500 年。4500 年前的乐器啊！其中，一架里拉琴的牛头琴头是黄金做的，纯金疙瘩，被称为"金里拉琴"（图 281- 上）！另两架琴的牛头是包裹黄金箔片（图 281- 中）……

　　伍德真是一个十足的戏精。他声称在一具女尸骸骨旁发现一架竖琴，她的手放在琴弦的位置……呜呼！王后是抱着她心爱的琴溘然长逝，在冥间也抚琴。伍莱发现木制琴架已腐朽成窟窿，立即浇灌石膏，成功获得竖琴的模样（图 281- 下）。是不是有些太戏剧性了？这个套路令人想起庞贝被火山灰掩埋的人体形成窟窿，然后浇模……

　　施里曼挖到阿伽门农金面具，伍莱表示不服。伍莱也挖出一个乌尔国王的金头盔（图 282- 上）。其制作之精良，明显是现代伪造。施里曼没挖到黄金短剑和剑鞘，伍莱也很骄傲地挖到一副（中）。

　　头盔和短剑寻常了。来，给大家看一件充满艺术想象力的——"山羊吃树叶"（下）：山羊站立着趴在一棵灌木上，羊和灌木是用金和铜片包饰的木架，镶有青金石。据伍莱说，这只羊是亚布拉罕代替儿子向上帝献祭的小羊……这些"古物"假得令人绝倒。

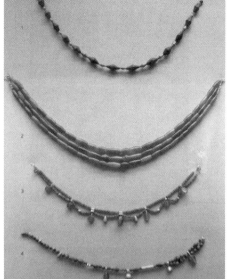
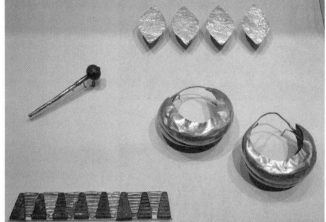

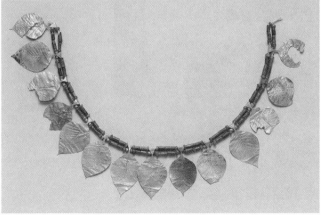

图280 乌尔出土的宝石首饰、黄金耳坠、黄金叶片 前2600—前2400年

纯金牛头里拉琴

金箔包牛头里拉琴

伍莱捧出石膏浇模的竖琴

图 281

乌尔王的金头盔　前 2500 年

黄金剑鞘和短剑

山羊吃树叶

图 282

银里拉琴头 泥塑小女性雕像 前 6500—前 3750 年

图 283

除了金器，乌尔还有银器和铜器。银做的牛琴头（图 283- 左），铜合金做的斧子。古代巴比伦，金银铜都不缺。

还有小泥人像（图 283- 右），据称是前 6500—前 3750 年的"乌贝伊德（Ubaid）"时期。这些小泥人像与古希腊的小泥人像和小泥动物像没什么两样，但要古老得多。伍莱轻轻松松就把历史的指针拨到 8000 多年前。

伍莱还物不惊人死不休。他挖出一个木箱子，说是靠在一根旗杆似的木杆上，于是将其命名为"乌尔的军旗"（图 284），据称是前 2600—前 2400 年的物品。这个木盒子保存良好。据说木板是沥青做底，上面镶嵌了由红宝石、青金石、贝壳等组成马赛克的画面。木板一面是表现战争（上），其中有战车（乌尔人最早发明了车轮）。另一面是表现和平（下），是一个筵宴的场面，右边有乐师演奏里拉琴……

伍莱极富文学才情，口吐莲花描绘乌尔："4000 公顷的谷物田，环绕着这座广袤无垠的城市，来自波斯湾的商人源源不断地驶到这里，带来货物，再将这里的食品出口到阿拉伯半岛。"……

"迦勒底的乌尔"存在于圣经里，信众可以信仰，完全没问题。但这个乌尔不存在于历史。圣经神学终究不可以当作历史。

伍莱的乌尔，给我们提供了一个西方"造古学"的典范。

图 284　木制"乌尔的军旗"，贝壳和宝石镶嵌画　前 2600—前 2400 年

乌鲁克在乌尔西北 80 千米，海拔 9 米，5000 年前也是海水淹没区。所以，这里的"考古发现"也是造古。

乌鲁克也是源自圣经的一个名词"埃雷克"（Erech）。还有说，今天伊拉克这个名字，就是源自乌鲁克。

来乌鲁克考古的是德国人，背后是"德国东方学会"（GOS）出资。德国人尤里乌斯·约尔丹（J. Jordan）在 1912—1913 年，开始了第一场考古发掘。

1928 年，德国考古队重返乌鲁克，一直干到 1939 年。二战以后，1953—1967 年间，又有德国考古队前来，断断续续一直延续到 1989 年，共有过 39 次考古发掘。

乌鲁克就是一个土丘   人类历史最早的文字发现地

图 285

      由于乌鲁克没有一个像乌尔那样的新修塔庙，卫星图上找不到参照物。只可看到一片圆形区域。在圆形里面有土丘，海拔最高 26 米。

      事实上乌鲁克就是一个土丘（图 285- 左），自然的土丘。旁边还有两个小土丘。主要的土丘被认为是伊南娜（伊什塔尔）塔庙。

      正是在这个土丘的坡地上，据称发现了人类最古老的楔形文字的泥板（图 285- 右）！现在专门插了一块告示牌。我们会纳闷，这下面是一个什么土坑，能让数千块泥板，保存了 5000 年而不酥化变成泥？

      土丘下面是伊阿纳（Eanna）神庙区，有供奉天神"安努"的白庙。乌鲁克最可观的建筑遗址，是乌鲁克伟大的国王吉尔伽美什所建的最早城市的墙基（图 286- 左）。

      西方考古（造古）有一个最惯常做法：不管什么古代遗址，都修建一片墙基。埃庇达鲁斯、迈锡尼、奥林匹亚、克诺索斯……到处都是。这些墙基一般都很新，很整齐。没关系，都可以命名是几千年前的古迹。乌鲁克这个墙基也很新，被标为 4500 年之前的遗址。

      乌鲁克还有一个在沙漠上突兀冒出来的加瑞思（Gareus）神庙（图 286-右），说是希腊化塞琉古时期（前 312—前 64 年）的建筑。这样的泥砖建筑，在沙漠上屹立 2000 年，泥砖还如此棱角分明……也是让人醉了。

      据称，乌鲁克城建于 5500 年前，与乌尔一样也属于世界最早的城市。在

乌鲁克最早的城市石头墙基　前2500年　　2000多年历史的加瑞思泥砖神庙

图286

陶钉马赛克墙，柏林帕加马博物馆　　　　烧砖浮雕像，柏林帕加马博物馆

图287

前2900年鼎盛期，居民多达5万到8万，是当时全世界最大的城市！

令人震惊的是，早在5000年前，乌鲁克人就已经发明了啤酒（图256-左），酿啤酒，意味着有种植小麦和大麦。在中国"小麦西来说"是定论，都说小麦起源于两河流域，中国小麦是从两河引入。但人们恐怕不会想到，两河流域是这么一片炎热、干旱、盐碱的沙漠……

最梦幻的，都说两河是泥板泥砖的文明，但乌鲁克的伊阿纳神庙竟然在前3500年（"乌鲁克五期"），出现了烧陶做成的圆锥钉！红白黑三种颜色，插到墙体镶嵌成几何图案，成为马赛克墙面（图287-左）。

一个致命的问题是，如果能烧陶，何必泥板？何必泥砖？

　　　　　　　　　　　　　　　　　言不必称希腊——以图证史（上）

苏美尔的蒙娜丽莎，大理石面具
前3100年

苏美尔列王表

图288

到了前1400年，乌鲁克理直气壮地出现了烧砖，还用烧砖制作成浮雕（图287-右）。又有一个问题：既然发明了烧砖，为什么还继续用泥砖？（其实，烧制砖头在人类文明发展史上也非易事）

德国考古学家还挖出了一个绝世珍品——一件大理石的女子面具，被称为是"苏美尔的蒙娜丽莎"（图288-上）！前3100年啊……

当然，乌鲁克最值得骄傲的，是这里出现了最早的泥板楔形文字，是整个两河文明区楔形文字的起源地。

前面已介绍了一些，这里再来看一件泥块，上面刻的是苏美尔列王表（图288-下）。读者可以搜索百度"苏美尔列王表"，上下几十朝，纵横十几国。那个详尽，那个仔细，有名有姓，时间精确，包括乌鲁克第一、第二、第三王朝……

泥板文字还记录了丰富的巴比伦神话，五六十个各色神祇，可以坐满一个万神殿。西方考古历史学家的想象力和编故事能力，你只能五体投地。

但，所有5000年前乌鲁克的故事，都是海底的故事。

再来看新巴比伦王国的都城——巴比伦城。

古代世界七大奇迹我们一直耳熟能详，其中之一就是巴比伦的空中花园。以前一直有个错觉，以为古巴比伦城就在今天的

图 289 2500 年前巴比伦城在湖沼泽国

巴格达。

后来才知道，古巴比伦城是在巴格达南边 90 千米的巴比伦省会城市希拉，离巴格达远着哪（图 289）。遗址在希拉市郊，紧贴着幼发拉底河。

前面已经说过，巴格达建成于 763 年。阿拔斯王朝的第一个首都是库法——在今天的纳杰夫城（地图左下）。唐朝战俘杜环曾去过库法（亚俱罗）。

纳杰夫拥有穆罕穆德女婿阿里的陵墓。北边的卡尔巴拉，有阿里两个儿子的陵墓。这两座城是伊斯兰什叶派的圣城。

从卫星图上可以看出，纳杰夫和卡尔巴拉都处于沙漠的边缘，地势比较高，往下就是两河低地平原。很显然，这两座城市早先是濒临波斯湾。[①]

正当波斯湾或"低洼地里"的巴格达还没有成形的时候，纳杰夫和卡尔巴拉两座城市早已存在，书写着阿拉伯文明的历史。

前面已经推算，2000 年前，巴格达可能是湖沼泽国或新形成的冲积平地。

---

① 阿拉伯史学家马苏第所著《黄金草原》提到纳杰夫离海不远："印度洋（应指波斯湾）在这一时代一直到达了今天叫作纳杰夫的遗址。来自中国和印度的那些前往希腊地区的船只就到达那里。"青海人民出版社，1999 年，130 页。

言不必称希腊——以图证史（上）

在巴格达南边的希拉，更可能是湖沼泽国低洼地。

圣经里记载的迦勒底王国，也称"新巴比伦王国"，有一位很厉害的尼布甲尼撒国王，就是搞"巴比伦之囚"的那位。西方故事学已把这位国王历史化：约前600年，新巴比伦王国尼布甲尼撒二世（怎么都是二世？亚述巴尼拔二世，萨尔贡二世，埃及法老拉美西斯二世等），前606—前562年在位。就是在这期间，这位君王在今天的希拉市，大规模重建巴比伦城，城池宏伟，城墙坚固。

为了慰藉妃子思乡之情，他在城内专门修建了一座带空中花园的宫殿，其上花木成荫，流水潺潺。他还修建了一座金字形高塔，就是圣经中提到过的巴别塔（通天塔）……据称当时的巴比伦，学校众多，文化科学昌盛，妇女男人平权，手工业发达……

1899年，德国人科尔德威（R. J. Koldewey）率领一支考古队来到希拉，发掘巴比伦古城，一直干到1917年，勤勤恳恳干了18年，成果巨大。之后，还有多支德国考古队继续工作到20世纪50—60年代。

首先科尔德威挖到了古巴比伦城的伊什塔尔城门，还有游行大街的街墙（图290）。伊什塔尔女神在巴比伦神话里既是爱神又是战神（类似古希腊的雅典娜）。这个城门是巴比伦城8座城门当中最主要的城门。

城门墙是用琉璃釉面砖砌成，主调是深蓝色，庄严崇伟。1930年，德国人非常仔细地挖出了城门的砖块，进行去盐化处理，运回柏林，在帕加马博物馆复原，成为该博物馆的镇馆之宝之一。

复原的伊什塔尔城门　前575年

伊什塔尔城门和游行大街（示意图）

图290

源远流长的西方历史、考古和文物造假

伊什塔尔城门墙上的野牛和龙兽　　　　　　游行大街墙的彩釉浮雕狮子

图 291

伊什塔尔城门现场发掘照片　　今天的巴比伦古城遗址

图 292

　　伊什塔尔城门，还有游行大街的两侧墙上，装饰有琉璃釉彩砖浮雕的野牛、龙兽、狮子等形象（图 291），风头直追中国故宫的琉璃九龙壁。

　　其实，这个伊什塔尔城门是一个彻底的假货。别看德国人一本正经的样子，造起假来一点也不含糊。

　　为了证明这个门是真的，德国人也不忘记拍摄发掘现场的照片（图 292- 左）。是黑白照片，但依然看得出城门建筑很新，墙角很整齐。这张照片正可以用来警示：不能迷信西方的考古照片。

　　至于今天的古巴比伦遗址，完全是新建的（图 292- 右）。一部分建成宫殿城墙，另一大片是整整齐齐的墙基。实在太假了，惨不忍睹。

别的苏美尔城市，如基什、尼普尔、拉加什等就不说了。总之，整个两河文明，尤其近来对苏美尔的强调，都是为了证实《圣经·旧约》是历史。

1956 年，犹太学者克拉默尔（S. N. Kramer）出版《历史从苏美尔开始》，大大拔高了苏美尔文明。他认为苏美尔人在世界历史上首创了"27 个第一"：最早的学校，最早的献媚事例，最早的少年犯罪事例，最早的神经战，最早的两院制议会，最早的史学家，最早的减税事件，最早的摩西法典，最早的判例，最早的药典，最早的农历，最早的遮荫树栽植实验，最早的宇宙演化论和宇宙论，最早的伦理标准，最早的"约伯"，最早的格言和谚语，最早的动物寓言，最早的文学论争，最早的类似《圣经》中的事件，最早的"挪亚"，最早的复活故事，最早的"圣乔治"，最早的文学移植，人类最早的英雄时代，最早的情歌，最早的图书馆目录，人类最早的黄金时代……

如此把苏美尔文明捧为人类最古老的文明，人类历史是从苏美尔开始，真是肆无忌惮。

赫梯"铁器文明"子虚乌有

一般国人对赫梯文明（Hittite）可能都不太了解，甚至没怎么听说。倒也是，相比古希腊、古埃及等文明，西方只是在 20 世纪 20 年代才推出赫梯文明，迄今不过 100 年，时间很短。但这个文明对西方伪史支撑极大，对中华文明史伤害极大，因为赫梯文明窃取了中华文明第五项伟大发明——钢铁冶炼术。赫梯人是人类最早使用铁器的民族，是中西学术界长期定论。

随举网文："赫梯是西亚地区乃至全球最早发明冶铁术和使用铁器的国家，也是世界最早进入铁器时代的民族。考古发现的证据显示铁器的生产至少可以追溯到前 20 世纪。在冶铁方面颇具名气，赫梯王把铁视为专利，不许外传，以至铁贵如黄金，其价格竟是黄铜的 60 倍。赫梯的铁兵器曾使埃及等国为之胆寒……"赫梯人发明铁，已成老生常谈。

赫梯文明主要在今天的土耳其。据称，赫梯文明是在前 2000—前 800 年间，神秘地兴起又神秘地消亡。鼎盛期是前 16—前 12 世纪，略相当于中国的商朝。鼎盛时期的赫梯文明，曾是一个帝国——"赫梯帝国"，往东南灭亡古巴比伦王国，南下占领叙利亚，与埃及帝国直接接壤（图 293）。前 1100 年左右,赫梯帝国被神秘的地中海"海上民族"所摧毁。前800年,赫梯残余小国被亚述帝国彻底灭亡。

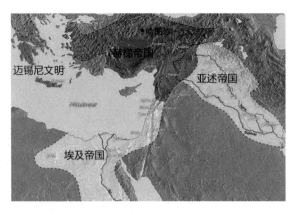

图 293　赫梯帝国　前 16—前 12 世纪

那么,这个已经灭亡了近3000年的赫梯文明,是怎么被重新发现的呢?

发现的证据竟然是一些泥巴块块——泥板楔形文字。正是这些泥板文字声称赫梯人发明了铁,并使用铁器。

西方的语言学家们,靠破解那些泥板楔形文字,把赫梯文明吹得光华四射,竟然形成了一门"赫梯学"(Hittitology)。赫梯文明,直接把两河文明和埃及文明连接在一起,中介作用很大。

发现赫梯文明,其过程堪称神异。首先是西方《圣经·旧约》里多次提及一个叫"赫特"(Heth)的族群。以扫在40岁时娶了两个赫特人,中文译作"赫人"。1880年英国人赛斯(A. H. Sayce)认定古代有一个赫梯人(Hittites)王国。接着,1887年埃及发现泥板"阿马尔纳信件",除了国际通用的外交语言阿卡德文,还另有一种奇怪的文字……

1893年,法国人尚特勒(E. Chantre)来到土耳其首都安卡拉以东约200千米的博阿兹柯伊(Bogazkale)小村(图294),在村旁挖了几镐子,据说挖到了一些泥板。但赫梯文明的真正发现者,是德国人。

1906年,请记住这一年,1906年,德国柏林大学东方语言学教授雨果·温克勒(H.Winckler)带考古队,在博阿兹柯伊小村,挖出了大量楔形文字泥板,总共多达3万多块。

而这些泥板上的楔形文字,神异地,刚好与埃及"阿马尔纳信件"上那些另类的"奇怪文字"对应上了。土耳其发现的泥巴块上的楔形符号,竟然与几千千米之外埃及发现的泥板块块符号,原是同一种文字!

早在1857年,伦敦的皇家亚洲协会举行关于解读楔形文字的研讨会,正式宣告楔形文字被彻底破解。这一年被称为"楔形文字解读年"。

图294　赫梯帝国首都哈图沙，是一片光秃秃的丘陵山地

　　但这毕竟是一种另类的奇怪文字，还是要费点功夫破译。

　　1915 年，捷克人赫洛兹尼（B. Hroziny）成功破译了这种文字。根据破译出来的发音，喝梯…哈特…赫特……七读读，八认认，这不就是《圣经》里提到过的"赫特"人吗？竟然是传说中已消亡近 3000 年的赫梯文字！这个名叫博阿兹柯伊的小村庄，就是伟大的赫梯帝国的首都哈图沙。温克勒挖到的楔形文字泥板宝藏，就是赫梯帝国的"皇家档案"！（要跟伊拉克尼尼微的泥板图书馆拼了）

　　由此，赫梯帝国的辉煌历史终于揭开。

　　温克勒从 1906 年，一直干到 1912 年。他被认为是赫梯文明最关键的发现者。后来有不少肉麻的赞美献给了他，这里就不转译了。

　　事实上，所谓的"赫梯文明"纯粹是德国人搞出来的。温克勒是受德国东方学会（GOS：German Oriental Society）派遣到土耳其发掘的。具体考古工作则由德国考古研究院（GAI：German Archaeological Institute）所主导。第一次发掘从 1906 年搞到 1912 年，持续 6 年。1931 年重新开始第二次发掘，干到二战爆发的 1939 年。战后 1952 年又继续干，断断续续一直到今天。德国人在那里搞了所谓"一个世纪的德国发掘"。

但德国人在哈图沙除了最初挖到泥板之外，后来没有再挖出多少东西。大量精力都是在"修复"遗址墙基。挖不到东西，就在地上铺石块地基，是西方考古学惯用的伎俩。不得不佩服，德国人铺哈图沙石块地基的活儿，还是做得极有德意志精神，认真细致，一丝不苟（图295）。看上去非常整齐，赏心悦目。铺好地基，然后便可以任意指认，这里是大庙，那里是仓库……

德国人考古一个世纪，成果辉煌。他们从泥巴块块中考证出，赫梯人讲的是印欧语，是高贵的印欧雅利安民族。楔形文字虽然是从两河地区传入，但赫梯文字自成体系，与阿卡德等其他楔形文字不相同。相同的是，赫梯文明法律制度也高度发达，有"赫梯法典"。神话谱系也很发达，各色神祇琳琅满目，太阳神、月神、海神、战神等一应俱全，堪比一个微型希腊神话体系。

令人惊叹的，赫梯帝国历史与古埃及历史一样，也分为旧王国、中王国和新王国。国王有名有姓，在位时间，征伐战功，清清楚楚。查看百度"赫梯文明"词条，有一个长长的国王名字列表。"皮塔纳""阿尼塔"等，有祖宗28代国王的名字。古埃及有艳后，赫梯文明也不能没有，普杜希巴皇后……

图295 遗址地面的石块墙基

赫梯帝国，强大无比，据称已经使用战车（chariots），与同样强大的埃及帝国交战不休。

1906年，温克勒发现了一块前1258年的泥板，据称是赫梯国王与埃及著名法老拉美西斯二世签订了一个停战和平协议，人称"卡迭什和约"。从前1274年开始，两个帝国在交界处——叙利亚的卡迭什打了15年。赫梯方动员了47000名士兵，7000匹马。双方损失惨重，都没捞到便宜，只好在前1258年议和。

这份合约一式两份：一份是泥板赫梯文本（图296-左），另一份是埃及象形文字，刻在埃及卡尔纳克神庙，阿蒙瑞区域的石墙上（图296-右）。

土耳其挖出的一块鬼画符泥板文字（2015年我曾在伊斯坦布尔土耳其国家博物馆见过），竟然与几千千米之外的埃及神庙上的石刻文字对撞，竟然是同一个文本！还有比这个故事更离奇的吗？

卡迭什和约赫梯文泥板　约前1258年　　卡迭什和约埃及象形文字石刻　约前1258年

图296

何止是离奇，简直是宗教神迹灵异事件。

动用一下常识：这是一块标准的、没有烧制过的普通泥巴。在年降雨量500—800毫升的土耳其的地底下，它能够抵抗潮气，历3200多年而不酥化为泥。就好比，有一块饼干，埋在一个有正常降雨量的土地底下，能3200多年不受潮，到今天还香喷喷嘎巴脆。这可能吗？

这样一个不靠谱的东西，竟然被西方认可为人类历史上"第一份国际和平协议"，还制作了一个拷贝复制品，放在纽约联合国大厦里。

1986年，在哈图沙遗址挖出了一块前1235年的楔形文字铜板，据称是唯一的楔形文字铜板（图297），铜板在潮湿的地底下埋了3000多年，毫无腐蚀，灿然如新。现藏于土耳其安纳托利亚文明博物馆。

逻辑悖论就可以判定这是一件赝品：既然有坚固铜板可以用，为什么"卡迭什和约"这样重要的国家之间协议却是用泥板？还有其他许多重要文件

图297　楔形文字铜
前1235年

都是用泥板。如果铜板是真的，那泥板就是假的。反之，泥板是真的，铜板就是假的。以子之矛，攻子之盾，弄巧成拙啊。

不管怎么说，1987年，哈图沙被联合国教科文组织列为世界遗产。

西方考古学，借助语言学（西方伪史另一法宝），破解赫梯楔形文字，为西方历史提供了一个赫梯铁器文明，补上了西方"古代史"一个关键漏洞：没有钢铁凿子，怎么可能有"古希腊建筑"和"古希腊雕刻"？

但赫梯铁器文明的煌煌历史是基于泥巴块，建立在土耳其泥板与埃及石刻神奇对撞之类毫无真实性的奇幻故事之上。

1. 上帝打了两个喷嚏，西方就有了铁

哈图沙那地方原本叫"哈梯"（Hatti），是原住民哈梯人（Hattians）的地盘。后来前1400年，从外地迁徙来一支"赫梯"人。哈梯与赫梯，两相有别。学术地说起来，是哈梯人最早发明了铁，赫梯人只是继承者。但不知什么原因，一般都把发明铁器的专利判给了赫梯人。哦对，可能是因为赫梯人是高贵的印欧人种。

1836年，丹麦考古学家克里斯蒂安·于恩森·汤姆森（C. J. Thomsen），将人类古代文明发展分为石器、青铜器和铁器三个时代。西方定义的青铜器时代是前3400—前1200年。前1200年以后是铁器时代。

西方历史学认为土耳其原住民哈梯人有一个青铜器时代，在青铜器时代衰落期发明了铁。哈梯人代表青铜器时代的衰落，赫梯人代表铁器时代的新兴，两个时代相重合。

话说原始之初，西方上帝七天创造世界。第八天，上帝略感风寒，打了两个喷嚏：哈梯！……赫梯！……于是就创造了铁。

发明铁器的哈梯人遗址不是哈图沙，而是在哈图沙东北几十千米的阿拉贾山丘（Alacahoyuk，也译作"阿拉贾许于克"）（图298），据称是哈梯人的旧都。这个遗址与哈图沙一样，也是靠铺石头墙基来表示。铺得也非常精确齐整，井井有条（图299）。那些垒石块的墙基，明显可以看出是新铺的。

这个遗址实际上是土耳其人自己搞的。最初是1907年，一位奥斯曼帝国的考古学家马克里蒂·贝（T.Makridi Bey）到这里待了两星期。1910年，德国考古队也来了一下，说是发现了前2000多年的赫梯王家墓葬，便没有了下文。

图 298 阿拉贾山丘遗址，哈梯人的首都

石头墙基
铺得很精确齐整

石头墙
明显是新垒的

图 299

言不必称希腊——以图证史（上）

1935 年，在土耳其国父"阿塔图克"凯末尔的亲自关怀下，阿拉贾山丘才开始全面系统地发掘。两位土耳其考古学家领导的考古队，在那里发现了 13 座哈梯国王的"皇家墓葬"（图 300）。这个考古发掘坑，看上去就很假。

土耳其考古队在阿拉贾山丘一直干到 1983 年，差不多 50 年。最近又重新开始。土耳其人在哈梯人的"皇家墓葬"里，"发掘"出了许多国王的陪葬品，诸如金属器皿、兵器、动物骨头制品等。其中最重要、最辉煌的，是一把前 2500 年的铜柄铁刃匕首（图 301）。据称这是人类第一件人工冶炼铁制品！

图 300　阿拉贾山丘，哈梯人皇家墓葬　前 2500 年

图 301　赫梯铁器文明的孤证——铜柄铁刃匕首　前 2500 年

无论对于哈梯还是赫梯文明，这是证明其"铁器文明"的唯一实证。除此之外，基本没有别的铁器实物来互相证明。这是一个真正的孤证。

奇怪的是，打开"阿拉贾山丘"或"赫梯文明"的英语百科介绍，都没有这把匕首的照片。人们只是听闻哈梯墓葬有这把匕首，并写进教科书，但很难看到这把匕首的真容。我也是费了一番功夫才找到这张匕首的照片。

根据现有的资料可以判定，这把匕首是 1935 年以后，由土耳其考古学家发现的。就算是 1935 年当年就发现，迄今不过 85 年。也就是说，哈梯－赫梯人发明铁这个在中国已经雷打不动的结论，这个沉重压在中国学人心头的结论出炉，仅仅只有 85 年。

看看这把匕首的照片，人们可以问一句：这像是一件 4500 年之前的器物吗？

其实，对这把匕首的描述近年有了改变。匕首的"铁刃"已不再被认为是人工冶炼铁。西方资料普遍改称其是陨铁。

更要命的是，近年西方学界对赫梯人发明铁，也开始改口。英文版维基百科"Hittites"词条称："曾经一度人们把冶铁的发明归于青铜器时代晚期的安纳托利亚的赫梯人。"（The development of iron smelting was once attributed to the Hittites of Anatolia during the Late Bronze Age）但这种"赫梯垄断"（Hittite monopoly）铁器的看法，"已不再代表学术共识"（no longer represents a scholarly consensus）。

最关键一句是："赫梯人并不使用冶炼铁，而是陨铁"！（Hittites did not use smelted iron, but rather meteorites）

这句话混在词条解释里波澜不惊，其实是于无声处响惊雷，雷霆万钧。"冶炼铁"是指人类发明了铁。而陨铁，只是人类使用太空制造的铁，两者相差十万八千里！

这意味着：哈梯人的匕首铁刃如今变成了陨铁，"铁器文明"赫梯人发明的铁，也成了陨铁。

西方学界实际上已经否定了赫梯（哈梯）人发明了铁！

法文版维基百科也说："长期以来，考古学家们都曾认为最早使用铁器的是前 1400 年的赫梯人。现在人们则认为冶铁技术诞生于叙利亚北部……那里可以提供铁矿和森林（生产铁必需有木炭）。赫梯人似乎是最早大量用铁于兵器。"

可见，今天西方学界不再把冶铁术的发明归于赫梯人，开始弱化"赫梯垄断"，将发明权分散到埃及和两河流域，甚至将冶铁发明地移到了叙利亚北部……

但2017年，中国社会科学院考古研究所权威性的《中国考古》网刊，发表一篇"中国冶铁技术起源的发现与研究综述"说："前2500年左右的赫梯人墓葬中出土的铜柄铁刃匕首，经检测为人工冶炼制品，说明安纳托里亚高原居民最早掌握人工制铁术。"该文依然称这把匕首是"人工冶炼制品"，根本没有发现西方学界已经变调，改称是陨铁。

2. 赫梯文明遗址是现代伪造

赫梯帝国都城哈图沙，始建于前1800年。据称那地方前5000年就有人居住。

以前看书，说赫梯人发明了铁。想象中，赫梯文明遗址应该是一个大型山寨残遗。后来打开卫星图一看，哈图沙遗址是一片空荡荡的荒野。遗址北有一截"古城墙"，再是一条公路往南，在山野里画了一个圈，圈里空荡荡，啥也没有，只是在平地上堆了三座"城门"（图302）。

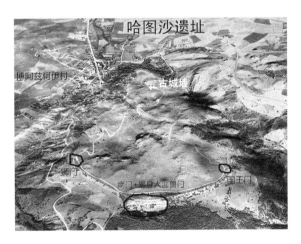

图302 哈图沙遗址，只是光秃秃的平地上堆了三座城门

这三个城门：狮门、狮身人面兽门和国王门，位于圈圈的东南西。圈里面并非城市街区，而是裸露岩石的荒山。

遗址入口有一段"古城墙"，是新"复原"的，但也太简陋了一些，甚至看上去有点像儿童乐园里的充气城堡（图303-左）。墙看上去是泥墙，表示古时赫梯人的城墙是泥筑。

"古城墙"里面，是一片石头墙基（图303-右），明显感觉是新铺砌的。

帝国都城哈图沙的"古城墙"

里面是一片石头墙基

图 303

据称这里是内城，有宫殿和大庙等。遗址里埋了一些大陶罐，表示赫梯人除了铁器，制陶也很有一手。德国人在这里弄的赫梯大陶罐，与英国人伊文思在克里特岛挖到的陶罐同样巨大，大得吓人。以器物的巨大体量来唬人，是西方伪考古学的法宝。

图 304 狮门，遗址标志性景点

哈图沙遗址区最著名的，是狮门（图 304）。这是哈图沙遗址标志性景点。狮门是在空旷的平地上，突兀堆出一个矩形石块堆。门两旁没有任何城墙的残遗，完全是新堆出来的。

两个狮子的石雕，没有钢凿子雕刻不出来。前面已述，赫梯人并没有发明铁。即使依照旧说赫梯人发明了冶炼铁，也很软，根本锻打不出高硬度的钢凿。石狮只能是现代伪造。

南门是狮身人面兽门（图 305- 左）。狮身人面兽的雕刻修修补补，感觉不像是石刻，倒很像泥塑。不管现场是原作还是复制品，都是假货。石门两侧的石头墙，以我当过知青的老农民眼光来看，也是新堆的，时间不超过50 年。

东门是国王门（图 305- 右），一侧是新的石门，有国王浮雕像。另一侧没有，很怪异。既然新雕国王门，理应成个双。显然，这个国王浮雕纯粹是

狮身人面兽门

国王门

图 305

哈图沙南门城防石坡下暗道门

迈锡尼狮门，两个门一模一样

图 306

为了应合"国王门"（大约新想出来的说法）而新造。

这三座城门，都不是从地底下"发掘"出来，而是在一片空旷平地上新堆的三堆石块墙。既然是城门，绕城一圈总要有一些城墙的残遗吧？比如中国秦长城，即使完全坍塌，也还是有一些残遗。总不至于城门保存特别好，其余城墙片石不留，荡然无存。

南门外，有一个城防石坡，全是用新石块堆的。城防石坡下有一条暗道。暗道的石门，用一块巨石压顶，让我想起了迈锡尼狮门（图306）。后面谈埃及金字塔会谈到，西方17世纪就有人造"浇铸石"。这个石门与迈锡尼狮门完全一样，高度疑似浇铸石。套路也一样，都是德国人做的。

图 307　哈梯人都城阿拉贾山丘，狮身人面兽大门

再来看阿拉贾山丘遗址，大门也是一对巨大的狮身人面兽（图 307）。

阿拉贾山丘哈梯遗址，是土耳其的重点考古工程。土耳其人有点把哈梯人当作了自己的祖先，因为哈梯人是本地原住民。但土耳其人的祖先是被唐朝打败的西突厥人，向西"战略转进"来到此地，与西方人虚构的"哈梯人"没有半毛钱关系。

这对狮身人面兽显然也不是从地底下"发掘"出来的，而是地面上的东西。说这东西蹲在那里已经有 4000 多年了，无论如何也不会令人信服。这对石刻雕像显然是新近之作，时间不会太久。

大门两侧，是石块或石板砌成的矮墙，上面有浮雕（图 308）。这些大石块或薄石板，感觉很像"浇铸石"，不是真石头。石板质量较差，浮雕已开始剥落……

土耳其人的哈梯阿拉贾山丘，与德国人的赫梯哈图沙一样，都是现代新建。

钢筋撑起的哈特拉古城

在结束谈两河文明之前，还想提一下伊拉克北部摩苏尔附近沙漠里的一座古罗马时期的古城——哈特拉（Hatra）（图 309- 左）。1985 年被列为伊拉

图308　很像浇铸石，质量较差，浮雕已剥落

伊拉克哈特拉遗址　　　　　　希腊风格小神庙

图309

克的第一个世界文化遗产。

据说这里曾经是一个阿拉伯王国的首都，处于罗马帝国和帕蒂亚帝国之间，是当时的一个宗教和贸易中心。它兴盛于 2 世纪，曾西拒罗马皇帝图拉真的数次进攻，东抗波斯人的萨珊帝国，最终还是在 3 世纪中叶被萨珊人摧毁。其兴也勃，其亡也忽。19 世纪遗址被发现。算下来，也是一个有近 2000 年历史的古迹了。

哈特拉城虽小，却建有各色神庙，有供奉亚述巴比伦和阿拉伯的神祇，也有奉祀希腊赫尔墨斯的希腊神庙（图309- 右）。

其实从一开始看到哈特拉的图片，就觉得这个希腊风格的建筑很假。不

图 310 古城雕像腿里面的钢筋

太可能是一个在沙漠中风吹日晒两千年的建筑。另从全景图来看，这个希腊风格建筑尺码很小，简直是一个迷你小模型。显然，它的存在仅仅是为了标示这里曾经有希腊风格的建筑。

2015 年，极端组织对伊拉克古迹实施了大规模破坏。令人大跌眼镜的是，破坏者抡起铁榔头砸向拱门"古罗马"头像雕塑时，露出来的竟然是一截钢架！再用铁镐去砸两尊站立雕像的腿时，里面也露出了一根根钢筋（图 310 ）。

李智先生写过一篇《毁尸灭迹，令人发指 —— ISIS "文化"清洗背后的"西方伪史"》[①]，认为这些破坏是"为了掩盖伪造的古希腊文明"。尼姆鲁德遗址被炸毁，非常有可能是毁尸灭迹。他还认为两河流域的那些"高大上的建筑"，那些希腊化的柱子，只是"西方臆想的古希腊－西亚－东亚的文明传播路线的地标"，见解深刻。

哈特拉正是这条"古希腊－西亚－东亚"文明传播路线上的地标，是现代伪造。再联想到雅典宙斯神庙是新建，米利都市场大门可以无中生有，终于有些明白：建造希腊建筑风格的神庙和希腊柱子，看上去也相当风化，并非难事。

这样想来，再来看哈特拉以西，叙利亚的帕尔米拉（Palmyra）遗址，以前并不怀疑，一直以为是真的，现在就觉得相当可疑（图 311 ）。尤其那个半圆形剧场，平地里突兀地冒出来，非常完整。周围非常干净，毫无古城遗址残垣断壁的残留。

再往西南，是黎巴嫩的巴勒贝克（Baalbek）古罗马神庙遗址（图 312-左）。1984 年被列为世界文化遗产。这里不展开讲，只怀疑这里的建筑石材。

---

① 网文。

图 311　叙利亚帕尔米拉遗址

黎巴嫩古罗马巴勒贝克酒神庙

重达 1600 多吨的整块石材

图 312

　　巴勒贝克神庙的最大特点是石材巨大，动不动就是几十吨、几百吨，甚至有许多超过 1000 吨的整块石材。在附近"采石场"，有三块长条巨石。其中一块石料被称为"世界最大的建筑石料"：长 21.5 米，高 4.2 米，厚 4.8 米，重约 1600 吨（图 312- 右）。

　　这样沉重的巨大石材，不要说 2000 年前，就是在今天也需要大型起重机才能吊装。凭古代人力，绝不可能解决开采切割运输等问题。

于是我们要问，这真的是自然生成的岩石吗？

后文将介绍法国和美国科学家证实埃及金字塔是人造假石头，并非天然石材。那么，这里的1000多吨重的巨石，高度涉嫌是人造浇铸石。

古希腊神庙的柱子也可以是人造石，正可以解释许多古希腊罗马的建筑，都不符合逻辑地建在人迹罕至的地方……

六、波斯帝国的疑云

谁都知道波斯文明很古老，很辉煌。2015年我去了伊朗，很感慨波斯文明多次遭遇外族入侵统治，依然保留了自己的波斯语，尽管使用的是阿拉伯拼音字母。

当时我尚未对西方历史发生怀疑，所以在德黑兰伊朗国家博物馆，看到展品动不动就是前2000年或前3000年，古陶器体形巨大，只有连连惊叹。对苏萨大流士王宫，波斯波利斯的百柱殿，也是赞叹不已。当然，也有几个瞬间掠过一丝怀疑。

我的伊朗之行是德黑兰—伊斯法罕—苏萨—设拉子—雅兹德—马什哈德—德黑兰，一共15天。

伊朗的两河文明塔庙——乔加赞比尔

伊朗之行的第三站之所以去苏萨，是因为苏萨是波斯帝国的老都城，之后是新都波斯波利斯。尤其我在卢浮宫里曾看到过波斯琉璃彩砖浮雕，就是从苏萨挖出来的，印象深刻，所以一定要去。

我是从伊斯法罕坐一整天的公交大巴，从东往西，横穿伊朗中部高原，摸黑到达离苏萨不远的舒什塔尔。

当日车行，伊朗中部高原有一两个大水库，碧水黄崖，别样秀美。下了高原，终于来到卡伦河流域平原，沿途一片小麦田。看卫星图可以看出，在"三河流域"中，只有卡伦河流域覆盖深绿色的耕地，土地肥沃。

舒什塔尔是卡伦河流域中部的主要城市，市内有一个分流引水的古代水利系统，被列为世界文化遗产。

第二天一早，雇车去苏萨。法语版伊朗"旅行指南"告诉我，去苏萨路上有一个叫乔加赞比尔（Choqa Zanbil）的景点，也是联合国教科文组织收录的世界文化遗产。我对这个遗址一无所知，但还是让司机先去那里拐一下。

去了以后，发现那儿就是一个方形黄土堆，底边 105 米，外面包了一些黄砖墙（图 313）。不被允许进入，只好围着转了两圈。只有高高低低的看上去完全新的黄砖。还有离土堆不远处有一个土坑，说是啥啥，就原路返回。半个多小时或 45 分钟，啥也没看到，很有些懊丧，也有些狐疑。

后来终于知道，没有机会看到伊拉克乌尔的塔庙，竟然在伊朗看到一个两河流域特色的塔庙。而且说，这是世界上保留最好的台阶金字塔形塔庙。呵呵，无意当中还捡了个稀罕。

西方亚述学圣经考古，也包括了卡伦河流域的"埃兰王国"。埃兰、苏萨的名字，圣经里都有提。于是，亚述学考证出了一个在大流士波斯帝国之前的古波斯埃兰王国，也以苏萨为首都。

埃兰文明也是古老得不得了：前 2700—前 600 年。与古埃及一样，也分古埃兰、中埃兰和新埃兰，国王也有名有姓几十个，长长一份列王表。

伊朗乔加赞比尔塔庙　前 1250 年

图 313

塔庙近景

考古学家复原的塔庙

西方考古学家们编历史，苏美尔列王表、乌鲁克列王表、赫梯列王表、埃兰列王表等，编排古代帝王年表何等轻松愉快，哪像中国历史学家要排列夏朝列王年表何等痛苦不堪。

据称埃兰文明与两河流域文明一样，喜欢建塔庙。这个乔加赞比尔就是埃兰王国的宗教中心，建于前1250年。前640年，被亚述王亚述巴尼拔所摧毁。

乔加赞比尔遗址，是1951年才在法国人吉舍曼（R. Ghirshman）主导下开始发掘，干了16年，一直干到1967年。很快，1979年竟然成为伊朗第一个被联合国教科文组织认定的世界遗产。

乔加赞比尔塔庙主体是一个土丘，外边包几圈砖墙。主要用泥砖，但外墙是用烧焙砖。我在现场看到塔庙外墙的砖，完全是新烧焙的砖。

马上一个问题是：既然能够烧焙砖，更坚固，为啥还要用泥砖？当时是用什么燃料烧砖？其实人类能学会烧砖，非常不容易。

塔庙有楔形文字的遗迹。没有机会上塔顶，只好找网上资料：塔顶泥砖拱门的墙上有几块刻有埃兰楔形文字的砖（图314）。看上去不像烧焙砖，很像泥砖。还有一块有字的泥砖，砌于外墙。这些表面暴露的楔形文字砖，能够耐受3250年的风沙吹刮至今字迹可辨，就有些骗小朋友了。

终于弄清楚乔加赞比尔：其实啥也不是。远看一堆土，近看还是土一堆。

塔顶小拱门墙上的泥砖楔形文字

外墙上的泥砖楔形文字

图314

苏萨的法国城堡与汉谟拉比法典

到达苏萨遗址大门，抬头看到一个高大的城堡，人称法国城堡（图315）。当时就觉得很奇怪，在这里为什么要建一个法国城堡？

1884年，法国人马赛尔·迪欧拉福瓦（M. Dieulafoy）夫妇，初步发掘了苏萨，开始了法国人在伊朗的垄断性考古。

1897年，法国考古学家雅克·德·毛尔甘（J. de Morgan）带领一个考古队，开始对苏萨进行大规模的发掘。此人是矿物学校毕业，善于找金矿，后去埃及考古，最后来苏萨。这个城堡就是毛尔甘修建的，据说是为了防止强盗。恐怕还有别的原因吧？比如便于造假？

苏萨古城一般都称有5000年历史，也有称8000年历史。最先有埃兰文明，接着是波斯帝国（前553—前330），也叫阿契美尼德王朝。波斯帝国持续时间不长，只有200多年，但帝王名声很大。如居鲁士大帝、大流士大帝等等，如雷贯耳。

苏萨的埃兰文明可以与圣经考古对接，波斯帝国又与古希腊历史对接。所以这个地方非常重要。

西方考古对阿拉伯文明一直是暗贬，但对波斯和印度，却是真心拔高。这个埃兰文明与巴比伦文明几乎是一样悠久，波斯帝国也与古希腊一样辉煌。

在大流士一世（前550—前486年）鼎盛时期，波斯帝国疆域超级辽阔。东抵巴基斯坦，西北侵入欧洲与希腊人作战，西南占领了埃及和利比亚，成

图315 苏萨遗址的法
国城堡

为一个横跨欧亚非的超级大帝国（图316）。这个大流士一世，就是被希腊人在马拉松打败的波斯大帝。他在苏萨和波斯波利斯两个首都建造了大宫殿。

　　遗址是在一个山坡顶上，那里是大流士一世的王宫（图317-左上）。王宫规模宏大，246×155米，72根巨柱，高23.25米。中央觐见大殿36根（6×6）方柱础柱子，三边侧殿是36根圆柱础柱子（左下）。圆柱直径约2米，几乎跟中国人民大会堂的柱子（高25米，直径2米）一样高大。人民大会堂

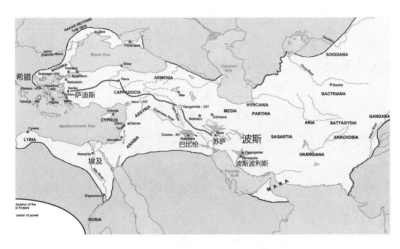

图316　波斯帝国横跨欧亚非（粗线是所谓"王家大道"）

大流士王宫复原图

中央觐见大殿的方形柱础

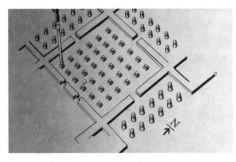

中央大殿36个方柱，三边侧殿36个圆柱

图317

言不必称希腊——以图证史（上）

的长宽也就是 336×206 米，所以这个王官的规模在今天看也是巨大。

整个遗址看过去，主要是修筑整齐的墙基和散落的柱础。中央觐见大殿的方形柱础，残留较多（图 317- 右）。

当时最令我赞叹的，是巨大的圆柱础：底部直径 2.3 米，上部直径超过 2 米（图 318- 左）。直径 2 米的圆是什么概念？大到超过咱们吃饭的圆桌（吃饭圆桌一般直径 1.8 米）。太令人震撼了！

圆柱上端是双公牛头柱头，有一原件收藏在卢浮宫（图 318- 右）。

遗址有这位大帝留下的铭文，声称动用了整个帝国的人力和物力来建王官：雪松来自黎巴嫩，乌木来自埃及……真不明白当时是靠什么运输工具，把这么沉重的材料运到苏萨。

现在平心想来，这样直径超过 2 米、高 23 米的巨型圆柱撑起的超大型宫殿，2500 年前的物质技术水平是不可能建起来的。

遗址现场很平整，72 根巨柱没有留下什么残块，只有很少一些碎块。套路都是：某局部特别完整（公牛头柱头），再弄一点小碎片，然后什么都没有了。一个巨大宫殿要用多少石材？遗址怎么可能这么干净？

巨大的圆柱础　　　　　　　柱高 23 米　　　　　　柱顶托高 8 米，卢浮宫

图 318

源远流长的西方历史、考古和文物造假　　　　　　　　　　　*303*

翼野牛，琉璃彩砖浮雕（复制品），
苏萨博物馆

弓箭手，苏萨的琉璃彩砖浮雕，卢浮宫

图 319

在苏萨遗址发现了许多装饰宫殿的琉璃彩砖浮雕，跟古巴比伦城的琉璃彩砖浮雕一样是釉质表面，图案也很接近。如这只苏萨的野牛（图 319- 左），与巴比伦伊什塔尔门上的野牛几乎一样，只是多了翅膀。还有，卢浮宫收藏的苏萨的琉璃彩砖浮雕，四个弓箭手（图 319- 右），也显得过于新，很假。

当然，苏萨遗址出土最著名的，是 1901 年法国人挖出的汉谟拉比法典石碑（图 320）。这块石碑实在是太有名了，进入中国教科书。全世界有十几个复制品，一些著名机构和大学里都摆上一尊，以示法律威严。

汉谟拉比是巴比伦王国的第六任国王，前 1792—前 1750 年在位。这块碑刻于前 1750 年。但前 1175 年，埃兰有位勇武的国王征服了巴比伦，就把这块碑作为战利品掳掠到了苏萨，从此长留于此……

同样的楔形文字文件，说好了大家都用泥板，怎么突然搞出一块石碑（高 2.25 米的玄武岩）？石碑刻字可以长存，而泥板却很容易破碎。这让泥板们情何以堪？喜剧的是，汉谟拉比法典，还真有泥板版本。

按常理逻辑，能够用石碑，泥板就断无存在理由。反之，在泥板楔形文字的年代，因为没有钢凿子刻石大家都用泥板，汉谟拉比石碑绝不可能存在。逻辑就可以证明这块石碑是伪造。

言不必称希腊——以图证史（上）

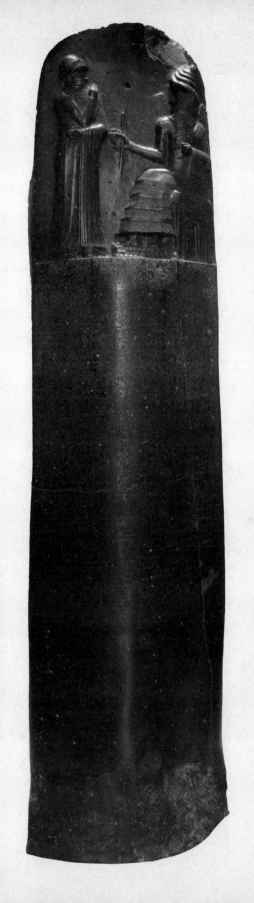

图 320　苏萨发现的汉谟
拉比法典石碑，卢浮宫

新修的波斯波利斯，历史不到100年

苏萨之后，经过阿瓦士，坐夜大巴到设拉子。到设拉子的第二天，专门雇出租车一整天，去看居鲁士二世之墓，波斯帝国第一个首都帕萨尔加德（Pasargadae），帝王谷和波斯波利斯遗址。

4月下旬的伊朗，已然骄阳似火，备了一大瓶1.5升的矿泉水。

居鲁士墓有点古老沧桑感。帕萨尔加德没啥可看：平地里突兀立了一堵支架支撑的石墙，竖几根小柱子……帝王谷是凿在一片崖壁上的四座帝王墓。对于这三处遗迹，李树军先生（微博名el00le）有5条微博图文（2018.12.25—29），揭示其都是1850年之后的造假。

居鲁士之墓（图321），英国画家、旅行家坡特尔（Robert Ker Porter）1818年画过。中间这张是前面提到过的法国画家弗朗丹1839—1841年期间所画，右边是本人拍摄。

猛一看，实景与两幅画很相似。仔细看，却有很大差异。比如，两幅画中，底部两层石阶都很高。对比人的身高，两层石阶接近2米。而实景两层石阶很矮。第一幅画的石棺是3层石块。实景是4层石块。

结论是：两位画家都没有见过今景，都是凭想象画画。坡特尔开了头，弗朗丹定了调，实际上是设计了这个墓。今天的居鲁士墓是参照了弗朗丹。

不多说帕萨尔加德和帝王谷，重点讲一下波斯波利斯。

坡特尔画　1818年　　弗朗丹画　1841年　　　　　　　今景

图321　居鲁士之墓

波斯波利斯是个啥地方？是古代波斯帝国四个首都最新的首都，始建于前518年。前330年被亚历山大大帝一把火烧掉。它是亚历山大东征、将希腊文明向东传播之伪史的重要支撑。

与雅典和埃及金字塔一样，也有大量欧洲人的东游记描写并图绘了这个波斯波利斯"遗址"。

最早图绘波斯波利斯的，是1704年荷兰画家和旅行家考尔奈利斯·德·布鲁茵（Cornelis de Bruijn，1652—1727），布鲁茵画出了三张波斯波利斯全景图（图322）。他的画为波斯波利斯"遗址"定下了基本格局。比如，遗址是一个高台，双向台阶，万国门是四堵残墙，中间有两根柱子……

1711年，荷兰珠宝商让·夏尔丹（Jean Chardin）出版的游记，里面画的波斯波利斯（图323- 左）没有高台，配了一些楔形文字做图案。

也有把波斯波利斯画得很怪诞的。有一幅18世纪无名氏的画，把万国门画成四只大怪兽雕像（图323- 右）。朝西的两只像是一对人脸狮子，身体肥

图322　布鲁茵臆想的波斯波利斯，给今天实景提供了基本格局

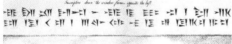

夏尔丹臆想波斯波利斯　　　　　　　　18世纪无名氏臆想波斯波利斯

图323

硕。高台台阶与今日全无相似之处。只有遗址背东向西，这个格局倒与今日遗址完全一样。

1713 年，法国版画家斯科丹（Gérard Jean-Baptiste Scotin）画了他臆想的波斯波利斯（图 324- 左），格局既不同于布鲁茵，也与今日实景差异极大。尤其后面山势险峻的山，与今日全然不是一回事。

1724 年，荷兰博物学家和探险者弗朗索瓦·瓦朗丁（François Valentijn）也画了他所"看见"过的遗址（图 324- 右），基本延续了布鲁茵的格局：遗址是一个高台，高台左边是菱形的台阶，台阶上去是万国门……

万国门，18 世纪也有各种各样臆想图，但基本格局都是四面残壁，壁上雕有人首翼牛或怪兽，两对残壁中间有两根柱子（图 325）。

前面提到过的德国人卡斯腾·尼布尔，是最早发现或伪造楔形文字的重要人物。1761—1767 年间，他作为一个地理绘图家，参加过一个东方科学远征队，回程路过波斯波利斯，画了一幅"遗址"全景（图 326- 左）。

尽管他画地图相当准确，但这幅遗址全景图却与我拍摄的今景（图 326- 右）有很大差异。尼布尔画的图中柱子较多而且很密集，而今天残留的柱子只有 13 根，加上 1 根 1970 年新建的，比较疏散。如果那时就存在今天的遗址，身为制图师的尼布尔，绘图技法极精准，绝对不可能画得与实景误差如此之大。唯一结论：当时并不存在"遗址"，尼布尔画的依然是臆想图。

真正把波斯波利斯画得跟今天实景比较接近的，是 19 世纪法国画家欧仁·弗朗丹（1809—1889）。这是一个关键人物，因为他是"遗址"细部的总设计师。

法国画家斯科丹画臆想图

瓦朗丁画臆想图
但基本格局与今日相同

图 324

图 325　万国门的各种臆想，无名氏画　18世纪

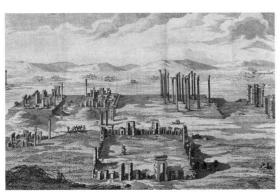

尼布尔绘制的波斯波利斯遗址　　　　波斯波利斯遗址今景，中间是百柱殿

图 326

源远流长的西方历史、考古和文物造假

1839—1841 年，弗 朗 丹
与法国建筑师巴斯卡尔·考斯
特（P. Coste）一起游历波斯。
1851 年，弗朗丹出版了许多关
于波斯和波斯波利斯的图绘。

图 327 弗朗丹画的觐见大殿平台，设计出今日实景的整体感觉

弗朗丹的图绘，具体场景
也不符合真实的波斯波利斯。
但弗朗丹比他以前的旅行家，
在细节上更接近今天波斯波利斯的实景。

图 327 像一幅对景速写，看上去非常符合今天实景的整体感觉，但实际
上与今天的实景并不对应。只是一些细节，诸如平台、柱式（柱础、柱身与
柱头比例）和宫殿石门等，与今天的很一致，可以称为觐见大殿平台的整体
效果设计图。

弗朗丹所做的，其实就是卡雷和斯图尔特在雅典所做的，一边画臆想图，
另一边做设计，将从前"东游记"里的场景精确化，变成可以施工建造的设
计图。他做了大量设计遗址局部和细节的工作。比如图 328，上下两幅完全是
臆想图，但一些局部细节后来被采用，变成了设计。比如莲花瓣的柱础，万
国门的形制，与今天实景非常接近。

万国门

图 328 弗朗丹，两
幅都是臆想图，不符
合实景

图329 弗朗丹，想象场景

　　为了证明弗朗丹是在画臆想图，这里再放一张他的浪漫想象图（图329）。画中景象，今天根本没有。

　　现在我们来看看弗朗丹作为"遗址"总设计师的辛勤工作成果。

　　先来看万国门。东门的人首翼牛，布鲁茵画过，英国画家、旅行家波特尔1818年画过（图330），但是弗朗丹所画最接近今天实景（图331）。实际上弗朗丹画的是设计图。

　　弗朗丹不仅设计了东门人首翼牛的侧面，还设计了其正面（图332-上左）。可以看出，依图制作的工匠还是非常努力，尽可能地符合设计图。设计图上石墙石块的残破，照样做了出来。但百密一疏，人首的头冠相对石缝的位置，头冠的形状，与设计图有较大差异。设计图头冠是竖长方形，而实物偏正方，误差明显。

　　西门公牛雕像也是同样情况。石墙上破损处，相对公牛头部的位置，实景与设计图对不上（图332-下）。人首翼牛和公牛的体型，设计图上都比较壮硕，较多突出于石墙。而实物真景，二兽体态都比较偏扁，偏瘦，不那么

万国门人首翼牛，布鲁茵画　1704

弗朗丹画的东门人首翼牛设计图

波特尔画　1818 年

图 330

实景照片

图 331

弗朗丹设计东门人首翼牛
正面，设计与实景有误差

西门公牛正面，误差明显

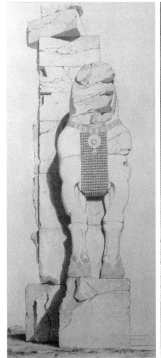

图332

源远流长的西方历史、考古和文物造假

突出于石墙……老实说，如果没有现代照相，人们几乎不可能辨别出两者之间的误差。但就是有误差。

还要看到，弗朗丹一边精确设计西门公牛，另一边也画过很浪漫主义的西门公牛，说明浪漫臆想并不妨碍他精确设计，一心可以二用。

弗朗丹还设计了今日遗址常常见到的"狮咬公牛"图（图333）。实景相当忠实于设计，但仔细看总是有些微差异。

读者也许会质问，凭什么说弗朗丹画的人首翼牛和公牛等是设计图？因为弗朗丹是一位具有高超绘画能力的画家。他要准确再现一个实地实景，可以做到精准再现，毫无任何问题。可以毋庸置疑断定：

如果当时已经存在今天的万国门及其雕像，弗朗丹绝对不会画出有如此大误差的正面和侧面图来。所以这些图只能是设计图。

大家必须懂得一个事实：画家准确画景物容易，雕刻工匠准确复制设计图难！

从弗朗丹的图绘可以得出结论：弗朗丹是波斯波利斯"遗址"无可争议的总设计师。1841年弗朗丹并没有见过今天我们看到的波斯波利斯，当时"遗址"根本就不存在。

今天我们看到的波斯波利斯，是弗朗丹之后新建伪造。

应该说，波斯波利斯遗址有些神秘。从19世纪中叶开始，伊朗的考古活动都是由法国人垄断。1897年，法国加大了在伊朗的考古，重心扑在伊朗西南的苏萨，1901年"发现"了汉谟拉比法典……未闻有派考古队去发掘波斯

弗朗丹设计狮咬公牛图

实景照片

图333

波利斯。

只是到了 20 世纪 30 年代初，才有美国芝加哥大学东方学院的两位德国裔美国人，赫兹菲尔德（Ernest Herzfeld）和施密特（Erich F. Schmidt），"最早对波斯波利斯展开科学发掘"（维基英文百科）。他们很敬业，第一波就干了 9 年（1931—1939 年）。

请注意"最早"（first）这个词。这似乎表明，在美国人到来之前，法国人在波斯波利斯现址没干什么事。

从 1931 年起，美国人在波斯波利斯先后搞过 8 次大规模的"发掘"。平整土地的阵势，很像当年中国的农业学大寨（图 334），哪儿有一点像考古发掘？事实上，20 世纪 30 年代美国人在波斯波利斯并非在发掘遗址，而是在伪造遗址。1936 年伪造初步完工后，还搞过一次航拍（图 335）。

让我们先在这张航拍图上"东"字旁找到四根柱子，再与前图"平整土地"的四根柱子（后面是山坡）对比，我们就可以发现，这块正在平整的土地，正是后来觐见大殿的平台，尚没有安置后来平地上排列的巨柱柱础。

图 334　平整土地，好像当年中国农业学大寨

航拍图显示，遗址高台的石墙，觐见大殿平台北阶，都光影笔直，明暗锐利，明显是新砌的。

图335　航拍照片　1936年

　　尤其有两张20世纪30年代美国芝加哥大学东方研究院考古队拍摄的照片，直接就是美国人伪造"遗址"的铁证。

　　第一张（图336），可以看到觐见大殿东台阶北侧完全是新建的。可以注意，照片左上有一个三腿葫芦吊。用途嘛，无须多说。照片左侧，是一块完完全全、彻彻底底的生土，不是掩埋遗址的风沙土层。就是说，为了整出觐见大殿的平台，硬是挖开生土。

图336　铁证：20世纪30年代美国考古队照片，觐见大殿东台阶（北侧）完全是新建

　　　　　　　　　　　　　　　　　　言不必称希腊——以图证史（上）

第二张（图337），则显示觐见大殿东台阶南侧，也是完全新建的。尤其是那些"凸"字形的墙垛，新得就像是工匠刚刚完工。

觐见大殿东台阶扶壁上，有"2300多年历史"的古老浮雕。

西方伪史渲染，大流士一世皇帝时代的波斯帝国，强盛无比，疆域超级辽阔。东抵印度河巴基斯坦，西北远征欧洲与希腊人打，所谓希波战争。西南占领了埃及和利比亚，有三十几个附庸国，成为一个横跨欧亚非的超级大帝国。所以波斯波利斯遗址有"万国门"，有接见万国使者的"觐见大殿"。浮雕表现的正是万国来朝，向波斯皇帝朝贡的场景。

图337 觐见大殿东台阶（南侧）也是新建，浮雕全是新刻

我当初看到扶壁上的浮雕，也惊叹于这些浮雕的精美（图338）。各附庸国使臣牵牛赶羊、箪食壶浆前来朝贡。浮雕石碑的石质细腻，将树枝树叶的细纹，刻得非常细密。当时心里也起了一丝怀疑：这浮雕暴露在外，日晒风刮2300多年，怎么能保持这么新？后来看到这些照片终于明白，难怪浮雕这么新：那些浮雕迄今还不到100年哪！

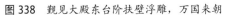

图338 觐见大殿东台阶扶壁浮雕，万国来朝

伊朗人新建第14根柱子　20世纪70年代　原来四根柱子，现在变五根

图339

　　波斯波利斯"遗址"除了美国人建，还有20世纪60年代意大利考古人员的介入，后来伊朗人自己也不断添加。比如，20世纪70年代，伊朗人自己在觐见大殿新建了一根柱子（图339），混在里面，游客也分不清。

　　再来追忆一下波斯波利斯之行。

　　靠近波斯波利斯，先是一条笔直两边植有苍松的道路，直抵遗址，气象庄严。遗址建在一个朝西的高台上（图340），长约450米，宽约300米。当时看很雄伟，现在可以发现，高台石墙非常新。

　　来到高台前，直面高台石墙上巨大的石块（图341-左），大受震撼。本无出镜之意，只是为了充当一个参照物，以衬石块巨大。这么大的石块，还严丝合缝。整个石块表面，非常平整……当时感叹这个古波斯帝国真了不起。

　　现在回过神来。巨石切割得这么平整，用钢凿凿不出来。只有现代机械切割，才可以切得这么平整。2500年前的古人，不可能切割这样的石块。后面会谈埃及金字塔是人造混凝土"浇铸石"。实际上，波斯波利斯这里也是浇

图340　波斯波利斯建在高台上，高台石墙的石块非常新

高台石墙一块巨大的石块，令人震撼

无疑是浇铸石

图341

铸石（图341-右）。这面石墙与埃及金字塔的石砌完全一样：石块之间严丝合缝。因为是浇铸，当然严丝合缝。

　　上了台阶是万国门。当年读研是学艺术史，早就知道万国门上的人首翼牛浮雕。现场看还是很震撼。浮雕风化剥落，很古老的样子。但现在来看，万国门的石墙外侧（图342-左），是用非常完整的石块垒起来的。石墙里侧，竟然是经过"抛光"的（左上黑框）！

　　这种抛光，用钢凿不可能完成，古代绝对不可能完成。只有现代的打磨技术才能完成。

万国门侧墙，墙面抛光　　　　　　　　老照片上，也显示棱角尖利

图 342

　　一张黑白老照片显示，两块抛光墙面形成的直角，依然棱角锐利（图 342- 右黑框）。这样尖利的棱角，即便当年能存在，经历 2300 年风沙侵蚀、酷日暴晒之后，竟然能一点都不风化？

　　这种石材抛光，是现代伪造的铁证。

　　转过万国门，是觐见大殿平台，完全以苏萨的大流士宫为模型，中央方形正殿，六六 36 根柱子，三面侧殿 3×12 也是 36 根，共 72 根柱子。柱式也与苏萨一样。

　　登上北侧平台，迎面见到一根单独立着的巨柱，是唯一一根在隔离绳外边、游客可以靠近触摸的柱子，暂称其为"迎宾柱"吧（图 343- 左）。当我在这 18 米高的柱子、2 米多直径的柱础前流连端详时，又是一番惊叹柱子的巨大。

　　除了顶端的柱首显得风化很严重，柱身和柱础明显是新的。解说牌上说迎宾柱是"重建"（可能是 reconstructed），记不清用哪个词，依然算作真迹。

觐见大殿北侧"迎宾柱"　　中殿三根柱子，柱身也非常新

图343

它与绳子里面中殿其他柱子（图343-右）一样，看不出任何分别：顶上柱首严重风化，柱身完全是新的。柱身竖棱，笔直清晰，毫无风化。柱体颜色呈淡淡的青色。表层黄泥色，表示古老，依然透出触目的新意。

实际上，这些柱子全是新做的。柱首是有意做旧，风化效果很像那么回事。柱身和柱础根本就没有做旧。

百柱殿的石门，也是用石块堆出来的（图344-左），完全不是残垣断壁的自然坍塌。石块本身也没有风化，新垒的感觉很明显。宫殿区那些门框，也是抛光石块，非常新（图344-右）。

山坡下的一片遗址，石柱础排列井然，修整得也太整齐了（图345），看上去就很假……

伊朗国家博物馆里展出的一只石狗（图346-左），据说是从波斯波利斯遗址里"发掘"出来的，新得令人发指。当年我在卢浮宫看古埃及雕刻也是这种感觉。还有一个也是从波斯波利斯出土的公牛柱首（图346-右），也是

百柱殿石门完全不像自然坍塌，
而像堆石块堆起来的

宫殿区石门框也是抛光，非常新

图 344

修得过于整齐的遗址

图 345

波斯波利斯出土的石狗　公牛头柱头也是簇新

图 346

簇新簇新。

觐见大殿平台柱子顶上的柱首，都风化得不成样子。为什么这根柱子保存得如此完好无损？

事实上，第一，波斯帝国在波斯波利斯建立新都，即使是西方伪史的逻辑也不成立。西史称，大流士一世在苏萨大兴土石建皇宫，已经动用了全波斯帝国的财力物力和人力。那么怎么可能与此同时，他又在波斯波利斯建一个同样超级宏伟、超大规模的皇宫？据西方历史，两个皇宫的建设是同时进行的，只是说波斯波利斯建得比较慢一些。秦始皇建一个阿房宫就相当程度导致秦朝的灭亡。好家伙，大流士一个帝王造两个首都，两个巨型皇宫，逻辑说得通吗？

第二，波斯波利斯所处位置并非商贸要道，而是交通不便、远离城市（离设拉子 60 千米）。西方也觉得另建这么一个首都，"用途完全不明"（维基英文百科），并承认这不是波斯帝国最大的城市（只有宫殿没有城市），孤处帝国偏僻之一隅。于是西方学者们倾向于认为，这是波斯帝国的"礼仪性首都"（ceremonial capital）。

首都就是首都，怎么会有什么"礼仪性首都"？原来所谓"礼仪性首都"，是说大流士皇帝平常并不住在这里，只是一年用一次，庆祝 3 月春分的波斯新年"诺鲁孜"节，举行礼仪，宣示威严，同时接见各国使节……

耗费巨资建造一个"礼仪性首都"，只为一年用一次，符合常识吗？

第三，"遗址"地理条件很干旱。波斯波利斯不像苏萨处于肥沃的卡伦河平原，而是位于海拔 1500—2000 多米伊朗高原的深处，一个光秃秃的砂石岩山坡下。旁边没有河，干旱缺水。宫殿背后的山，是裸露的岩石。不能说寸草不生，但是光秃秃没有一棵树木。这么一个地方出现帝国首都，严重不符合逻辑。

伪造大流士波斯帝国，伪造波斯波利斯"遗址"，完全是为了给"古希腊历史"当托儿，演对手戏。亚历山大在前 330 年摧毁了波斯波利斯，怎么可能没有遗址呢？这个遗址就是为了给亚历山大东征提供现实证据。

现代伊朗的考古，从 1897 年开始完全是法国人主导。苏萨大流士皇宫，乔加赞比尔塔庙等遗址，都是法国人发掘。法国人戈达尔（A.Godard）长期掌控伊朗考古事务署，甚至长期担任伊朗国家博物馆馆长，直到1960年。

波斯波利斯"遗址"，确凿无疑是法国人弗朗丹设计，美国人新建。

很遗憾，真相会让太多的人羞愧，包括曾经的我自己：波斯波利斯是20世纪30年代美国人伪造，历史不到100年！

尼罗河，一片黄沙夹一条河

七、沙漠幻景古埃及

一直以来我对埃及的印象是，尼罗河一年一度的汛期，给两岸带去大量肥沃的淤泥，埃及人在淤泥上随意播种，就有了好收成。

自开始怀疑西方故事学，打开卫星图一看，这埃及哪里是一个良田万顷的农业国？前面说希腊是穷山恶水人稀之地，这埃及也干旱贫瘠，一片黄沙的沙漠，中间夹一条细细的尼罗河（图347-上）。尼罗河加三角洲，很像一枝干莲蓬：细长的茎托一个莲蓬头（图347-下）。整个埃及农业区，就这么一根细茎莲蓬，能撑起一个以农业著称的古代文明吗？

1988年我在卢浮宫学院专修一年古埃及和古希腊罗马艺术时，随便进

像一枝干莲蓬

图347

卢浮宫，见过不少古埃及文物。印象深刻的是，那些黑石雕刻的古埃及雕像非常新，心里有些怀疑。琳琅满目的古埃及首饰，宝石翡翠，也让我有些疑心……

而今天，越来越多的证据证明，所谓"古埃及文明"根本就是沙漠幻影。埃及金字塔是人造混凝土假石块。拿破仑远征埃及之前，不存在吉萨大金字塔和狮身人面像。诸多著名的古埃及文物来历不明。尤其致命的是，承载古埃及农业文明的尼罗河三角洲，2000 年前还没成形，还是大海和岛洲……

三角洲原是喇叭口海湾

程碧波先生长文《从旧地图研究尼罗河出海口与两河流域演化》（6.0）[①]，用大量老地图证明，尼罗河口的三角洲形成非常晚近。一些西方和奥斯曼帝国的老地图，显示出尼罗河三角洲后退为海湾的过程。这里挑选了几幅最简明的。

第一张地图是 1800 年前后拿破仑远征埃及时期测绘的（图 348- 上），三角洲还布满潟湖。另两幅地图显示尼罗河口有许多支流，有许多沙洲。1400年左右，尼罗河口就是一个喇叭口海湾，海湾里有四个沙洲（图 349）。

这些地图的年代不一定精确，但可以表明，在西方有地图的时候，尼罗河三角洲还没有成形。

今日桑田，当初沧海。尼罗河三角洲与前面所论巴比伦在海中央的情形一样。

"老周"（周鹏）2020 年起发表了 10 篇"沧海桑田：尼罗河"系列文章，尤其第 9 篇《GIS 硬核数据再证伪古埃及》，用现代"地理信息系统"（GIS）的地形图数据，证明 2000 年前尼罗河三角洲大部分区域是大海和一些岛洲。

2000 年前尼罗河三角洲是一片大海，这个结论太具颠覆性了，因为尼罗河三角洲承载了太多的西方伪史。如果尼罗河三角洲不存在，那么罗塞塔和亚历山大这两个重要城市也不存在。这两个城市都位于三角洲靠海的外沿（图 350）。

---

① 微博文章 https://mp.weixin.qq.com/s/VBYyYR-s44nKf7sR6HqYgg。

1800 年的尼罗河三角洲尚有许多潟湖

1635 年的三角洲

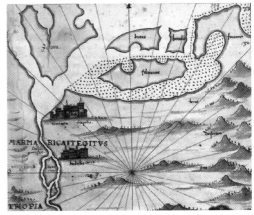

1400—1432 年的尼罗河口是喇叭口海湾

1432—1450 年的尼罗河口，是一些沙洲

图 348

1400 年的尼罗河口

图 349

图 350 2000 年前尼罗河三角洲是大海，亚历山大和罗塞塔都在海里

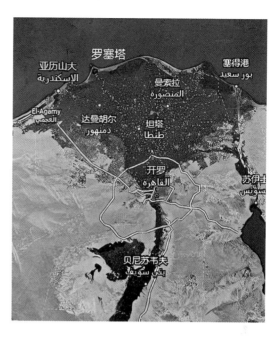

罗塞塔石碑为赝品

罗塞塔和亚历山大，这两个尼罗河三角洲的城市对古埃及文明和古希腊文明至关重要：罗塞塔是因为发现了罗塞塔石碑，亚历山大是古希腊文化名城。

石碑的故事简要如下：石碑制作于前 196 年，用三种文字刻成：古埃及象形文字，古埃及通俗体文字和古希腊文。石碑高 1.14 米，宽 0.73 米（图 351）。1799 年，拿破仑远征军的一位法国军官，在罗塞塔附近挖到这块碑，后来落到英军手中，现成为大英博物馆的镇馆之宝之一。

挖到石碑以后，有了一位名叫商博良（J.-F. Champollion，1790—1832）的法国青年，经过数个春秋的刻苦钻研，终于借助石碑上的古希腊文，成功破解古埃及象形文字。

这块石碑是叩开古埃及历史的敲门砖。有了这块石碑，古埃及神庙、帝王墓、莎草纸等文物上的古埃及文字，才统统被破译。

图 351　罗塞塔石碑　前 196 年

　　我在大英博物馆见过这块石碑。在泥里埋或海里泡 2000 多年，字迹底部却一点泥垢也没有，完全像新刻，不合常理。再说，这块石碑用相当坚硬的黑色花岗闪长岩，石碑表面非常光洁平滑，是用什么工具抛光？碑文是蝇头小楷密密麻麻，字迹非常细密，必须用非常尖细并锋利的精钢凿子才能刻成。古埃及有这样高硬度的钢凿子吗？

　　三种文字记录同一个内容也极其可疑。前面已提及，基歇尔神秘手稿的三种文字，罗林森的石刻三种文字，到罗塞塔石碑也是三种文字……这与其说是一种历史巧合，不如说是西方虚构历史的套路。

　　所以这块石碑绝对造假，无可置疑。

　　确证罗塞塔石碑是赝品，对于 5000 年古埃及历史是灾难性的：关键基础被捣毁。

亚历山大在海底龙宫

　　尼罗河三角洲 2000 年前不存在，不仅意味罗塞塔城不存在，还意味亚历山大城也不存在。这是西方故事学的两个命门：罗塞塔关乎古埃及历史，亚历山大关乎古希腊古罗马历史。

当雅典衰落之后，整个古希腊文明的传承，都转移到埃及的亚历山大。它是希腊化时期的世界文化中心。

据说亚历山大城是亚历山大大帝在前 332 年开始建造，故名亚历山大。今天我们读到的荷马史诗，是前 3 世纪由亚历山大的学者最终编定，最后又被后世在亚历山大重新发现。

亚历山大对于西方古代世界，可以说是仅次于雅典的历史文化名城。因为这座城市生活着当时世界上最杰出的文人和学者，拥有当时世界最大的图书馆，还有一座被称为古代世界七大奇迹之一的亚历山大灯塔。

根据西方故事学，亚历山大人杰地灵，大咖荟萃。

"几何之父"欧几里得，这位著名古希腊数学家（前 330—前 275），不仅写了名著《几何原本》，还写过有关透视、圆锥曲线、球面几何以及数论方面的文字，代表了"古希腊数学发展的顶峰"。他，曾在亚历山大生活。

"力学之父"阿基米德（前 287—前 212），他的名言"给我一个支点，我就能撬起整个地球"读书人都知道。他写过《平面图形的平衡或其重心》《抛物线求积》《论球和圆柱》《圆的度量》《论螺线》《论浮体》《圆锥体和椭球体》等等……他，曾在亚历山大学习。

古罗马时期的希腊裔学术巨匠托勒密（100—169），他不仅是数学家、天文学家、地理学家、星占学家，还是诗人。他写过《天文学大成》《地理学》《占星四书》和《光学》，光耀后世。他上知天文，开创"地心说"；下知地理，画过一张世界地图，发明了经纬线。他，也是亚历山大当地人。

亚历山大城被证明在海底，不仅一杆子打翻三个古希腊文化巨匠，还颠覆了古希腊文明史。

亚历山大作为文化名城，还有一个重要标志就是亚历山大图书馆，据说是埃及托勒密王朝国王托勒密一世在前 288 年开始建造，规模宏大。但这个图书馆在凯撒时期的前 48 年，因为打仗被大火烧过一次（图 352- 左），最后大约在 3 世纪末废毁。

亚历山大灯塔，更是亚历山大的地标（图 352- 右）。灯塔建于前 3 世纪，高 135 米，用石块砌成。塔楼分三层，第一层楼高 60 米，里面有几百个房间。据称灯塔经历过多次地震，依然屹立不倒，直到 1480 年才彻底坍毁不存。它

亚历山大图书馆大火　　　　　　　　　亚历山大灯塔

图 352

为水手们引航了"将近 17 个世纪"。

事实上，亚历山大图书馆没有留下片砖只瓦，没有任何物证。亚历山大灯塔这个巨型石块建筑，也没有留下任何石块。

现在确知亚历山大这个城市在 2000 年前是大海，因此这个所谓世界最大的图书馆，世界最高的灯塔，统统都是扯淡，瞎编故事。

海洋植物纸莎草？

2000 年前尼罗河三角洲是大海，意味着埃及盛产纸莎草的土地也在海底。

每当我们质疑亚里士多德用羊皮纸写几百万字的书要杀多少只羊，常有西方历史卫道士出来回应：西方有埃及莎草纸啊，发明于 4000 多年前，是世界上最早的纸……

西方展示古埃及文明，除了象形文字，还有几十万卷莎草纸书卷。据称 19 世纪末，在埃及挖到了亚里士多德的莎草纸卷《雅典政制》。俨然是，古埃及发明莎草纸，完全可以无视中国发明造纸术了。

但无论埃及莎草纸卷如何煞有介事，如果抽掉其原料产地尼罗河三角洲，莎草纸的神话马上不攻自破，除非纸莎草可以生长在海水里，是海洋植物。

再说，莎草纸并非纸，而是一种类似芦席的编织物，与一般意义上用纸浆做的纸不是一回事。纸莎草有较长的茎杆（图 353）。做纸方法是，先把它的茎杆切成长条薄片，浸泡，碾平，再交叉排叠，最后用压轧机挤压，靠汁

图 353 纸莎草

液粘成"席片"。这就是所谓的莎草纸。

莎草纸席片不能折叠，很脆，怕潮湿，易干裂，在高温条件下还会自燃。所以莎草纸并不那么适合用来制作书籍，尤其不适合长久保存。

据称用上述方法制作莎草纸，是一位名叫哈桑·拉加卜的埃及工程师，在 1968 年才重新研究成功，恢复已失传 1000 多年的莎草纸造纸术。

西方首次发现古埃及莎草纸"文物"是在 1880 年，迄今不过 100 多年。即，西方把莎草纸作为书写文物，历史比泥板短得多。

而一次性发现莎草纸书卷最多的考古发现，是在 1896 年。两位英国牛津大学女王学院的年轻人，来到了距开罗西南 160 千米的俄克喜林库斯（Oxyrhynchus），在城郊外的一个垃圾山（图 354- 左）上开挖。10 年寒暑，竟然挖出了 50 万片（卷）莎草纸文件！

里面大多是行政文件（账目、收据、证书等），私人通信，还有古希腊文学作品。其中最重要的有欧几里得的著作，一份最古老的《圣经·新约》文卷（图 354- 右）。

俄克喜林库斯垃圾山

莎草纸圣经新约

图 354

源远流长的西方历史、考古和文物造假

在一个沙漠垃圾堆里，发现一个莎草文卷的大图书馆，太匪夷所思了吧？

说是在 2000 多年前开始，俄克喜林库斯的居民有丢弃文件的爱好。行政公文用过积累多了，扔掉。据说希腊占领埃及时管理非常官僚，用纸多多。私人文件日后觉得无用了，也扔掉。如此扔了 1000 年，竟然堆积成了山，后来风沙覆盖，被遗忘了 1000 年……

编得也太荒腔走板。没有一个民族的人会这样把自己的公私文件，随意丢弃到垃圾堆里去。且不说当时莎草纸也非常贵重，绝不可能像我们今天把A4 纸随便扔。

莎草纸是人工碾压黏合起来的植物薄片，很容易腐化。那份《圣经·新约》文件，在垃圾堆里埋了 1000 多年，虽有虫蛀，成色依然很新，墨迹清晰，可能吗？

总之，埃及莎草纸古卷的故事是最新编，也编得最离谱。

当然，如果莎草纸的故事早编 200 年，西方绝不会弄出泥板文字，因为泥板实在太低级了。

飞来石——巴勒莫石碑

西方考古界有一个词——"欧帕特"（Oopart），意思是"来路异常的制造物"（Out of Place Artifact）。该词某种程度也透露出西方考古界这种"来路异常的制造物"太多了。

除了罗塞塔石碑"来路异常"，还有一块不那么著名、但却构成古埃及历史最重要依据的石碑，叫"巴勒莫石碑"（Palermo Stone）（图 355- 左）。这块石头也仿佛从天上掉下来，根本就没有来路。

1859 年，一位名叫吉达诺（F.Guidano）的意大利西西里岛的律师不知从哪里买到这块石碑。1866 年，石碑进入西西里的巴勒莫考古博物馆，1877年起长期展出至今，由此得名"巴勒莫石碑"。

令人惊异的是，所谓"巴勒莫石碑"实际上不止意大利这一块，总共有7 块之多。埃及开罗博物馆有 5 块，英国伦敦有一块。据说这 7 块都来自同一块长 2 米多、高 60 厘米的原碑，但原碑无存。主要的巴勒莫石碑，高 43.5 厘

石碑第一横条：下部是前王朝的九个国王

巴勒莫石碑　　　　　　　　　石碑第三行右侧：第一王朝纪事

图 355

米，宽 25 厘米，比罗塞塔石碑小一半多，很小。

1895 年，一位法国学者破译了石碑内容。1902 年，另一位德国学者发表了石碑的研究文章。于是，"古埃及第一本历史书"横空出世：巴勒莫石碑是"古埃及王国的王家编年史"，记录了古埃及"前王朝"到第 5 王朝的历史。

也就是说，古埃及历史的开头，包括前王朝（前 5000 年开始），从古王国第 1 王朝（前 3150—前 2890 年）到第 5 王朝（前 2392—前 2283 年），约 2700 多年的历史，尤其前五朝国王的名字和王朝大事，都记录在这么一小块石碑上！石碑虽小，重要性却极大，构成了古埃及文明史的基石。

以前，对于古埃及历史，都是西方人怎么说，我们就怎么信。文章千古事，中国人对书对文字极其虔敬。书上写的，那都是真的。书本撒谎，对于中国人来说简直不可思议。

那么，这块石碑上到底刻了点啥？一直对埃及象形文字敬而远之。但这一次好奇，稍稍探头瞄了几眼，结果让人口吐白沫，惊倒在地。

源远流长的西方历史、考古和文物造假

先看石碑的第一横条（图355-右上）：上部是一些象形文字，下方是一排 9 个国王的峨冠侧面人像。

得到的解释是：古埃及文字是从右向左阅读，9 个人像从右往左顺序，是前王朝时期统治者的"特写"。上半部的象形文字是他们名字的拼音：1.不清，2.塞鸠/塞卡（Hsekiu/Seka），3.哈宇（Khayu），4.透/特尤（Tiu/Teyew），5.忒希/杰希（Thesh/Tjesh），6.乃赫布（Neheb），7.瓦兹奈/瓦吉内吉/威内布（Wazner/Wadjenedj/Wenegbu），8.麦克（Mekh），9.不清。

西方考古学家是如何释读出这 7 个国王名字的发音的？太神奇了！

古埃及前王朝 2000 多年历史，那么长一个时段，就仅仅包含在这么 9 个小人像和 15 个象形符号里？就根据这么点儿图像，竟然能包容 2000 年的古埃及"历史"？

第二横条是概述第 1 到第 4 王朝国王的关键事件。第三到第六横条分述第 1 至第 4 王朝纪事。第 5 朝纪事刻在石碑反面。

现来看石碑第三横条右侧，是古埃及第 1 王朝的部分纪事（图355-右下），时间大约在前 2950 年。每一格都有一条竖的像弯钩雨伞柄的线条，是"年字符"表示一年。下边部分，是记录尼罗河洪水时的高度。上部框格里，一些象形文字代表整个单词，还有一些是拼音符号。这怎么区分啊？

象形文字表达的意思是：上埃及国王出现，下埃及国王出现，荷鲁斯的花，获得蜂蜜木材，计人数，设计神庙，建造船只，还有塞德节，杰特宴席等。这些"历史"事件都是靠猜。

但这些事件的施动者、如何施动、数量时间地点、原因结果等，石碑上这些符号根本没有明示，完全要靠历史学家通灵般的想象去填补空白。

实在要膜拜西方埃及学家们神异的释读和想象能力。他们竟然可以把古埃及 26 个王朝的年代编得如此精确，比如第 1 王朝是前 3150 年开始，最后一朝结束于前 525 年，将近 3000 年，一环扣一环，精确到年！

以前不知道古埃及历史怎么来的。现在看到，古埃及前 5 个王朝的历史是根据这么一块来历不明的飞来石，几百个符号凭空编故事。原来在西方，历史可以这样胡扯！

意大利那块巴勒莫石碑没有来历，埃及和英国那另外 6 块也全然没有来历。

维基百科英文版也承认："石碑的原初地点未知。没有任何一块现存的碎块有确切的考古来源"（The original location of the stele is unknown and none of the surviving fragments have a secure archeological provenance）。

"现在开罗的一块碎块据说在孟菲斯考古遗址发现，另三块碎块据说是在中埃及被发现。"都是用"据说"（be said to），还连续用了两次。

维基百科法文版说，1903 年发现了 3 块，其中两块是从"埃及古董黑市"上淘到的。伦敦那一块，是 1914 年，英国埃及学大佬佩特里（W. M. F. Petrie）从埃及古董市场买到，后来放到伦敦以他名字命名的佩特里博物馆。最后一块第 7 块，是 1963 年，也是在埃及古董市场上买到，收藏入开罗博物馆……

对于古埃及历史具有根本支撑意义的实物证据，居然来路都是"据说""未知"，甚至来自古董黑市。

尤其这块主要的巴勒莫石碑，原址应该在埃及，怎么会落到意大利西西里岛的律师手中？杭州灵隐寺有一座从印度飞来的飞来峰。这块巴勒莫石碑完全就是一块飞来石。

这些没有来路的"欧帕特"，成了古埃及历史的根本依据。

金字塔是 1809 年之后新建伪造

早先以为埃及标志性的金字塔是在沙漠深处，实际上吉萨金字塔就紧贴着开罗城区（图 356）。从地理上看，这三座金字塔就在沙漠和尼罗河谷的交界处，紧贴着尼罗河谷。开罗建在尼罗河谷的出口，往北就是喇叭形三角洲冲积平原。

关于金字塔的信息人尽皆知，还是简述一下：这三座金字塔是埃及古王国第 4 王朝的三位法老——胡夫、哈夫拉和孟卡拉所建。狮身人面像在中间第二座哈夫拉金字塔前方（图 357- 下）。建造时间据称是前 2631—前 2498 年，迄今已有 4500 多年。

最大的胡夫金字塔，高 136 多米，底座边长 220 米。塔身由 230 万块巨石砌成，平均重 2.5 吨，最重的 25 吨。据说，埃及金字塔是动用了 10 万人，

图 356　吉萨金字塔紧贴开罗城区

图 357　金字塔和狮身人面像

　～　言不必称希腊——以图证史（上）

德国人蒙斯特画金字塔　1544 年

法国人所罗门画金字塔　1554 年

图 358

花了 30 年时间才建成……所以，被列入"古代世界七大奇迹"之一。甚至有人赞叹，金字塔不是人力所为，而是外太空人干的……

事出反常必有妖。

这金字塔背后之妖并非无迹可寻。我们可以用一系列的历史图像来证明：1802 年或 1809 年之前，今天我们看到的金字塔和狮身人面像并不存在。

事实上，西方 16 世纪以来，一直流传各种各样关于埃及金字塔的传说。形形色色的旅行家到了埃及，都宣称看到过金字塔，以及金字塔旁的雕像（开始只是地上冒出一个人头，不是狮身人面），并画成画在欧洲出版，更进一步激发欧洲人对东方埃及的想象。这与前述欧洲人臆想雅典完全一样。这些臆想的金字塔和塔旁像蘑菇一样冒出的人头像，简直可以开一个图片长廊。

能找到最早画埃及金字塔的，是 1544 年德国制图家蒙斯特（Sebastian Munster）画《宇宙志》（Cosmographia）的插图（图358- 上）。三座金字塔很尖，挤在一起，与人体相比塔也不高。

然后是 1554 年法国画家所罗门（Bernard Salomon）画的《东方宇宙志》中的"埃及金字塔"（图

358- 下），与今日场景迥异。

1572 年霍根伯格 / 布劳恩（Hogenberg & Braun）画的两座金字塔（图 359），不是处于沙漠中，而是建于削去顶部的山丘上。第一次塔旁边出现一尊女头雕像。

也是 1572 年，希姆斯科克（M. van Heemskerck）画的金字塔旁边，出现一座男子头像（图 360-上）。这是他画"世界七大奇迹"书系的插图（看来世界七大奇迹的传说，在西方 16 世纪已开始流传）。1579 年，赫尔弗雷希（Johannes Helfreich）画的塔旁雕像是一尊半身裸女（图 360- 下）！据说是埃及女神伊西丝（Isis）。可见，最早西方人想象埃及金字塔旁的雕像，并非狮身人面像，而是一个人物像，可男可女，全无一定。

到了 1589 年，索美尔（Jan Sommer）画的金字塔（图 361-左），体量一点不大。大大小小一大片，在村庄附近。金字塔后边的雕像不男不女。

现在来看 17 世纪的图片。1615年英国诗人旅行家桑迪（George Sandys）画的金字塔（图 361-右）。终于金字塔是在沙漠里了。雕像脸上露出蒙娜丽莎谜一般的微笑。人头像光光的脑额上一条留

图 359　霍根伯格 / 布劳恩　1572 年

希姆斯科克　1572 年

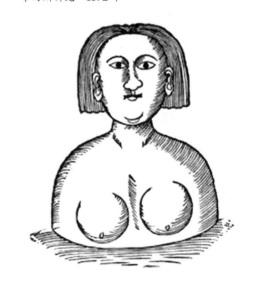

赫尔弗雷希　1579 年

图 360

索美尔　1589 年

英国人桑迪　1615 年

图 361

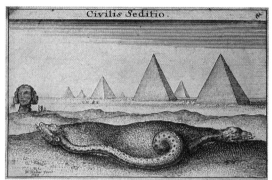

波西米亚人霍拉尔　1643 年

法国人拉布耶勒古兹　1653 年

图 362

发，颇像日本浪人。

　　1643 年波西米亚版画家霍拉尔（Wenceslas Hollar）画的金字塔（图
362- 左），雕像不辨男女。沙漠地下一条双头蛇，是为了守护金字塔？透出
一种不祥的气氛。

　　1653 年法国贵族、外交家德·拉布耶勒古兹（F. de La Boullaye-Le
Gouz）画的金字塔（图 362- 右）。他受法王路易十四派遣，赴波斯担任大
使，游历甚广，最终在伊朗的伊斯法罕去世。他画的金字塔也是一大片，雕
像又恢复成一个女子。

1665 年法国贵族、外交旅行家蒙哥尼（B. de Monconys），明确在 1648 年去过埃及，写过游记，但画出的金字塔实在不像话（图 363- 左）。

1665 年，荷兰人文学者、旅行家达佩尔（Olfert Dapper）的《描述非洲》，其中插图描绘金字塔（图 363- 右），大小不一。值得注意的是，金字塔旁除了有原先的裸女雕像，还第一次出现了狮身人面兽。

读者朋友要注意，这是两个东西：一个是传统的人头像，另一个是新出现的狮身人面兽，两者不能搞混。

1676 年，意大利耶稣会士、"埃及学之父"基歇尔所画两幅金字塔（图 364），依然延续前人套路：金字塔很尖。大概所有关于金字塔的传说，旁边都有一尊巨大的头像。基歇尔也画了一尊很像古罗马大理石雕像的裸体半身像，似男又女：短头发像男，丰乳又像女。另，背景不是沙漠，而是丘陵山区。

1681 年，曾画过波斯波利斯的荷兰画家、旅行家布鲁茵也到了埃及，据称爬到了金字塔顶留下自己的签名，还画了金字塔内部的图景。1698 年他出版游记，埃及金字塔还是想象的（图 365）。头像脑后的头发，像是挂着两片猪八戒的大耳朵，第一次将人头画成类似今天狮身人面像的头像。没有狮身，依然是传统的人头。还有一个欧洲人的高鼻梁。

18 世纪，情形依旧。1721 年，奥地利杰出建筑师、建筑史家冯·埃尔拉赫（Fischer von Erlach）画古代七大奇迹，也画了埃及金字塔（图 366- 上）。

法国人蒙哥尼　1665 年　　　达佩尔图绘不仅有裸女，还第一次出现狮身人面兽　1665 年

图 363

图 365 荷兰旅行家布鲁茵 1698 年

图 364 埃及学之父、意大利人基歇尔 1676 年

奥地利人埃尔拉赫 1721 年

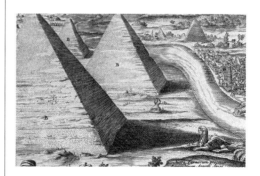

德国人豪曼画一个人头，一只狮身人面兽 1724 年

图 366

源远流长的西方历史、考古和文物造假

他继续了达佩尔的画法，画一个人头像（中间金字塔侧），第二次出现了狮身人面兽，是两只带翅膀的。要点是：狮身人面兽的头是向西朝向金字塔，与今天狮身人面像面朝东方，完全两回事。

1724 年，德国地理学家豪曼（J. B. Homann）承袭了埃利亚赫：也画了一个人头，一只带翅膀狮身人面兽（图 366- 下）。

1755 年，丹麦旅行家、绘图师诺登（F. L. Norden）出版《埃及与努比亚行记》，所画"无狮身"的人面像，其实还是人头的传统，第一次接近了我们今天的头像，已缺了鼻子（图 367）。

终于 19 世纪来临，见证金字塔真伪的时刻到了。

1798 年 5 月，拿破仑远征埃及，随军带了一支 160 人组成的各科学者和艺术家的队伍，一个"科学与艺术委员会"。据说要继续法国 18 世纪百科全书派的使命，编写一本专门关于埃及的百科全书。成员有古董家、建筑师、天文学家、化学家、数学家、医生或药剂师、机械师、音乐家、博物学家、矿物学家、绘图师、版画家、雕塑家等。远征行动持续 3 年，到 1801 年 8 月为止。拿破仑的军事行动遭到惨败，但科学"考察"活动则成果辉煌。

1809 年，专家学者的考察成果初步完成，汇编出版了一套巨型开本的《埃及描述》（Description de l'Egypte），分为"古迹""现代国家""自然史"和"地理"4 大类，10 卷文字，13 卷图片，是当时欧洲最鸿篇巨制的出版物。19 世纪 20 年代又出了第二版，直到 1829 年。

所谓"埃及学"，以前都是欧洲人瞪着迷离的双眼，遥望东方瞎想，直到拿破仑这次远征，随队一个国家的科学精英，才最终制造出来。

跟随远征的，有一位著名画家维旺·德农（Vivant Denon），负责绘制埃

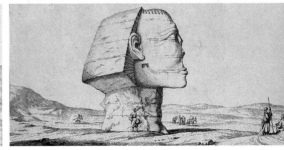

图 367　丹麦人诺登，无狮身的人面像　1755 年

德农画伏尔泰 1774 年

德农速写

图 368

及的古迹。他是拿破仑的御用画家，也是贴身成员。拿破仑 1799 年回法国他也一起回来，在埃及只待了一年多。后来打理拿破仑从欧洲各国掠来的文物，组建拿破仑博物馆，成为卢浮宫的首任馆长。现在卢浮宫主要馆区南楼就叫"德农馆"，当年我在卢浮宫学院学习常进卢浮宫，对 Denon 门印象深刻。

德农本来就是一个画家，画艺精湛。曾受托为老年的伏尔泰画像，因为画得太像导致老伏不满意。他的速写功夫也非常精准，无可挑剔（图 368）。在德农 1802 年出版的《上下埃及行记》（*Voyage dans la basse et la haute Egypte*）中，德农画金字塔前的人头，与今天的狮身人面像实景，差异巨大（图 369）。

首先，德农画的长脖子人头雕像，完全承袭了地上冒蘑菇的人头"传统"，而非今天的狮身人面兽。第二，德农的雕像明显有仰角，而实景头像几乎平视。第三，头发没有张开，头发很短，紧包裹着头皮。

要知道，德农可不是前面那些不靠谱的旅行家和"东游记"作者，而是科考队员，他的这幅画也是科考成果。而且这幅画的场景，画的就是科考队员在"测量"金字塔旁的人头雕像！如果那时已经存在狮身人面像，德农是绝对不会画出如此大误差的图像来。

画的背景上，还有一个堆砌石块的

德农虚构"考察测量"狮身人面像　1802 年
铁证：说明今天的狮身人面像当时并不存在

真景照片

图 369

废墟，应该是德农理解的金字塔废墟，证明那时还没有我们今天看到的金字塔。

金字塔和狮身人面像离开罗很近。所有到过埃及开罗的人，不可能见不到。很明显，德农所画完全是与前几个世纪的"东游记"作者一样，是在画臆想的金字塔旁人头像。

应该说，德农这张狮身人面像是一张设计图，只是后来没有被采用。

德农的绘图是一个铁证，证明1802年的时候，埃及并不存在今天模样的狮身人面像。

再来一个更实证的证据。1809年出版的《埃及描述》，是法国科学家们的正式科考成果，竟然也有这样一张图（图370），金字塔建在一片像陕北黄土高原、有沟堑的丘陵之上，与今天实景的沙漠缓丘环境完全不符。

法国科学家们创造的狮身人面像，完全没有采用德农的人头构想，而是将人头传统和狮身人面兽两相合一，或者说把传统的人头归并、嫁接到狮身人面兽的人头上。人头采用的是图367诺登的头像，再加了一个狮身：今天实景的狮身人面像原型终于诞生！

但画中它的位置在最北的胡夫金字塔外侧，而今天实景的狮身人面像靠近中间第二座金字塔。所以这也是完全虚构的图景。沟堑丘陵的地貌，狮身人面像位置明显错位，这个虚构场景是证伪埃及金字塔的第二个铁证。

图370　科考成果《埃及描述》，虚构"夕阳下的金字塔和狮身人面像"　1809年

就像前述卡雷和斯图尔特设计雅典，法国科学家既有浪漫想象，也有设计的意图。《埃及描述》既有图370那样的明显虚构，也有非常接近今天实景的设计。

比如这幅三座金字塔全景图（图371–上），有虚构：狮身人面像位置错误。狮身人面像在右侧，完全不在今天的位置。

也有设计：金字塔状貌基本准确。金字塔的整体感觉已经与今天实景几乎一致。尤其中间第二座金字塔塔顶，残留了一个"头盖"，也与今天符合。

图371–下的两幅狮身人面像，"从东南看狮身人面像"（左）和"从东边看狮身人面像"（右），位置基本正确，头像非常接近今天实景，也属于设计。但两个头像还不是狮身人首。

金字塔旁的雕像，最开始是一个男女人头像（或半身胸像），到一人一兽（狮身人面兽），又回到人头（德农），最后是两者合一，定型为一个巨大的狮

"从东南看金字塔全景"，《埃及描述》，狮身人面像位置错误　1809 年

设计了狮身人面像

图371

身人面雕像。

《埃及描述》书里还有一张金字塔的"测绘图"——"金字塔及周边地貌平面图"（图372-上），其实是一张设计图，被相当精确地实施，与右边的航拍实景（图372-下），两者非常接近。不得不佩服当时法国科学家在没有卫星和航拍条件下的制图能力，也要佩服施工方能极其精确地按照设计图建造了金字塔。

但百密总有一疏，依然有一个破绽泄露了这是一张设计图。这图上狮身人面兽体量很小，斜向东北。而今天实景的狮身人面像体量巨大，是正对东方。怎么解释？总不能说，当时狮身人面像瘦小，斜卧，后来肥胖增大又转正了身子？

这张图，看上去像一张完美的测绘图，与航拍实景几乎没有误差。但人们常说，魔鬼在细节。还真有一个巨大的魔鬼。

图纸和实景中的狮身人面像，一斜一正，一小一大，误差微小，但却是一个致命的重大破绽。

"测绘图"上的狮身人面像为什么很小？斜在那里随意摆放？因为这只狮身人面像是来自传统的"东游记"插图：金字塔很大，像很小。请读者回头看前面那些图，狮身人面像都很小，很随意。

哪晓得，后来的施工方尽管非常克制地严格按照设计图建造了三个金字塔，但到了建造狮身人面像，却贪大求巨，把狮身人面像弄成高20米，长57米（算上前爪全长72米），宽4.7米这么一个庞然大物！最大金字塔底边长230米。如按72米计，这只狮身人面像的长度约占了金字塔底边长的三分之一。

施工方还把狮身人面像摆正了，头正朝东方。

这个巨大的破绽完全可以证明：这不是一张"测绘图"，而是一张真正的设计图。

请允许我得意一下：什么叫以图证史？什么叫以图证伪？这就是。

这张设计图构成了第三个铁证：1809年，埃及并不存在今天我们看到的这只狮身人面像！

至于图纸上胡夫金字塔南边有6个小金字塔，今天一个也没有。4000多

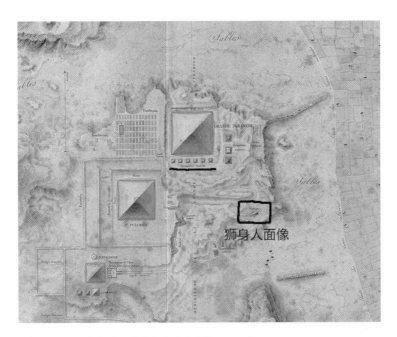

狮身人面像

《埃及描述》"金字塔及周边地貌平面图" 1809 年

狮身人面像

金字塔和狮身人面像，实景

图 372

年都存在下来，最近 200 年却风化消失了？不合逻辑。这就不提了。

再例举一下《圣经》，摩西带领犹太人出埃及，一般认为是前 1400 多年，《圣经》中提到埃及数百次，但从来没有提到过金字塔。不是说前 2500 年金字塔就建造完成了吗？摩西没有提金字塔，《圣经》没有提，只能说明有《圣经》传说之时，金字塔连传说都没有。

就像法国人卡雷设计了原初的雅典卫城巴特农神庙，法国人弗朗丹设计了波斯波利斯，是拿破仑的法国测绘专家，到现场设计了埃及吉萨金字塔。考虑到施工和测绘的难度，金字塔的伪造，至少是在 19 世纪 20 年代以后，甚至更后。据一位学者研究，埃及大金字塔是 19 世纪 30 年代，一个英国人团队所建。

就是说，号称有 4500 年历史的埃及金字塔，只有 200 年不到的历史。

当年西欧传教士们来中国，看到中华建筑华美，如南京大报恩寺琉璃宝塔，心生嫉羡，于是宣称俺们那边也有"七大奇迹"。1623 年意大利传教士艾儒略出版《职方外纪》，就说埃及有山形高台，"下趾阔三百二十四步，高二百七十五级，级高四尺"。1672 年比利时传教士南怀仁出版《坤舆图说》，也介绍埃及有"尖形高台"："地基矩方，每方一里，周围四里。台高二百五十级……皆细白石为之。自基至顶，计六十二丈五尺，顶上宽容五十人。"其实，这两位传教士根本没见过金字塔，也是听说了一些"东游记"，描写夸张，来对中国人吹嘘西方而已。

建造金字塔与共济会有关？

为什么传说的金字塔最后被建成为实物？有西方学者认为：1700 年以来欧洲人热衷埃及金字塔，可能与共济会有关。共济会的本名就是"自由石匠会"（Freemasons）。共济会和德国巴伐利亚光明会（Illuminati）都以金字塔为标徽（图 373- 左）。共济会的标志是金字塔、全视之眼和圆规矩尺。图 373- 右把共济会的标志都集合在一起了。金字塔是共济会与光明会的共同象征物。

共济会 1717 年在英国成立，能量巨大。美国的国父们基本都是共济会员（华盛顿是共济会员是公开秘密），共济会也是法国大革命的重要推手，也是

Bavarian Illuminati pyramid used in Minerval Assemblies

Pyramid on the Great Seal

巴伐利亚光明会金字塔，共济会金字塔

共济会的圆规、矩尺、金字塔和全视之眼

图 373

公开的秘密。法国大革命的口号，自由平等后面的"博爱"（fraternité），本义是"兄弟之爱"，满满的共济会意味（共济会就是一个兄弟会，互称兄弟）。最早法国发布《人权与公民权宣言》的画板上，公然画有共济会的金字塔和全视之眼。

拿破仑有嫌疑是共济会员，至少拿破仑的哥哥约瑟夫·波拿巴明确是法国共济会的总导师。拿破仑的三员干将，掌管艺术的德农明确是共济会员。军队将军克莱贝尔（J.B.Kleber），甚至是共济会埃及"伊西丝"分会的创立者。拿破仑创办的综合理工学院首任院长蒙日（G.Monge）也明确是共济会员。

概略地说，共济会代表了西方 18 世纪初新兴市民阶级发财致富的一些人，长期被国王、教会和贵族压着，长期只是交税，没有社会政治权利。共济会用兄弟会的形式，保护自己利益，反抗国王和天主教会。

用政治经济学术语，共济会可谓是"资产阶级"（bourgeoisie，本义为市民阶级）的准宗教组织。法国大革命这场"资产阶级革命"，有共济会在背后全力推动，不足为怪。今天西方国家是由资产阶级寡头、金融资本大财阀在统治，被说成幕后是共济会在统治，也没有什么错。

共济会的志向，不仅仅是提升自己的社会地位，更要做这个世界的主人。图中金字塔底部的铭文"Novus Ordo Seclorum"，意味"时代新秩序"，也可说是世界新秩序。共济会要创造世界新秩序，将自己的标徽金字塔变成一个现实的存在，理所当然。

把金字塔从象征落实为实物，共济会有动机。建造金字塔需要大量经费，共济会也不差钱。金字塔堆砌石块，共济会兄弟们本来就是"自由石匠"，石工原是他们的本行……

建造金字塔与共济会有关，逻辑成立。

金字塔是混凝土"假石头"（浇铸石、人造花岗岩和人造硬石）

金字塔的石块实在巨大，重达数吨数十吨，即使用现代起重工具，也难度极大。流行说法，说是古埃及人把巨石装在羊皮筏上，通过尼罗河水运到工地，又利用"水的润滑作用"，或建水闸用水的浮力，把巨石运上金字塔……都是痴人说梦。

为了解释金字塔的建造之谜，最近几十年，西方出现了许多专家认为，建造埃及金字塔的不是自然石块，而是混凝土人造石。这里例举三位。

最重量级的，当推著名法国化学家、材料科学家约瑟夫·戴维多维茨（Joseph Davidovits），他发明了"地质聚合物"（Geopolymer）概念。他以科学家的理性，认为古埃及人不可能具有切割和运输如此巨石的工具和技术能力。

在 20 世纪 80 年代，他就对吉萨金字塔采样做物理化学分析，对比样品和自然石的化学元素比例，得出结论：吉萨大金字塔的石块，除了小部分是天然石块，大部分是人工合成的石灰石混凝土！ 2009 年，他出版的《为什么法老们用假石头建造了金字塔》（Why the Pharaohs Built the Pyramids with Fake Stones）[1]（图 374- 左），再次强调这个观点。

特朗普喜欢用"Fake News"（假新闻）指责媒体界，戴维多维茨创造了"Fake Stones"（假石头）说法，很有一种神奇之感。

他发现在吉萨高地南边的低地里，有高含量"高岭土"的软质石灰岩颗粒，在水坑中浸泡，混入石灰（炉灰）作黏合剂，可以形成一种混凝土稀泥。

他为此做了一个现场录像实验，雇请一些穿着古埃及人服装的人，在一坑里搅拌石灰水，混入含有泥性钙的沙土，搅拌成稀糊的黏土料，倒入木板围挡，用夯土锤夯实（与我老家常见夯黄泥墙的原理完全一样）。在埃及经常

---

[1]　Geopolymer Institute，Jan. 1 2009.

《为什么法老们用假石头
建造了金字塔》

法国人世界顶级材料学家戴维多维茨证明金字塔使用假石头

图 374

的高温下，黏土迅速固化。四个小时之后，就可以拆去挡板，凝固成人造石。里面含有"合成钙"，很像自然石头。

戴维多维茨在展示这种"假石头"（图 374- 右）时说，如果黏土料比较干，假石块的表面就比较粗糙（上）。如果料是比较稀的砂浆，表面就比较平滑（下）。

正是因为假石头不需要到采石场切割，不需要运输，不需要凿平石块表面，戴维多维茨研究表明，一个 5—10 人的小组，使用简单手工工具，就可以在几个星期之内，夯制出 5 块 1.3—4.5 吨重的人造"巨石"。

所以建造吉萨大金字塔，根本不需要几十万人。用这种夯土法制造石块，无需太大工程量。人们有理由推想，有个几千人，干上三五年最多十来年，就可以建起来。

戴维多维茨的说法，对于西方正统历史学界是极其犯忌的。他的观点发表后，西方学界没有什么回应，可谓"冷埋葬"。

当然西方学界也拿他没办法，因为戴维多维茨并非无名小卒。他拥有法国国家功绩勋章（Ordre National du Mérite）。1994 年，获美国全国科学技术协会和材料学会联盟授予他金绶带奖。他是美国化学学会、美国陶瓷学会和美国混凝土研究所会员，纽约科学院院士，头衔多得吓人。他还撰写或合作撰写了几百篇科学论文，并获得40多项专利，是一位真正的国际学术大咖，学界大牛。

不过有一点要说明，戴维多维茨并不认为金字塔是现代伪造，而是坚定维护金字塔的历史真实性。他只是认为古埃及人就创造了混凝土技术。他的本义是解开金字塔建造之谜，用心良苦。

第二位也认为金字塔是混凝土块所建的学界大咖，是国际著名材料科学家、美国德雷塞尔大学的杰出教授米歇尔·巴索姆（Michel Barsoum）。他和同事也从吉萨金字塔取来样品，用电子显微镜分析证明：金字塔是混凝土块。他发现金字塔的石灰岩中含有矿质化合物和气泡，这在天然石灰岩中是不存在的。2006年，巴索姆及同事在《美国陶瓷学会杂志》，发表题为《埃及大金字塔重构石块的微结构证明》（*Microstructural Evidence of reconstituted blocks in the great pyramids of Egypt*）的论文，认为金字塔石块是石灰石颗粒、黏土和沙子在高温下聚合的结果。

电子显微镜还发现金字塔浇模石块中，红色无定形的二氧化硅，黏合着黑色的石灰岩聚集物（图375-中）。有二氧化硅存在，更可以证明金字塔石块不是天然石灰岩。

最雄辩的是，他还在胡夫金字塔前底层的石块中，发现一处明显是浇模留下的唇形（图375-右）。他认为这个唇形不是雕刻而成，完全是现场浇模泄漏所造成。

他还质疑，既然都说这些石块是铜凿凿出来的，那么为什么现场没有发

美国顶级材料学家
米歇尔·巴索姆

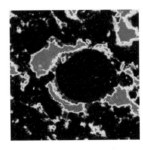

二氧化硅黏合
石灰岩聚集物

胡夫金字塔前，底层石块浇模
留下的唇形

图375

现一个铜凿？所以他认定，法老的文明是建立在黏土之上。金字塔主要是用泥土建造的！

要命的是，他也是一位享有国际声誉的学术大牛：拥有 400 多篇被高度引用的发表文献。2009 年，成为德雷塞尔大学的格罗夫纳讲席教授。他是瑞典皇家工程科学院国际院士，美国陶瓷学会和世界陶瓷学院会员。2000 年，他被授予洪堡－马克斯·普朗克研究奖。2008 年，成为瑞典林雪平大学的客座教授。之后在伦敦帝国理工学院做研究，并在 2017 年获得法国格勒诺布尔纳米科学基金会卓越奖。2020 年又获得世界陶瓷学院国际陶瓷奖……简直是一位获奖专业户。

巴索姆与戴维多维茨一样，也不认为金字塔是新近伪造，而是存在了4500 年。这两位科学家死脑筋得可爱。他们没去想过，宗教信仰或历史传说是不能用科学去解释的。一旦用科学去解释，就会直接消解这些信仰和传说，导致其全面崩溃。

第三位认为金字塔石块是混凝土的，是俄国历史学家、俄罗斯科学院院士阿纳托利·福缅科。他近年主编出版了 7 卷本《历史：虚构还是科学？》，全盘质疑斯卡利杰的西方编年史，认为西方古代史都是 17—18 世纪耶稣会士的编造，西方历史开始于 10 世纪。

2017 年，中国年轻人人气最旺的 Bilibili 网站，播出了福缅科《历史发明家》第 4 集，指认埃及金字塔是混凝土。这一集视频在中国传播甚广，可以说是第一次在中国广大网民中传播了埃及金字塔是混凝土的说法，功不可没。

但福缅科的视频，也受到中国翻译制作者的恶搞和污名化，称这个系列是"侮辱智商系列"，由"蒙古国海军官方网站"发布，甚至有意挑起中国民众的敌视……

视频申明："历史教科书上宣称：埃及是世界上最古老的文明之一，历史非常悠久，达到数千年。但经过我们调查研究，历史学家得出的结论，实际上没有任何可靠证据支持""今天我们所知道的古埃及，实际上都是 19 世纪以来西方正统史学界编造的一个童话"，我以为说得不错。

福缅科质疑埃及金字塔的视频，展示金字塔石块之间完全没有缝隙。甚至在拐角，石块可以拐弯（图 376- 左），明显只有浇模混凝土才能如此……大金字塔旁的三座小金字塔，上部风化得很厉害，坍毁严重。底部石块发现

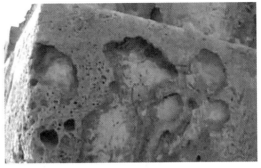

拐角石块之间也严丝合缝　　　　　金字塔石块含有气泡，很疏松

图 376

有大量气泡（图 376- 右），很疏松，用手就可以抠下大量碎屑。只有混凝土才会发生气泡现象。

　　三位西方科学家，尤其戴维多维茨和巴索姆这两位，是当今世界最顶级的材料科学家，以无可辩驳的科学分析和严谨论证，认定建造金字塔是人造假石头，事实上已经颠覆了埃及金字塔伪史。

　　金字塔是人造假石头已不是一种假设，而是一个已被科学证明的事实。

　　这里再邀请读者使用自己的常识，尝试一下以图辨伪（图 377），相信是可以看出一些破绽的。左图的石块，明显显得石质疏松。那种风化，只有混凝土才会这个样子。图 378 是黎巴嫩巴勒贝克古罗马遗址的巨石，其外形、石质，完全是混凝土的感觉。

　　还要曝光一个重要西方历史秘密：西方 17 世纪就已经有了人造石——浇铸石。

　　这是法国人斯蓬在 1678 年出版的"东游记"《1675—1676 年赴意大利、达尔马第、希腊和黎凡特游记》里面透露的。

　　斯蓬说一个清真寺里的四根大柱子，是真的花岗大理石，不是"浇铸石"（pierre fondue）。他专门解释这种浇铸石是一种由水泥混砂石浇模制成："它的成分是一些小圆石混入一种很强的水泥，浇入模子，然后就成为一块很硬

图 377　以图辨伪：你来看看像不像混凝土

图 378　以图辨伪：你
来看看像不像混凝土

的块体，全然就像一块石头一样。"[1]

　　斯蓬还举例他见过：在日内瓦有一个很高的石头十字架，就是用这种浇铸石做的。还说这种人造浇铸石在法国里昂使用很多。对于巴勒贝克的巨石，

---

[1]　Elle était composée de petites pierres rondes enchassées dans un ciment très fort jetté au moule. Ce qui fait ensuite un corps aussi dur que s'il était tout d'une pierre. 斯蓬"东游记"第 1 卷第 256—257 页。

一位法国网友说这是一种"浇模石"（pierre moulée），与浇铸石是同一个意思。

西方伪史说古罗马就有了水泥和砖，古罗马建筑师维特鲁威的《建筑十书》（16 世纪"重新出现"，来历不明）也讨论过类似建筑材料，不足为信。

有了这样的人造混凝土"浇铸石"，不仅可以破埃及金字塔之谜，还可以整个地掀翻古希腊、古罗马的"古建筑"。

希腊巴赛的阿波罗神庙为什么建在荒无人迹之地，意大利南部一些希腊罗马神庙莫名其妙在 18—19 世纪"被发现"，罗马斗兽场那些巨大的石块高悬在半空中……都可以用这些"浇铸石"或"浇模石"轻易堆起来。

当初游历罗马，仰望罗马斗兽场围墙上的巨型石块，深感困惑。这样的巨石没有起重机是怎么搬上去的，原来只是堆"假石头"！

还有，俄罗斯学者对埃及金字塔、神庙建筑和雕像的花岗岩提出了质疑，认为是人造花岗岩。

埃及吉萨金字塔底部，有几层据称是花岗岩。还有在卡尔纳克和卢克索神庙，有大量的花岗岩石墙，花岗岩柱子，花岗岩雕像，还有方尖碑也是花岗岩的……

福缅科纪录片中一位俄罗斯学者对一块金字塔花岗岩石块的样本，进行电子显微镜分析，发现样品花岗岩的结构非常松散，颗粒的排列很不规则，岩石颗粒被固定在一些黏合剂周围，绝对不是天然的石材。而且，样品花岗岩的钙、铝、钛含量比天然石材明显高得多。所以结论是，这种花岗岩为人造，是人工聚合物。

俄罗斯学者还发现一些神秘的古埃及石罐子，材质非常坚硬，甚至比铁还要硬。这些罐子还是日常家居用品，罐子内壁和外壁都进行打磨，表面均匀光滑，这也是古埃及的铜制工具不可能完成的。俄罗斯学者怀疑，这些硬石罐子也可能是人造石。事实上，戴维多维茨在 1979 年，也向第二届国际埃及学大会提出了一个"人造硬石"的说法："古埃及人制造人造石物品（硬石罐子）"［objets en pierre artificielle（vases de pierre dure）］。戴维多维茨认为古埃及人不是用金属工具，而是用人造硬石来制作这些表面光滑的硬石罐子。

这条信息非常重要。连硬石都可以人造，那人造花岗岩，可不是小菜一碟。

证明古埃及神庙和雕像是使用人造花岗岩，其颠覆意义一点不亚于证明金字塔是混凝土石块。因为这是全面揭穿了那些体量巨大、规模惊人的"古埃及神庙"，不过是用人造石垒起来的一个大号横店影视城！

八、"古美洲文明"迷魂阵

说到埃及金字塔，必然会联想到北美洲的玛雅金字塔。

玛雅文明也被说得很古老，形成于前2000年。天文学超发达，金字塔的台阶刚好365级，是一年的天数……其实玛雅金字塔的真实性也可以打问号。

南美秘鲁的印加文明也被说得很古老，公元前就有农业基础，有结绳纪事，天文学超发达，有太阳历和阴历。还有懂得用草药治病的医学。甚至还有麻醉药，可以搞开颅外科手术……

写书至此，碰到了一个英语词组"独眼巨人的石墙"（Cyclopean walls），专指一些古代粗糙巨石工程，靠人力无法完成。只有希腊神话里的巨人库克罗普斯（Cyclopes）（图379-左），才可能搬起那样大的石头。迈锡尼的巨石城墙就说是他完成的（图379-右）。

秘鲁印加文明据称有近千年历史，一些大石块墙也被喻成独眼巨人墙。印加文明标志性遗址马丘比丘（图380-上），1983年被列为世界遗产，是美国耶鲁大学考古教授和政客宾汉姆（H. Bingham）三世，在1911年发现的，很可疑。

主庙石墙（图380-左下）切割精确，块面平整。右下的石墙，石块面形状不规则，但之间咬合无缝。

埃及吉萨金字塔底层有一处灰色石块墙（图381-左），看上去像花岗岩，其实是人造石。中间红框里石块表面的风化剥落，是人造石的风化。石块看上去不规则，但石块之间非常密合。右边这片石墙，从鼓凸过渡到平面后，就可以清楚看到石块互相咬合严丝合缝。

独眼巨人库克罗普斯

迈锡尼的"独眼巨人石墙"

图 379

秘鲁印加文明遗址马丘比丘

主庙石墙

不规则块面石墙

图 380

源远流长的西方历史、考古和文物造假

吉萨金字塔底层的石块墙　　　　　　　　风化（下），小鼓包　　　　从鼓凸过渡到平面

图 381

库斯科的古代无缝石墙　　　　　　　　　奥兰泰坦波的无缝石墙，小鼓包

图 382

　　印加主庙石墙的石块咬合无缝，与这片埃及金字塔的石墙完全一样，只能是浇铸的人造石。

　　印加文明的中心库斯科（Cusco），有一个古代"金围墙"（图 382- 左），石块切割精确之极，无缝对接，比埃及无缝石砌还要无缝。

　　库斯科西北的奥兰泰坦波（Ollantaytambo）有一处标志性石墙，石块面是不规则几何形，之间的接缝几乎针插不进（图 382- 右）。

　　人工打凿，绝无可能把石块加工到如此精确对接。如此任意切割的石材，只有模制人造石才能实现，因此被有的西方学者怀疑是"模制的岩石"（moulded rocks）。

这堵石墙，一些石块底部有两个小鼓包，与图381- 中埃及金字塔石墙的小鼓包极其相似。

这些小鼓包是怎么形成的？是否在浇模人工石时，底部挡板留了两个圆孔？很悬疑。

南美还有一处古代文明的巨石工程，是玻利维亚的提瓦纳库的普玛彭古神庙遗址（Tiwanaku / Pumapunku）（图383）。一般说是属于前印加文明，有1500年历史，也有说是有2万年历史。

神庙遗址有四块重达130至180吨的巨型红砂岩石板，还有切割极其精确、切面极其多变的安山岩石块（图384、图451），属于极其坚硬的火山石，以致被认为是"远古外星人"所建，甚至一家美国历史电视频道称，其神奇

图383 玻利维亚提瓦纳库的普玛彭古遗址

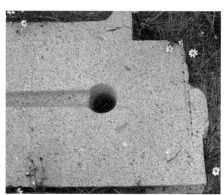

刻槽大石块

高精度钻孔

图384

超过埃及大金字塔……

但，较真固执的戴维多维茨，2017 年与一个学术团队对巨石遗址进行了取样分析，电子显微镜扫描的结果显示，红砂岩里含有"基于碳的有机物"（carbon-based organic matter）。这种有机物在天然火山岩里根本不存在，所以他认为红砂岩是现场浇模制作的人造石。

2018 年他在《材料通信》（*Material Letters*）上发表了论文："终极证据：提瓦纳库／普玛彭古的巨石是人工地质聚合物"！（*Ultimate Proofs: Tiwanaku / Pumapunku Megaliths are Artificial Geopolymers*）

戴维多维茨太了不起了！不仅破了埃及金字塔的神话，还以"终极证据"，戳穿了西方人在南美洲伪造"古迹"！

连坚硬的火山石都可以人造，什么样的石头不可以人造？人造埃及遗址的花岗岩不在话下。对了，坚硬到极点的钻石不也可以人造吗？有了人造石，什么样的"人间奇迹"不可以凭空造出来？

美洲巨石文明，实际上是西方考古造假的一种延伸。科学理性、不信外星人的戴维多维茨坚信：古代埃及人和古代南美人，绝无可能有足够坚硬的金属工具，来切割这些巨石。

九、"古印度文明"很离谱

历史上，南亚大陆的印度地区，一直是小国林立。各王朝忽生忽灭，各族群地盘忽大忽小。在 1526 年建立莫卧儿王朝之前，印度地区没有像样地形成过统一国家，没有形成过统一的文字，哪有什么历史？

但翻看印度历史，各朝各代还不少。公元前几百年，有吠陀时代和十六雄国，波斯大流士一世和希腊亚历山大大帝入侵，接着有孔雀王朝和贵霜帝国。公元后有笈多王朝和伽色尼王朝等……但这些"历史"，除了中国有关记载，基本是虚的。

有一个说法是：印度没有历史，印度的历史要借助中国的史籍。这话没错。

其实，印度地区的文明传播，相当一部分来自古代中国西北地区。首先是中国张掖敦煌地区的大月氏人，经中亚和阿富汗，进入印度河流域，建立贵霜王朝。到了唐朝 647 年，中国使节王玄策，借吐蕃兵 1000 多人，泥婆罗（尼泊尔）兵 7000 人，击败谋反的中天竺，镇服其余四天竺，威镇整个印度地区，创造了"一人灭一国"的美谈……说明当时印度地区的族群是一片散沙。

16 世纪，来自中亚大宛地区的蒙古人后裔，来印度建立莫卧儿王朝。这片地区的文明程度，可以想见。

18 世纪欧洲人崇拜中国，非常虔诚投入。后来据说"发现"了印度，中国热迅速降温消退，转而兴起"印度热"。

现在想来，这个"印度热"并不那么自然，而是西方人自我感觉好起来，有意回避中国，另找了一个文化祖宗。

于是，就有了什么"印欧语系"：欧洲的语言渊源于印度。还有寻找印欧人种的雅利安人，也找到了印度。德国人自认日耳曼人，是雅利安人后裔……

西方兴起"印度热"，热的是印度的吠陀文化，指 6 部用梵文写的经典：《黎俱吠陀》《娑摩吠陀》《耶柔吠陀》《阿达瓦吠陀》，加上《梵书》和《奥义书》。这个吠陀文化据说是印度—雅利安人，在前 1500 年进入印度北部地区，然后前 1200 年进入恒河平原，逐步创造出来。

这个始于前 1500 年的印度吠陀文明，虽然古老也人畜无害，没有上升到排位比中华文明更古老的地位。

但 1920 年，出问题了。

巴基斯坦印度河上的"古印度文明"

1920 年，在今天巴基斯坦的印度河流域，突然冒出一个"哈拉帕文明"，号称始于前 3300 年。因为当时巴基斯坦还属于英属印度，印度和巴基斯坦没有分家，所以巴基斯坦地方的文明，就被说成是"古印度文明"。

而这个古印度文明，比上下 5000 年的中华文明还要古老 300 年。从此，人类四大古文明，古印度文明就排在中华文明之先了。

1947 年印度独立，巴基斯坦成为自治领。恒河流域的印度，与印度河流域的巴基斯坦，不仅地理上不搭，宗教和民族情感上更是势不两立。但是，把巴基斯坦的印度河文明当作是古印度文明，这个历史学说始终没有改变。

在巴基斯坦的土地上流淌着一条印度河，一条以自己仇敌名字命名的河，巴基斯坦人情何以堪。

在中国，偶尔有准确地说"印度河文明"。但更多的情况下，中国文化人心目中，说起古印度文明，大概率以为是印度恒河流域的古文明。基本弄不清，古印度文明竟然是在巴基斯坦境内的"印度河文明"。

生土上的新红砖

印度河文明主要指哈拉帕（Harappa）和摩亨佐－达罗（Mohenjo-Daro）两座遗址。这两座遗址相较于希腊、波斯、巴比伦，尤其埃及的"古代遗址"，做工实在太粗糙。

事实上，这个哈拉帕文明是一位名叫约翰·休伯特·马歇尔（J. H. Marshall，1876—1958）的英国殖民官员创造的。

1920年，马歇尔在哈拉帕开工，1922年在摩亨佐－达罗开工。两处工地，相距600多千米（图385-左），都是在他的领导下。这个"印度河文明"，东

印度河哈拉帕和摩亨佐－达罗遗址

图385

哈拉帕主遗址和大谷仓

西宽 1600 千米，南北长 1400 千米。一个三角形文明区，以哈拉帕为中心首都，号称建于前 2600 年。

我们来看看这个文明的中心首都长什么样（图 385- 右）。该城地处偏僻，全然不是处于水路或陆路交通要冲，只有一条近代铁路经过。也不靠河，离河流有一段距离。遗址就是几个小土丘，一边是田地，一边是小村，地形狭窄。

其中一个土丘，是哈拉帕主城区，号称有一圈城墙，但已经荡然无存，说城墙砖被拆去修铁路路基了。所以哈拉帕遗址，除了一块主遗址、一口井和北边一个"大谷仓／大厅"，三个景点，就没别的了。西方资料也承认，哈拉帕没有什么遗迹。有价值的只是一些墓葬，出土哈拉帕文明的文物。

来看看三处遗迹的图片。哈拉帕的主遗址（图 386- 上），从全景照片看，这个哈拉帕的主遗址实在太小了。"遗迹"也很少，只有数得过来的几道墙基。看近景，可以看出墙基全是新红砖，地面是生土（图 386- 下）。

哈拉帕主遗址全景

近景：墙基全是新砖

图 386

源远流长的西方历史、考古和文物造假

本人开过荒山，知道什么是生土，什么是熟土。这个遗址现场的红土，完全是新挖开的生土，那些红砖墙基也明显是新砌的。对了，5000多年前，当地人已经发明烧砖了吗？

大谷仓/大厅（图387-上）也是新砖墙基，排列整齐，完全不是古代遗址的感觉。

那口标志性的"古井"（图387-下）是一圈新砖，周围"遗迹"也全是新砖。最搞笑的是几条小地沟，就是传说中无比先进的哈拉帕"城市下水道系统，排出生活废水"！对此应该用上海话说："帮帮忙，好伐！"

三个景点，地方小得不得了，啥也没有，就能撑起一个伟大古代文明的中心大都市"遗址"？简直是在糊弄小孩。

大谷仓

古井，城市排污水道

图387

再来看建于同一时期的摩亨佐－达罗遗址，在印度河边的一片平岗高地，一面临河，三面耕地包围（图388－左）。地盘是大了一些，但主遗址还是不大（图388－右）。东边是下城，散落几片墙基"遗迹"。

主遗址地势最高，在一个土岗顶上，由一个圆塔和一片墙基组成（图389－左）。这些墙基都是新砖砌的。遗址中心有一个大浴池（图389－右）。

大浴池砌的也全是新红砖（图390），触目惊心。这红砖也实在是太新了，如果说是旧址新修，无论如何，也要摆上一部分千年老砖呀。但一块也没有。

古罗马人爱洗澡本是虚构。马歇尔把古罗马人爱洗澡的风俗也搬到这里来。另，在这个山岗顶上建大浴池，从井里提水来灌满，极为不便。尤其，大浴池要蓄水，池底和四壁要防渗水，据称是使用了沥青。4000多年前摩亨佐－达罗人就已经有沥青了？

图388　摩亨佐－达罗遗址卫星图

主遗址在一个土岗顶上　　　　　　　遗址中心大浴池

图389

源远流长的西方历史、考古和文物造假

生土

全新红砖

图 390　遗址中心大浴池

圆塔是泥墙

冲天水井

图 391

　　另一标志性遗迹是圆塔，是夯泥的圆形厚墙，现大半损毁（图 391- 左）。没搞清泥塔是古城原迹还是后来的佛塔。如果是属于 4000 多年前的古城，那么一座泥夯的墙，能够暴露在土岗顶上留存 4000 年？

　　还有，据称摩亨佐 - 达罗是一个水井城市。不仅有公共水井，还有各家各户的私家水井。统计出来吓人一跳：说大约有 700 口水井！

　　这口私家水井（图 391- 右），像烟囱那样，冲天屹立在现在的地面之上。解释这种井的说法很荒诞：原先井口是在地面上，与当时的地面平，周围都是土。考古发掘后，把井口周围的泥土都挖掉了，所以井的外壁就暴露出来了……往下挖的井居然指向了天空。

　　井旁的房屋墙垣怎么解释？总不至于当时挖井，地底下已经有更古老的城市遗址，然后挖这口井时刚好对准了地下遗址墙垣当中的空档？地面之下的井怎么可能跟地面之上的墙壁处于同一空间？

马歇尔是要让人们相信，这些水井、砖墙和墙基，原先是土层覆盖的，挖去土层才暴露出来见到天日。其实平岗上，从照片甚至卫星图，都可以看出那里是一片浅红的生土。砖墙完全不是从地底下挖出来，而是从地面上砌上去的。摩亨佐－达罗新建的墙基（图 392－左），可以与德国人在伊拉克修的"巴比伦古城"墙基媲美。只是德国人干活非常整齐，而摩亨佐－达罗是一个英国人指挥当地人做工，活儿随意得多。

网名 Diphasiastrum 的游客很惊讶："整个城市都是用红砖建起来的——几乎和现在一模一样的红砖"。事实上，从大浴池到冲天井，整个摩亨佐－达罗"遗址"都是新建的。

摩亨佐－达罗也说与哈拉帕一样，是一个政治行政中心的大都市，有良好的城市规划，人口都有 3.5 万到 4 万。尤其，摩亨佐－达罗有一个城市污水排放系统，生活污水可以顺利的排出城市。

有的房屋，甚至都有从二楼排污到底楼的管道。欧洲城市只是到了 19 世纪（比如巴黎），才有地下排污管道系统。而这个"古印度"城市，我的天，4000—5000 年前就实现了城市排污系统，简直先进到月球上去了！

红砖墙基　　　　　　　　　　　　　　　　　　蹲坑厕所

图 392

两个古城遗址的地面景观，没啥可看。于是就托说两城都有地下墓葬。摩亨佐－达罗的墓葬，比哈拉帕更多。尤其摩亨佐－达罗这个词本身就是"死人之丘"的意思。

所以，这个"古印度"文明，相当程度是靠出土的文物来支撑了。有铜器、陶器、首饰、小陶制玩具或祭品，还有几千枚小印章，上面刻有动物形象和一些至今未能破解的文字符号。

克里特岛克诺索斯遗址的翻版

我是拖到很后才仔细看马歇尔的介绍，最后有这样两行字："他在1898至1901年参与发掘克诺索斯和克里特岛其他多个遗址，也作为发掘的重要成员而知名。"

心中豁然开朗：这个马歇尔完全是把克里特岛的"考古"成果搬到了"古印度"来了！所谓的哈拉帕文明，实际上就是克诺索斯遗址的翻版。

没有资料说他是伊文思的助手。但作为一个曾在剑桥大学国王学院学习的22岁年轻人，比伊文思小25岁，说他是伊文思的小跟班，应该没有问题。

马歇尔曾经跟着伊文思在克诺索斯干过，这一条信息至关重要。伊文思在20世纪20年代开始大规模新建克诺索斯王宫。师傅在新建遗址，学生为什么不可以学样？马歇尔也是20世纪20年代开工摩亨佐－达罗，两地工程几乎同时进行。

克诺索斯原先可能还有一些旧墙址，而摩亨佐－达罗基本确定是一块在生土野地里开挖、凭空新建的"遗址"。马歇尔真是伊文思的好学生，青出于蓝胜于蓝，大有没有条件、创造条件也要上的革命干劲。

哈拉帕文明最高光的亮点，就是城市排污系统。而这张王牌，完全是从克诺索斯遗址那里搬来。

前边讲过克诺索斯"无水的引水管"和冲水厕所。没想到，这一先进的排污系统竟然移植到了"古印度文明"头上。克诺索斯有一个冲水厕所，摩亨佐－达罗也有一个冲水的蹲坑厕所（图392－右）。

致命的问题来了。克诺索斯王宫号称可以从别处引水，而摩亨佐－达罗地势高，根本没地方引水。奈何？那只能就地掘井呗，竟然搞出了一个有700

口水井的井城！

但挖井也是一项需要发明、具有高度文明意义的事儿。并非所有的人类族群从一开始就懂得挖井。

事实上，挖井取水也是中华民族的一项伟大发明。甲骨文就已经有了"井"字。历史上，挖竖井取水在巴基斯坦和印度并不自古就有。

因此可以推断，4000多年前摩亨佐－达罗不可能建造砖砌水井。这些水井，完全是逻辑推导出来，为了支撑先进的城市流水排污系统。家家户户有水井，才能家家户户排污水呀。

尤其，打井并非易事，一般都是集体性工程。我老家章头坞，一个小山村就一口井，全村共饮。古人背井离乡，井代表了故乡一个村庄。摩亨佐－达罗单家独户就拥有一口井，是一种现代个人主义思维。"700口私家井"，是马歇尔这种不懂乡村集体生活的人的"造古"妄想。

哈拉帕出土的小陶制玩具，与克里特岛的小陶制玩具也非常相似（图393）。那两个小陶牛，与克里特岛伊拉克利翁博物馆里的小陶牛很相似。

哈帕拉文明还有一个标志性成就，就是出土了几千枚用滑石刻的小印章。上面刻有动物图纹和文字符号（图394）。要谈一个文明，没有文字怎么行？必须得有。于是便有了这些"印章文字"。但这些文字，据说召集了全世界的古文字专家，都未能破译成功。

未能破译成功的文字？伊文思在克里特岛挖到的泥板线性文字A，也是至今未释读。

哈拉帕小陶制玩具　前2500年　　克里特小陶牛，伊拉克利翁博物馆

图393

哈拉帕文明的动物图纹小印章　　　　　动物图纹小印章　　　　　未解读的文字

图 394

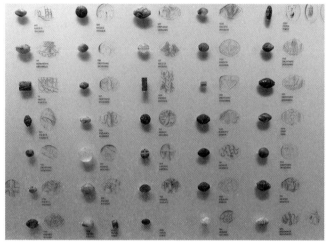
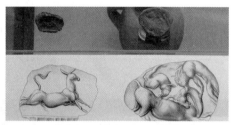
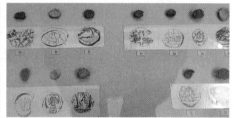

克里特宝石小印章　　　　　　　克里特封泥动物图纹小印章

图 395

　　小印章？克里特岛也是要多少有多少。不仅有封泥的，还有刻在玛瑙似的硬石上。数量之多，图案之精，当时我在克里特岛的伊拉克利翁博物馆里惊呆了（图395）。

　　克里特岛有这么多的小印章，马歇尔在"古印度"也挖出了几千枚小印章，显然灵犀相通啊。

　　克里特岛有大量的首饰，哈帕拉文明也挖出了大量首饰。其实，首饰是最容易造假，造假之后也最容易变现，卖给博物馆。

　　马歇尔是1898—1901年在克里特岛跟着伊文思干，1902年来印度，可以说是直接从克里特岛的"造古"工地上出发。

舞蹈女孩青铜像　前 2500 年

祭司之王石雕像　前 2000 年

图 396

马歇尔到了印度，就被印度总督任命为"印度考古调查局"（Archae-ological Survey of India）局长。1913 年，去塔克西拉（Taxila）发掘一个佛教遗址。该遗址是他前任库宁汉（A. Cunningham），通过研读中国玄奘《大唐西域记》里关于印度的记载考证出来的（印度历史还是要靠中国记载）。他在那里一直干到 1918 年，似乎没有什么成果。1920 年，他自立门户，一出手就"发现"了伟大的"古印度哈拉帕文明"。

显然，伊文思与马歇尔之间，克里特岛的克诺索斯遗址与印度哈拉帕文明之间，存在直接的联系。

最后来看哈拉帕文明的两件标志性雕塑：一件是 1926 年发现的小青铜像"舞蹈女孩"，另一件是 1927 年发现的"祭司之王"小石雕像（图 396），都是在摩亨佐－达罗出土。两件都是孤品，没有发现同类的青铜像和石雕像。

尤其这两件雕像，风格奇特，两件作品之间也毫无共性。舞蹈女孩青铜像很小，10.5 厘米高。女孩头型像黑人，有非洲木雕的意味。胳膊上套了一些臂镯，全身裸体……这叫什么风格？马歇尔对舞蹈女孩雕像赞美有加。从考古上说，这个小青铜像是用来证明"古印度"已处于青铜器时代。石雕像祭司之王也很小，17.5 厘米高。男子高鼻子厚嘴唇，感觉像木雕，风格怪异。这两件东西都是马歇尔发现的，是其重要"考古"

成果。但这两件东西，读者都能看出假得不能再假。

也许，马歇尔到印度履职还负有文化使命。印度文明当时已被西方人认为与自己同宗，所谓"印度－雅利安人""印欧语系"等。这么高贵的"印度文明"不古老怎么行？必须将其搞得比中华文明更古老一些。

正当伊文思在克里特岛拔高古希腊文明，马歇尔也来到长年酷热的印度河，冒着摩亨佐－达罗夏季近50℃的高温，拔高古印度文明。

1920至1930年，西方人同时在克里特岛，古巴比伦的乌尔，土耳其的赫梯，印度河的哈拉帕等地开工大干，简直是一场"考古大跃进"啊。

两河苏美尔文明的定位，古印度文明的"发现"，就是这个大跃进的产物。尤以这个"古印度文明"，做工最粗糙，制作成本最低（堆几块砖头）。

至于这个哈拉帕文明在前1900或1500年突然神秘消失，说没就没了，有各种说法。有说是被入侵的印度－雅利安人灭了，有说是大洪水淹的，因为过于破坏生态环境。最离奇的说法是，摩亨佐－达罗是被史前高温核弹炸毁的……唉唉，生得离奇，死得荒唐，不谈了。

十、西方曝光的考古文物造假

西方从16世纪起，就有兴隆的考古文物造假或艺术造假（art forgery）产业。当然，中国历史上也有文物造假。伪造名人字画，宋朝就有发端，明清更甚，但仅仅是牟利赚钱。而西方的考古和艺术造假，除了牟利以外，更有伪造历史的目的。

还有，中国书画造假非常注意做旧，赝品尽量做得跟旧的一样，需要相当的技术含量。而西方考古和艺术造假，有时根本不屑于做旧，就直接指认，公然欺骗世人。

有人说，断定年代不是有碳14测年法吗？首先，碳14只能测算植物动物等有机物。而石头、陶瓷、金属等无机物，是无法测定的。其次，碳14的测定方法非常复杂，蒸馏和萃取的过程误差极大（福缅科纪录片有展示其过程）。

一位同道朋友指出，西方考古界使用碳14测年，并没有纠偏之前的估算，反而是支持了原先的估算。原先估计是 4000 年，用了碳 14 测算，还是 4000 年上下。原先的信口开河，现在可以用科学名义将其漂白。

偶然看到一幅报纸图片，标题大书："碳测年法'可以误差 10000 年'"！可见这碳 14 测年法非常不可靠，基本上只是挂了个"科学"名头。

既然没有一个明确可靠的科学测年方法，西方考古年代测定，基本上还是靠一张嘴，你说多少年就是多少年。

西方文物造假有太多的丑闻，黑幕重重。业界共识：希腊克里特岛、埃及帝王谷和意大利庞贝，是假文物来源的重灾区。

下面例举一些西方著名的考古文物造假案例，大多是已经曝光的。

造假祖师爷米开朗琪罗

前面已讲过美国哥伦比亚大学讲师卡特森质疑米开朗琪罗造假，这里再把他拖出来一回，因为米开朗琪罗是伪造古代雕像的祖师爷。

事实上，15 世纪前后的佛罗伦萨，好古成风，伪造"古物"也成风。

一些人文主义者伪造"古代手稿"，一些雕刻匠造假"古代雕塑"，都能卖得好价钱。因为需求旺盛，一些有钱有身份的好古人士，大肆收购古希腊古罗马"古物"，助长了造假之风。

福缅科《历史发明家》系列视频第 13 集《世界历史都是假的？》展现了一位 15 世纪佛罗伦萨人文主义者布尔乔里尼，从一位神秘僧侣那里买下一卷"古代手稿"，整理之后将其出版。而出版"古代手稿"在当时是一项大暴利的营生。他通过整理出版古罗马历史学家李维的手稿，发了大财，竟然在佛罗伦萨买了一座别墅。

古罗马历史学家李维，在前 1 世纪时，竟然写了 144 本历史书。显然，都是"人文主义者"们伪托他的名字造的假。

卡特森是专门研究那个时代意大利的艺术，写了一本《发现、确定、造假、制作》，描写了当时佛罗伦萨的雕塑家的情状，其中就有"造假"（Faking）的活儿。

正是在这种"好古"氛围中，米开朗琪罗还没有出道就开始造假。1490 年米开朗琪罗伪造"沉睡的丘比特"，才 15 岁。之后才去罗马大展身手。

这个造假的事儿非常著名，具体情节有多种说法。维基百科法语版说，米开朗琪罗完成雕塑后，在自家园子的地里埋了一段时间，让它显得是古物。之后挖出来，以200杜卡特金币的高价，卖给他的赞助人圣乔尔吉奥主教。之后，这件作品辗转流传于不同的收藏家，进入那位被砍头的英王查理一世的收藏。最后，在白厅（Whitehall）的大火中，不知所终。

丘比特造假之事，不仅没有让米开朗琪罗声名扫地，反而让他名声大增：手艺好，有本事雕出古代雕刻。

艺术史家勒南（Thierry Lenain）揭露，米开朗琪罗还造假版画。他曾临摹马丁·勋戈尔（Martin Schongauer）的一幅版画，然后用烟熏，显得古旧，让人们以为是真迹。

的确，米开朗琪罗是一位卓越的雕刻和绘画大师。但作为个人也有比较阴暗的一面。读过一些关于他的传记，整个一个守财奴形象。一辈子赚了很多钱，相当一部分用来买地，喜欢地主老财的感觉。性取向也异乎寻常，不喜美女爱俊男。再加上艺术品造假，劣迹斑斑。

晚年他画西斯廷教堂的巨型壁画《最后的审判》，耶稣十二门徒之一圣巴托罗缪（被活剥人皮而殉道），手上提着自己的人皮，而人皮的脑袋竟然是米开朗琪罗自己！（图397）

图397　圣巴多罗缪手提自己人皮，人皮的头像是米开朗琪罗自己

这是否可以理解为，老米人至晚年内心很焦虑，对自己人生有那么一点忏悔之意？

年代相差2000多年的奇怪标签——"盖蒂的库洛斯"

美国加州有一座著名的盖蒂博物馆，从20世纪80年代开始展出一尊古希腊青年库洛斯雕像（图398）。一段时间，因真实性受争议，于是标签为："纪元前530年古希腊，或现代赝品"。

世界真奇妙。一本正经的西方博物馆，竟然还会有这样模棱两可、年代定位相差 2000 多年的标签？

事实上，盖蒂博物馆是花了大价钱，1200 万美元（一说 900 万美元），才买到这件"古希腊雕刻"。开始是兴高采烈，博物馆有了镇馆之宝。但后来，大概这雕像实在太新，渐渐有了质疑之声，使博物馆陷入尴尬之境。

说它是真的，不像。说它是假的，也不行。科学鉴定没有用，搞不清大理石表面的老化是自然还是人工作伪。于是就有了上述奇怪的标签。

图 398　盖蒂的库洛斯，标签为："纪元前 530 年古希腊，或现代赝品"

拖了十几年，终于认定这是一件假货。2014 年，玛利亚·特立玛尔奇（M. Trimarchi）将这尊雕像列入"十大著名假古董"之一[1]。中国媒体也作了报道。

2018 年 4 月 16 日《纽约时报》发表一则通讯："盖蒂的库洛斯在正式认定是造假之后，从博物馆展位被移除"。旷日持久的尴尬终于尘埃落定。

此事已经过去，但回味起来依然令人惊叹。弄块石头雕凿一番（美院雕塑系朋友甚至学生都可以轻易做到），竟然能卖 1200 万美元。这是多么丰厚的暴利！

盖蒂的库洛斯只是运气差，制作拙劣被暴露了。而那些庄严摆在博物馆里的"古希腊雕刻"，让人们瞻仰膜拜，其实也都是假的。

花园小屋制造的"古埃及雕像"——阿马尔纳公主

玛利亚·特立玛尔奇所列"十大著名假古董"，还有一件是古埃及阿马尔纳公主雕像。这件用半透明雪花石膏做的"古埃及雕刻"（图 399- 上），被

---

① 　Maria Trimarchi: *10 Famous Fake Antiques and the Suckers Who Bought Them.*

大英博物馆和佳士得拍卖行专家鉴定是真品，有3300年历史。

2003年，英国大曼彻斯特的波尔顿博物馆以44万英镑（约近400万人民币），买下这件52厘米高的雕像，曾成为世界头条新闻。同年，在海沃德（Hayward）画廊，这尊雕像首次与公众见面，由英国女王主持开幕。

2004年开始，在博尔顿博物馆展出，反响热烈，被认为是该馆埃及藏品中"王冠上的宝石"，一时出尽了风头。

但2006年，这件东西被发现是造假，成为一桩大丑闻。

造假者名叫肖恩·格林哈尔（Shaun Greenhalgh），是一位业余艺术家，能画几笔水彩，搞一点雕刻。这件雕像是他在自家花园小屋里，花了3个星期弄出来的！

这事儿，他父亲和弟弟也参与其中，是一个家庭造假作坊。

格林哈尔是从1999年开始准备造假这件雕像。他买了一份100年前的拍卖单，里面有拍卖古埃及雕像的记录。然后声称祖上留下了一些古董，也不知值不值钱，花言巧语一通忽悠，竟然成功得手。

格林哈尔一家造假售假17年，赚了将近100万美元。如果他们能把做好的120件赝品都卖出去的话，能赚到1000万英镑。

格林哈尔造假败露，并非专家鉴定出来，而是因为他太贪。他又想用同样的鬼话，出售三件声称是"古代亚述"的浮雕，才招致怀疑。最后2007年，被判刑坐4年大牢。

阿马尔纳公主雕像，花园小屋制造

古埃及纳芙蒂蒂像——德国的蒙娜丽莎

图399

盖蒂的库洛斯，专家鉴定也是真迹。最后是因为另一件类似雕刻完全暴露是伪造的，才连带过来，确认其为赝品。可见，西方所谓的古代雕刻是无法鉴定的。

原因恐怕是，在大英博物馆和卢浮宫等西方博物馆，所有的古希腊、古埃及雕刻都是新的。

德国的蒙娜丽莎——纳芙蒂蒂像也是假货

刚刚说完 2006 年爆出埃及阿马尔纳公主雕像是假的，2009 年又爆出这位公主她娘，图坦卡蒙的继母，著名埃及女王纳芙蒂蒂（前 1370—前 1330 年）的雕像（图 399- 下）也是假的！

这也太劲爆了。要知道，这尊雕像可是德国人的命根子。纳芙蒂蒂的美艳一点不亚于法国卢浮宫里的蒙娜丽莎，甚至有过之。冷艳瘦俏的面容，微弯的娥眉，细长的鹅颈脖，高挺的鼻子，精致的唇妆，谜一般淡然的微笑……活脱一个现代名模。

对于她，人们不吝热烈的赞美："古代世界最美的女子之一""蒙娜丽莎之后最著名的女性面容""她与图坦卡蒙金面具、狮身人面像和金字塔，是古埃及最著名的象征"……

雕像高半米（48 厘米），里面是石灰岩，外涂石膏灰泥，是 1912 年德国考古学家路德维希·博查特（Ludwig Borchardt），在埃及阿马尔纳发现，被认为是古埃及雕塑家图特摩斯（Thutmose）于前 1345 年所创作。

这件纳芙蒂蒂像 1924 年在德国公开展览以后，很快就成了德国"重建1918 年（战败）之后德意志帝国身份"的"新女王"。希特勒对纳芙蒂蒂像也极尽颂扬，说是独一无二的杰作，真正的瑰宝。他要盖一座博物馆来供放它。

20 世纪 70 年代的西德和东德，也都把纳芙蒂蒂像看作是德意志民族身份的象征。在克劳迪娅·布雷格尔（C. Breger）看来，将纳芙蒂蒂与德意志民族身份相连，是因为它可以与英国人发现图坦卡蒙金面具相题并论。

1989 年，德国专门发行了一枚印有纳芙蒂蒂头像、面额为 70 芬尼的邮票（图 400- 左上）。纳芙蒂蒂成为被印刷、传播最多的古埃及形象。今天，纳芙蒂蒂已成为柏林的文化象征，每年有 100 万人来柏林新博物馆一睹她的芳容。

70 芬尼德国邮票 1989 年

模拟发现情景

发现雕像的现场照片

图 400

从纳芙蒂蒂的面孔来看，高鼻子翘下巴，显然是一个欧洲白人。没关系，她依然是古埃及人。雕像的色彩极其鲜艳，完好无损。没关系，它就是埋在沙漠里 3300 年的古埃及塑像。信仰，是能抵挡住任何质疑的。

这座雕像的发现，也是戏剧性、巧合性之极。

1912 年 12 月 6 日，博查特像往常一样在沙漠上翻沙子，"突然，我们手掌中出现了埃及最生动的艺术品。简直不能用语言形容，必须在现场亲见"——这是博查特日记中描摹的情景（图 400- 左下）。

而这天恰恰就是德国萨克森约翰·格奥尔格王子去探访博查特考古现场的那一天。所以，王子就拍照拍到了纳芙蒂蒂雕像被发现的历史时刻（右）。

2009 年，终于有两位学者公开质疑纳芙蒂蒂雕像是假货。

言不必称希腊——以图证史（上）

《纳芙蒂蒂半身像——埃及学的
欺诈？》

疑是博查特夫人为模特

图401

瑞士艺术史家亨利·斯蒂尔林（Henri Stierlin）出版了《纳芙蒂蒂半身像——埃及学的欺诈？》（*Le Buste de Nefertiti-une imposture de l'Egyptologie?*）（图401-上），认为这件雕像根本不是古董，而是博查特让一位名叫马尔克斯（G.Marks）的雕刻家在埃及当地制作的。德国作家和历史学家埃尔多安·埃尔西文（E. Ercivan）出版了《考古学缺失的联系》（*Missing Link in Archaeology*），也认为这件雕像是现代赝品，并揭露雕像的模特原型是博查特的妻子（图401-下）。两人都认为，雕像之所以带回德国闲置了11年才公开展出，正因为它是假的。

两位专家的质疑，一石激起千层浪，西方媒体广泛报道。

英国《卫报》《这是纳芙蒂蒂，或一件100年的假货？》，加拿大新闻：《曾被看作是古代世界蒙娜丽莎的纳芙蒂蒂像，可能是一件赝品》，还有法新社、英国BBC、奥地利新闻网等媒体也发布了消息。今天，维基百科法文版承认："越来越严重的怀疑指向其真实性"。

其实，这件在沙里埋了3000多年依然色彩鲜艳的"古物"，只要不迷信，谁都会怀疑是假货。西方终于有一些人不再迷信西方考古学。"古埃及"神话开始崩塌，进入多事之秋。

法老的诅咒——图坦卡蒙的骗局

刚才提到，纳芙蒂蒂像、图坦卡蒙金面具、狮身人面像与金字塔是"古埃及文明"最著名的四大件。其中三件都被质疑或被爆造假，那么第四件图坦卡蒙金面具又如何？

纳芙蒂蒂的女儿阿马尔纳公主雕像被曝光是伪造，纳芙蒂蒂像也被指控是假货，自然也要"株连"一下纳芙蒂蒂老公的儿子、她的继子图坦卡蒙。

当然图坦卡蒙墓葬造假还没有到曝光的程度，但长期饱受怀疑，所谓"法老的诅咒"或"图坦卡蒙的诅咒"（许多参与挖墓的人离奇死亡）。福缅科纪录片《历史发明家》，专门揭露图坦卡蒙墓"不是一个伟大的考古发现，而是一个惊天骗局"……

对图坦卡蒙墓葬，以前没有关注。现在稍加探究，没想到破绽如此之多，漏洞如此之大，黑幕重重。事件已不止是造假，而是涉嫌犯罪。

图坦卡蒙墓葬最著名的，就是那件图坦卡蒙金面具。实际上这不是一个面具，而是一个金头套（图402-左），套在木乃伊的头部。头套的正面，所谓面具（图402-右），最为世人所知。

惊人的是，这个头套是用11千克的纯金打造。一般论黄金都以克来计算，好家伙，这里是论千克。其上还镶满天青石、玛瑙、石英、黑曜石、绿松石、琉璃和彩石，比施里曼的阿伽门农金面具阔气上档次了太多。

更令人吐舌头的是，图坦卡蒙的棺椁，是俄罗斯套娃样式：图坦卡蒙长眠在一层套一层的三层"金棺"之中。外面两层是镀金的木制棺。最里面第三层，是用了110千克黄金打造的纯金棺（图403）！

图坦卡蒙据称是古埃及新王朝第18王朝的一个年轻国王，18岁就驾崩

图坦卡蒙金面具头套

金面具正面

图402

外层镀金木棺

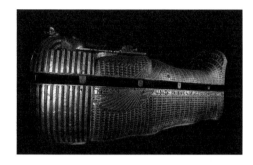

中层镀金木棺

里层金棺用 110 千克黄金打造

图 403

了。前 1333—前 1323 年在位（如此精确！），距今 3300 多年。他的墓在开罗以南 700 千米、尼罗河中游的底比斯，尼罗河西岸的帝王谷。

1922 年 11 月 26 日，英国考古学家霍华德·卡特（Howard Carter），经过 5 年的发掘，宣称找到了图坦卡蒙的陵墓，挖出了图坦卡蒙的金棺金面具，以及 5000（也有说 10000）余件文物，震惊世界。

近百年来，图坦卡蒙墓葬文物曾在世界诸大博物馆展出，广为人知，也招致了持续的怀疑。1922 年参与打开法老陵墓的人，十几年间基本上都死了。

有说"数年间"，参与发掘的 20 人中"有 13 人相继死去"。有说"12 年间有 17 个人上了死亡名单"。还有说"到了 1929 年，先后死亡 22 人"。根据维基百科法文版的描述，首先死去的，是发掘行动的赞助金主卡纳冯勋爵（Lord Carnarvon），被墓里飞出的一只蚊子咬了一口，引发败血症，高烧肺炎，在陵墓打开 4 个月之后（1923 年 4 月 5 日）一命呜呼。紧接着，1923 年 5 月，卡特的密友、加拿大考古教授拉弗娄尔（La Fleur），在参观完陵墓后的当天晚上，在睡梦中神秘死去。同年 5 月 16 日，赞助金融家乔治·杰伊·古尔德一世（G. Jay Gould I），在参观完墓室之后，突发高烧肺炎死亡。同年 9 月 26 日，卡纳冯勋爵的同母异父弟弟奥布里·赫伯特（A. Herbert）无缘由死亡。1924 年，卡特的合作者、

源远流长的西方历史、考古和文物造假

最早进入墓室者之一，休·伊夫林－怀特（H. Evelyn-White）教授，神经抑郁而上吊自杀。同年，给图坦卡蒙木乃伊拍 X 光的英国人里德（A. D. Reed）死亡。1926 年，照顾卡纳冯勋爵的护士死亡。同年 3 月 26 日，法国埃及学家乔治·贝内迪特（G. A. Bénédite）在参观陵墓时摔了一跤，当晚在睡梦中死去。1928 年，卡特最重要助手，帮他打通墓室墙的英国考古学家亚瑟·梅斯（A. C. Mace），死于砒霜中毒。1929 年 11 月 15 日，卡特的贴身秘书理查德·贝瑟尔（R. Bathell），被人发现死在自己床上，"怀疑因窒息而死"。终于，1939 年 3 月 2 日，挖墓者卡特宣告死亡，带走了所有关于图坦卡蒙陵墓不可告人的秘密，终年 64 岁……

这么多参与发掘行动的人离奇死亡，显然超出正常范围。于是，"法老的诅咒"或"图坦卡蒙的诅咒"之说不胫而走，20 世纪 50 年代根据这个故事还拍了个电影。

各种各样的解释也随之出现，有说陵墓里有诅咒挖墓者的铭文，有说墓室里有引发呼吸道病症（肺炎）的病毒，还有说墓室里的蘑菇滋生霉菌……

这些离奇死去的人，都与挖墓者卡特关系密切：金主、合作者、秘书等。这哪里是什么法老的诅咒？分明是"卡特的诅咒"。

福缅科纪录片认为："最有可能的真相是，图坦卡蒙陵墓是 1917 年开始的一个大骗局。""考古队亲手制造了这座陵墓。当挖出足够大的地下空间以后，将假冒的文物放进去"。陵墓有"数量巨大的黄金制品"，是因为"将黄金制品当作文物出售，获得的利润将非常大。考古队将绝大部分文物都高价卖给了世界各地的博物馆"。那些人的离奇死亡，是"因为不可告人的秘密而被灭口"……

这就对了。造假出来的文物，代表了巨大的财富和利益，势必导致分赃不均，杀人灭口。那些因为气愤或别的原因而有可能泄密的人，就给自己带来杀身之祸。

事实上，图坦卡蒙陵墓造假的破绽比比皆是，完全可以用常识常理判定这是一个考古骗局。

图坦卡蒙墓，陪葬品塞满了四间小墓室（图 404）。入口前厅摆了金光闪闪的马车，各种箱笼，供奉的食品和酒。所有陪葬品都很新。前厅摆放的东

图 404 图坦卡蒙墓布局，四小间

前厅堆放拆散的马车　　　　　　供奉的食物、酒和童年的宝座

图 405

西，毫无年代久远而腐朽的痕迹，就像昨天刚摆进去的那样（图 405）。

最搞笑的是，为了证明这个墓门在 3245 年中从未被打开，打开墓门前，专门为绑墓门的绳子和绳子上的封泥拍了照片（图 406- 左）！

这根绳子历尽 3000 多年岁月，怎么可能一点也不风化？绳子的材料和编结方法，完全是一根现代绳子。另，这块封泥也是水和的泥，3000 多年了，怎么一点也不酥化散成粉尘？

墓里还出土了一把铁刃金柄的匕首（图 406- 右）。在地下埋了 3000 多年，依然寒光凛凛，毫不生锈。古埃及在 3300 多年前就已发明了人工冶铁？西方人自己也不敢这么说。最近说法是，这把匕首的铁是陨铁，但陨铁不能直接打制锋利的铁刃，这把匕首毫无疑问是赝品。

3245 年没有打开过的锁门绳子和封泥　　　　3000 多年的铁制匕首毫不生锈

图 406

相比帝王谷其他法老陵墓，图坦卡蒙的墓道很短，墓室也特别小，只有 80 平方米。英文纪录片《揭秘图坦卡蒙之墓》承认该墓有许多反常：墓室小而简陋，墓壁没有雕刻只有壁画，壁画内容高度简化，宗教经文缺失……只有一个解释，工程时间受限制，"他们想尽快完工"。这正好解释，卡特只有 5 年时间来造假图坦卡蒙陵墓，时间很紧。

福缅科注意到发掘现场有铁轨，极其可疑。打开墓道工程不大，搬运沙土根本用不着铁轨。照片显示有一长列车厢在铁轨上。这是从墓里往外运文物，还是造假之时往墓里运文物？

埃及法老墓中的木乃伊，未必是 3000 多年前。19 世纪以来，自从得知西方考古学家需要木乃伊，埃及当地人便大量出售，街头随便买卖（图 407- 左）。

总之，图坦卡蒙陵墓考古，除了法老"诅咒"死了这么多人，还有墓葬文物崭新如昨，都可以证明这是一场骗局。

死海岸边的文物造假丑闻

西方考古文物造假，19 世纪屡爆丑闻。比较著名的，可举耶路撒冷古董商夏比拉（M. W. Shapira）伪造"摩押文物"和"皮条古卷"。

所谓摩押文物，是 1868 年，德国犹太裔传教士克莱因（F. Klein）在死海东岸的约旦沙漠，发现了一块黑色玄武岩石碑，据说记叙了前 9 世纪摩押

　　　　　　　　　　言不必称希腊——以图证史（上）

埃及街头，木乃伊随便卖　1865 年　　　　　摩押石碑

图 407

国王米沙战胜以色列王的事迹，被称作"摩押石碑"（Moabite Stone）（图
407- 右），如今收藏于卢浮宫。

　　这块石碑在沙漠里被发现时据说是"仰面朝天"，露天躺在废墟中烈日暴
晒了 2900 年的石碑，碑文字迹竟依然可辨。神迹啊！这块无厘头石碑如同前
述飞来石"巴勒莫石碑"一样，本来极其可疑。但因石碑刻有原始希伯来文，
可以印证圣经历史，在一片圣经考古的狂热中，变得炙手可热。英、法、德
三国的外交官或商人，纷纷前来寻求摩押古物。

　　夏比拉是波兰裔犹太人，1856 年来到巴勒斯坦。1869 年在耶路撒冷老城
开了一家古董店，出售真真假假的文物。

　　夏比拉从摩押石碑看到了商机。他认识一位名叫萨利姆（Salim al-Kari）
的阿拉伯人，会画画，干点导游，也倒卖伪造的古文字文物。两人相见恨晚，

源远流长的西方历史、考古和文物造假

立即开始合伙伪造摩押文物。萨利姆带夏比拉去见阿拉伯的工匠。萨利姆与这些工匠一起，为夏比拉的古董店制作了大量的赝品，有一些是石雕人头像。但主要是伪造黏土制品：器皿、小人塑像和色情物品。

这些伪造的文物上常常刻有一些"古铭文"，那是萨利姆模仿摩押石碑的字母搞出来的鬼画符，根本不能解读。夏比拉甚至让萨利姆在摩押地区的同伙在地里埋好赝品，然后组织买家去现场"发掘"……

搞笑的是，一些学者根据这些伪造的文物开始编撰理论，创造了一个"摩押风"或"摩押学"（Moabitica）的新词。一个全新的学科由此诞生！

用假东西去构建假学术，以假证假，假假生发，由此生成一个新学科，最终成为图书馆里的学术专著，大学课堂上教授的学问……所谓"亚述学""埃及学"等西方考古学门类，就是这么来的。

1873 年，夏比拉以 22000 塔勒银币的高价，将 1700 件摩押文物卖给德国柏林阿尔特斯博物馆（Altes Museum），一夜暴富。之后，夏比拉在耶路撒冷老城外，购置了一栋别墅。

夏比拉的发迹，引起了一位法国外交官兼文物商的怀疑嫉恨。他找到并逼问了萨利姆，顺藤摸瓜找到了制作赝品的石匠和同伙，并在伦敦的一份报纸发表文章，说夏比拉卖给德国人的东西是假的。但夏比拉把责任推给萨利姆，称自己是受害者，继续售假。

1883 年，他试图把 15 根在死海附近发现、写有古希伯来文圣经的皮条（leather strips），以 100 万英镑的价格卖给大英博物馆。博物馆在收购前展览了皮条，数以千计的人参观了展览……

这个法国人也看了展览，马上宣布这些皮条是假货。英国圣经学者金斯堡（C. D. Ginsburg）也指认是赝品，逮住了夏比拉（有一幅漫画）。这一下，夏比拉终于丑闻败露，身败名裂。他在绝望中逃离伦敦。1884 年 3 月 9 日，在荷兰鹿特丹一家旅馆开枪自杀……

其实，巴勒斯坦一带，是圣经考古学造假的重灾区。福缅科纪录片第 10 集《巴勒斯坦地区假文物泛滥成灾》讲："在以色列，每过一段时间就会发生文物造假的丑闻。"

华盛顿圣经博物馆藏死海古卷全部是赝品

　　无独有偶，夏比拉死海皮条丑闻半个世纪之后的 1947 年，"一个阿拉伯牧羊人为寻找走失的羊只"，在死海岸边又发现了写有古圣经文字的羊皮手稿，人称"死海古卷"，被认为是"20 世纪最伟大的考古发现"。

　　2020 年 3 月 15 日，美国国家地理中文网报道：美国华盛顿圣经博物馆藏的 16 份死海古卷碎片，全部是现代伪造的赝品！（图 408- 左）

　　2018 年媒体已经爆料，该博物馆 5 份死海古卷残片送去德国检验被证明是假的。这次是宣告该馆花了几百万美元买的死海古卷残片全都是假的。

　　该报道暗示了一个名叫坎多（Kando）的伯利恒的古董商人，一位现代夏比拉，在 20 世纪 50 年代从当地贝都因人手中购买了多个手卷，转手卖给世界各地的收藏家，"Kando 家族与伪造残片之间有着千丝万缕的联系"。"制作这些碎片的人是在蓄意欺骗"……

　　"一旦一两个碎片是假的，那么很有可能全都是假的，因为它们来源相同，看上去几乎一样。"一位挪威阿格德尔大学的研究者如是说。一旦这些死海古卷被证实是假的，可以"株连"其他死海古卷也是假的。

　　首先，在死海西北岸的昆兰（Qumran）地区，一些荒凉土崖上的洞穴（图 408- 右）老远都能看见。说里面藏有大量装有古卷的陶罐，就很离奇。孔子故宅墙里藏古书，敦煌洞窟暗室里藏古卷，暗藏暗藏，要点是个暗字。而昆兰地区的这些"藏经洞"一点都不暗，都是明显得很。这些古卷被认为

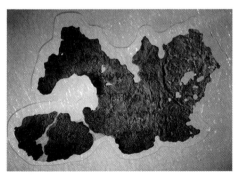

华盛顿圣经博物馆藏，死海古卷全部是赝品　　发现古卷的死海昆兰地区崖洞

图 408

是公元前后几百年的东西，为什么2000余年当中，从来没有牧羊人爬上去好奇一下，单单要等1947年的那个牧羊人上去"发现"？

第二，那些陶罐并不完全密封，放在陶罐里的古卷主要是羊皮材料。而皮革材料会生物降解，能存放2000余年而不损毁？

第三，死海古卷秘不示人，非常可疑。死海古卷有数百份书卷，4万（或10万）块残卷碎片，主要存放在耶路撒冷的以色列博物馆和洛克菲勒博物馆，有专门的团队保管，大部分古卷都深藏不露。普通人看不到真迹，专家们也难以看到。近年公布了一些古卷照片，真迹还是难以看到。这很不正常。

另据称，死海古卷的圣经《以赛亚书》某章，与今天希伯来文《圣经》同一章，156个单词一对一对照，发现除了个别单词拼写有差别，几乎完全一致，95%的准确率。2000年前的《圣经》古希伯来语，中断讲用2000年，竟然与今天的《圣经》希伯来文几乎一致，这种概率几乎没有。拼音文字2000年不变，难以说得过去。

所以，不仅圣经博物馆藏的死海古卷是假的，所有死海古卷都是假的。

大英博物馆的"埋雷"古陶棺

1873年1月26日，大英博物馆希腊和罗马文物部负责人查尔斯·牛顿（C. Newton），收到了一位名叫卡斯特拉尼（A. Castellani）的意大利古董文物商老朋友的信："这是一件腓尼基－伊特鲁里亚风格的陶棺……比我以往所知更纯粹的古风：是配得上咱们第一流的东西。但我能干啥？你让我缴械投降……来罗马吧，看看咱能不能把它拿下。"

卡斯特拉尼是一个典型的19世纪文物经销商。他不仅直接认识法国拿破仑三世皇帝，卖给他可疑文物（后来被卢浮宫收藏），也推销假文物给大英博物馆与柏林博物馆。

这次他向大英博物馆推荐的陶棺，是"伊特鲁里亚文明"，是比古罗马文明更古老的意大利文明，前6世纪是鼎盛期，与东边"古希腊"差不多同一个时期。

这件陶棺据称是在罗马西北60千米的凯斯拉（Caisra）地区田野里挖出来的（图409-左），高118厘米，宽158厘米，是前550—前525年的作品。

大英博物馆的假陶棺　　　　　　　　　　　卢浮宫的假古希腊金头盔

图 409

牛顿先生 2 月份赶到罗马，见到了宝物，立即给博物馆写报告赞美其重要性。5 月，大英博物馆就花巨资收藏。

但几年以后，一位名叫恩里科·佩内利（Enrico Pennelli）的卢浮宫修复工，意大利人，公开爆料称这件陶棺是他和他弟弟皮耶特罗做的！他们做好以后，将陶棺砸裂开几部分，然后埋到地里……

兄弟俩造假功夫了得，做旧水平精湛。陶棺看上去还真显得很古旧。尤其棺体上的浮雕，显得粗糙笨拙，很像古代的东西。兄弟俩出来爆料，因为是经销商给的钱太少了。经销商常常很苛刻，只给工匠一点点苦力钱。

这件陶棺依然一直展览到 1936 年。之后标为"赝品"，放到仓库里了。如果不爆料，这件收藏号为"1873，0820.643"的"古代伊特鲁里亚陶棺"，一定会庄重地摆放在大英博物馆，供我们瞻仰。

19 世纪欧洲售卖假文物，可谓有完整的产业链。有具体造假的，有专门经营生产和销售的，还有专门收购的。处于产销之间的经销商是灵魂人物。这位卡斯特拉尼就是这类经销商的典型。他卖了大量假文物给大英博物馆和其他西方大博物馆。

于是我们该发一问，看上去如此古旧的东西都是假的，那么西方博物馆里，有多少"古物"是真的？

卢浮宫的假古希腊金头盔

1903 年，一位来自原俄罗斯、今乌克兰敖德萨的金匠来到巴黎，声称卢浮宫里展出的一件金头盔（图 409- 右），不是一件古希腊时代文物，而是他前几年做的……

卢浮宫的专家说什么也不信。怎么可能？这件卢浮宫花了 20 万金法郎巨款买下的金头盔，雕饰极其精美，表现古希腊史诗《伊利亚特》中阿伽门农和阿喀琉斯争夺美女布里塞伊斯的情景，还刻有希腊铭文"奥比亚城议会和城民向伟大的战无不胜的国王赛塔法尔奈斯致敬"，怎么可能是眼前这位其貌不扬的俄罗斯匠人做的呢？

金匠无奈，只好请法国人给他提供原材料，说，俺做给你们看……事实终于证明这件金头盔就是他做的，是赝品。卢浮宫不得不灰头土脸，把这件头盔从展位上拿掉。消息一下在巴黎炸开了锅，成了"20 世纪最大的考古丑闻之一"。

事情要回到 1894 年，一位名叫霍赫曼（S. Hochmann）的俄罗斯人和他弟弟，兄弟文物经销商，找到这位名叫鲁乔莫夫斯基（I. Rouchomovsky）的金匠，向他定制一件礼物——一顶金头盔，送给一位做考古的朋友。金匠根据霍赫曼兄弟提供的资料，做好头盔交了货，收到 7000 法郎的报酬。

而霍赫曼兄弟是一对伪造古代文物的骗子。看到当时欧洲博物馆热心求购"古希腊"文物，事先定制了这件金头盔。1896 年，两人巧舌如簧，成功将金头盔卖给了卢浮宫。

卢浮宫还以为捡了一个大宝贝。因为这件东西反映的是一个前 3 世纪的历史：黑海岸边的希腊殖民城市奥比亚，被斯基泰人围困。城民被迫向斯基泰人的国王献宝以求解围……

卢浮宫收藏以后，就有一些专家对这件头盔表示怀疑，因为这件头盔灿然簇新，毫无积垢和锈迹。卢浮宫则坚定地辩解头盔是真品……争议的风闻慢慢传到了敖德萨这位金匠的耳朵里，于是就有了他来到巴黎这一幕。

不过，金匠鲁乔莫夫斯基引爆了这个大丑闻，法国人并没有难为他，反而对他精湛的金匠手艺大加赏识。巴黎装饰艺术沙龙奖赏给他一枚金奖，金匠一举成名。他在巴黎留了下来，最后终老于法国。

纽约大都会博物馆的赝品陶俑武士

1961 年 1 月 5 日，罗马的美国领事馆，来了一位名叫阿尔弗雷多·费尧拉文蒂（Alfredo Fioravanti）的意大利人，交上一份坦白书，声称 1915—1921 年间美国纽约大都会博物馆收藏的三件伊特鲁斯坎武士陶俑，是他和里卡尔迪一家一起制造的赝品。为了证明他并非诳语，他拿出一个陶制大拇指，说这就是那件"老武士"（也称"白胡子武士"）（图 410- 左）缺的左拇指，被他留作纪念品……

作为狡猾的意大利伪造文物高手，他这番此来并非良心发现，而是这桩 40 年前的售假交易近来逐渐被揭穿。想想还是自首比较好，可以争取宽大处理。

这是一个长达半个多世纪的家族伪造文物的故事。皮奥和阿尔方索·里卡尔迪（Pio/Alfonso Riccardi）兄弟，和他们 6 个儿子中的 3 个，职业就是伪造古罗马文物。

皮奥和阿尔方索最初伪造古代陶瓶罐的碎片，也伪造整个陶瓶罐。有一位"古罗马艺术"经销商专门帮他们经销。

1908 年，兄弟俩干了一票大的：伪造了一辆巨大的青铜战车。由这位经销商去联系大英博物馆，说是有人在意大利中部的奥尔维耶托城附近，一

白胡子武士　　　　　大头像　　　　　　　　大武士

图 410　大都会博物馆三个陶俑武士赝品

个伊特鲁斯坎古堡里，发现了一辆两匹马拉的古代青铜战车，在地里已埋了2500多年……1912年大英博物馆毫不犹豫买了下来，收为藏品。

接着，儿子辈出场。皮奥的长子里卡尔多（Ricardo），是家族中最有艺术才华的。他与雕塑家朋友费尧拉文蒂，一起制作了那件2米多高的"老武士"，1915年成功地卖给了纽约大都会博物馆。1916年，又卖出1.4米高的武士"大头像"（中），声称这是一尊7米高巨型雕像的脑袋。1918年，又制作了"大武士"（右）。1921年，大都会博物馆"以未透露、相当于今天500万美元的价格"，从造假团伙那里买进了三件"伊特鲁斯坎武士"。

这三件武士，风格夸张，制作粗率。比如"白胡子武士"，瘦得像得了厌食症，胸部以下赤溜溜光屁股，完全不像个武士。右手不知怎么摆，干脆就不要了。

聪明的是，在泥塑像还是干坯状态时，他们竟然想到将塑像推倒在地，摔成碎块，然后再拿去烧。当然，这也是因为他们没有那么大的窑炉来烧，条件太简陋了。

三个武士是1933年开始展出。一些意大利专家已经感觉是假货，但又没有确切证据。直到1960年，说是从雕像釉料里检测出锰元素，西方17世纪之前没有使用这样的化学物质，博物馆才承认受骗。

轻松伪造"古希腊雕刻"的高手多塞纳

1928年，又发生了一个文物经销商残酷剥削工匠，工匠怒而控告经销商的故事，导致造假之事败露。

这位工匠，名叫阿尔塞奥·多塞纳（Alceo Dossena，1878—1937），意大利人，是一位天才的雕塑家，技艺精湛。1918—1928年间，他伪造古希腊、古罗马、中世纪、文艺复兴的雕塑，无论是石雕、木雕、铜雕还是陶制，无不出神入化。他的经销商，轻松将他的作品当作古代雕像，出售给博物馆、大学机构和私人藏家。

他做的"古希腊雕刻"，非常轻松自如，雕得比古希腊还古希腊。比如这件古希腊女头像（图411-左），非常符合古希腊那种理想的美，做旧也恰到好处。事实上，他的一件古希腊女神雕像，就被纽约大都会博物馆购藏。

多塞纳造假的古希腊女头像　　　　造假文艺复兴风格的圣母与圣子

图411

1927年，另一件古希腊雅典娜雕像，以12万美元的高价，被美国克利夫兰博物馆购藏。

他模仿文艺复兴风格的雕塑也轻而易举。这件《圣母与圣子》（图411-右），收藏于美国圣迭戈艺术博物馆，雕刻技艺不输给米开朗琪罗。其细腻和精准，与卡诺瓦的新古典主义雕像相比，也不逊色。

1928年，他模仿一位15世纪意大利雕塑家的陵墓雕刻，被他的经销商帕拉齐（R. Palazzi）以600万里拉的价格，卖给波士顿美术博物馆。

他的赝品雕刻最高能卖到15万美元，但他的经销商每卖一件雕刻只给他200美元。按照中国人做生意的常理，这种情况给10%已经极其"周扒皮"了。而这位经销商竟然只给人家1/750。

所以，当多塞纳意识到经销商拿走了太多销售款，想跟经销商要点经济资助却遭到拒绝，终于出来起诉经销商。他坦白自己制造赝品，但他辩解说，他不知道经销商将其作为"古代雕像"销售，所以胜诉获赔6.6万美元。

这件诉讼可以说是 20 世纪最有名的艺术品造假丑闻之一，在当时的艺术界和收藏界引起轩然大波。

令人悲哀的是，多塞纳没有像那位伪造金头盔的金匠那么幸运。他后来在大都会博物馆办了一个雕塑展，想让社会承认自己的艺术才华，结果惨遭失败。1933 年，他的 39 件雕刻被意大利政府拍卖，只拍了 9000 美元。

1937 年，多塞纳在罗马死于贫困。

多塞纳的悲剧其实反映了一个事实：工匠的地位极其卑贱。你只能为头上的经销商做牛马，哪怕你身怀绝艺，反抗是没有出路的。

"萝卜地里的维纳斯"

1937 年 4 月 28 日，一位法国中部卢瓦尔河畔的农民，在布里采（Brizet）山岭的自家萝卜地里耕地，突然在离地表半米的地方，挖到一尊半裸的古代女性雕像。高 86 厘米，重 87 千克，缺鼻子，没有右手和左臂（图 412- 左）。

此事立即惊动了当地的考古爱好者协会。协会成员、曾经给罗丹当过秘书的一位先生，把照片寄给巴黎艺术考古界的专家大佬，其中包括雅典国家考古博物馆馆长菲拉德尔菲斯（A. Philadelpheus）。他们立马给出鉴定意见，这是一件 2 世纪的作品，是罗马时期拷贝古希腊爱神的雕像——维纳斯雕像。

这件"萝卜地里的维纳斯"做得相当不错，神情端庄，造型丰满，完全可以与卢浮宫里断臂的维纳斯（中）媲美。

1937 年 6 月 19 日，法国《画刊》杂志登出一个耸人听闻的说法，雕像的原型出自古希腊最伟大的雕塑家菲迪亚斯之手。马上各种报刊争相转发，在法国引起全国性轰动。1938 年 5 月 18 日，"法兰西共和国官方文告"又宣布，这件雕像被列为法国历史文物，意味着这件作品被正式确认为"古代雕刻"。

但几个月之后，11 月，法国《反映》杂志披露了真相：这件雕像并非古希腊雕刻，而是一位意大利裔的法国青年艺术家弗朗索瓦·克雷莫奈斯（François Cremonese，1907—2002）（右），为了证明自己的艺术才华，故意制造的一个恶作剧。他在那位农民不知情的情况下，在 1936 年 10 月 9 日将自己伪造的"古代雕像"埋到那块萝卜地里。为了惩罚这位意大利移民，自那以后，克雷莫奈斯没有得到任何官方订货。

萝卜地里的维纳斯　　　　　卢浮宫的维纳斯　　　　　造假者克雷莫奈斯

图 412

二战以后，他只能做做石膏和植物纤维混合模塑的装饰工，一边做点雕塑自娱自乐，活得还很长寿，95 岁，活到了咱们的 21 世纪。

多塞纳和克雷莫奈斯两人的造假经历，给了我们一个重要启示：伪造古希腊古罗马雕刻，在西方并不困难。

如果两人不是自我暴露，他们制作的"古希腊""古罗马"雕刻赝品，将永远作为真迹放在博物馆里。意大利工匠手艺好，伪造"古代雕刻"小菜一碟。事实上，没有暴露的多塞纳和克雷莫奈斯，多不胜数。

埃及莎草纸古卷造假

2018 年 12 月 23 日，意大利中文网爆出"西方文物造假被证实，意大利博物馆拒收，捐赠人 275 万欧元打水漂"。说的是，意大利都灵圣保罗非盈利基金会，2004 年花巨款购买的一批古埃及莎草纸古卷，最近被证实是伪造的！（图 413）

外文消息来源是 12 月 14 日的《历史博客》"珍贵的莎草纸被宣告为赝品"（Prized papyrus declared a forgery）[1]。

---

① http://www.thehistoryblog.com/archives/53652。

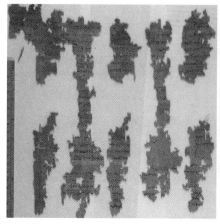

图 413 275 万欧元购买的古埃及莎草纸是假的

这批莎草纸古卷据称是古希腊地理学家阿尔特米多鲁斯（Artemidorus）的手稿。有 200 多块残片。里面不仅有文字，还有图绘。画有手脚、脑袋，还有动物。最珍贵的，是一张"现存最古老的希腊－罗马地图，唯一一张画在莎草纸上的地图"。

意大利中文网的报道很生动：阿尔特米多鲁斯"是希腊的徐霞客，活跃于前 2 世纪左右，一生走过不少地方，写了不少笔记，画了很多地图。当时西方没有纸，他只能在一种叫莎草纸的东西上记录自己的驴友日记"。

基金会买下这批珍贵的古埃及莎草纸文献，并准备慷慨捐赠给都灵的埃及博物馆——据称是"埃及之外最大的收藏埃及文物的博物馆"。但是博物馆女馆长坚辞不受，因为她知道这批东西是一位贩卖假文物，名叫西莫尼安（S. Simonian）的人，1971 年从埃及弄到德国的。经他手的东西，靠不住。

她的上司却认为莎草纸是真的。另几位德高望重、声名卓著的学者也认为古卷是真的。还动用了碳 14 测年法，鉴定出年代在 15—85 年间，是有 2000 年历史的"文物"……

但意大利巴里（Bari）大学的一位教授，"意大利最重要的古代史专家之一"吕西亚诺·坎福拉（L. Canfora）坚决认为这批东西是假的，是 19 世纪最声名狼藉的莎草纸古卷造假者康斯坦丁·西蒙尼德斯（Constantine Simonides）所伪造。

坎福拉的文章引起了都灵检察署的注意，2013 年开始对这批东西进行调

西蒙尼德斯伪造的赫格西朴莎草纸

马斯顿博士揭露皮尔丹人骗局

图414

查。经过5年的调查，终于在2018年得出结论：这批古埃及莎草纸为赝品。

调查发现，西蒙尼德斯是一位伪造古代文献的高手。他将莎草纸放到金属锌网上，用酸进行处理，做出莎草纸的古旧效果……

西蒙尼德斯是一位希腊人。很早就开始伪造古代手稿，声称是马可福音和荷马诗歌古卷的真迹，成功地卖给了希腊国王。

从1843年到1856年，他带着"古代手稿"，周游欧洲列国，到处售卖。假手稿应有尽有——从史前风格的荷马到某位消失的埃及历史学家，从马太福音莎草纸抄本到另一些他声称是1世纪的新约圣经篇章……这幅据称是2世纪的"赫格西朴（Hegesippus）莎草纸"古卷（图414-上），也是伪造的。

西蒙尼德斯很狂，说自己释读古埃及文字的方法比商博良更高明。最狂妄的是，1862年9月13日，他在《卫报》发表文章，承认自己是《西奈抄本》古卷的真正作者，是"他年轻时干的一件蹩脚活"，炫耀自己伪造的手法高明。但最后，正是这一疯狂举动让他彻底名声扫地。

他被认为是"19世纪最多才多艺的伪造者"，说明他伪造的大量"莎草纸古卷"都被当作真迹，被西方博物馆、图书馆收藏。

十一、乌七八糟的史前考古造假

史前考古，一般人心目中那是很严肃正经的事，却也屡曝造假丑闻。

皮尔丹人头骨造假

首先例举"皮尔丹人头骨"造假事件（图 414- 下）。1910 年，为了寻找人类进化的"缺失环节"，英国业余考古学家查理·道森（C. Dawson）声称在英国南部苏塞克斯的皮尔当采石场，发现了一个脑壳像人类、下巴像猿的头骨化石，被称为"皮尔丹人"，大约生活在 50 万年前。

当时的古生物学家都认为这是真品。一些英国研究者也为在英国土地上发现人类最古老的化石，大为自豪。头骨被大英博物馆收藏。

但 1953 年，一些研究者通过现代技术手段测定，头骨并未石化，是来自一个中世纪的人，下巴额骨则来自黑猩猩。就是说，这个所谓皮尔丹人头骨，是由现代人类头骨和猩猩下颚骨拼凑而成！

一起出土的石器也都是伪造的。一些哺乳动物的化石是从别的地方采来，事先埋到地里……这个造假事件非常著名，被称为"史上最大的骗局之一"。

"缺失环节"这个词很妙，你缺什么，我就造一个给你。

格罗泽尔泥板丑闻

第二件丑闻可举法国"格罗泽尔泥板"（Glozel tablets）丑闻。

1924 年 3 月 1 日，在法国中部，距离温泉小镇维希 17 千米的格罗泽尔小村（Glozel），17 岁的年轻农民埃米尔·弗拉丹（Émile Fradin）（图 415-上）正手握犁把在耕地，拉犁的一头牛，突然脚卡在了一个洞里，于是发现了"古物"……当地一位医生业余考古爱好者跟进，然后消息传到巴黎考古界，引起轰动。

从 1924 年到 1938 年，各种专业或业余的人士来这里挖掘（中），总共出土了大约 3000 件据称属于新石器时期的文物，其中包括骨头、燧石工具、刻有驯鹿等动物图案的鹅卵石，一些泥陶或石刻人头像（下）。

弗拉丹与他的博物馆

格罗泽尔发掘现场

泥陶和石刻人头像

图 415

最重要的，是发现了 100 多块刻有文字符号的泥板（图 416）！

发现文字符号，意味发现了一个文明，一个"新石器时期的文明"。但马上有人指认这些泥板文字是假的。因为这些泥板大多未经烧陶，是不可能在当地潮湿的地下长期埋藏而不化。而且，这些字母类似腓尼基字母，不可能出现在法国南方……

于是"发现"方起诉质疑方是诽谤。中间还有警方官员被谋杀等情节。最终 1995 年官方出了一份报告，确认格罗泽尔有一些中世纪的遗迹，但所谓"新石器时期"遗址完全是假的。

格罗泽尔泥板一度被认为是"有史以来最伟大的考古发现之一"，后来被证明是最臭名昭著的骗局之一。

回过头来，我们得追问一下，为什么这个 17 岁的农民和医生敢于造假这些泥板文字？原因很简单，因为当时到处都在"出土"泥板文字。

1900 年，伊文思在克里特岛挖出泥板线性文字。

1906 年，德国人在土耳其的赫梯首都哈图沙，挖出了 30000 多块泥板。

1928—1939 年，德国人在乌鲁克发现数千块泥板。

1933 年，美国人在伊朗波斯波利斯附近挖到 50000 多块泥板。

源远流长的西方历史、考古和文物造假

图 416 格罗泽尔泥板文字

1952 年，在迈锡尼发现了 38 块线性文字 B 泥板……

别人做得，为什么我做不得？而且很容易啊，捏几块泥板，胡乱刻上一些字母符号，就完成了"人类最早的文明"。别人看不懂没关系。克里特线性文字 A，一些两河泥板楔形文字，还有印度河的"古印度"文字符号，都至今没被破解。

格罗泽尔泥板造假也可以连带证明：两河的泥板也真不了。

伪造土耳其"史前遗址"的学术大师

业余的不像话，再来说说搞专业的也很不像话。

英国考古学家詹姆斯·梅拉特（James Mellaart，1925—2012）（图 417-左），一副德高望重的学者模样，甚至有些慈祥，但却是一位撒谎造假的高手。他"发现"了土耳其新石器时期的遗址——加泰土丘（Çatalhöyük）（图 417-右）。2018 年，爆出"英国已故著名考古学家梅拉特涉嫌造假自制壁画碑文"的消息。

梅拉特很早就有要出人头地干大事的野心。20 世纪 50 年代，他声称在一个土耳其小村庄发现了前 3000 多年的"卢维安"铭文。后来发现这些古代铭文是他"凭空撰写"的。

1961 年，梅拉特在土耳其中南部发现了加泰土丘，声称是一处前 7100 年"新石器时期"的人类居住聚落，有 9000 多年历史！

伪造史前遗址的大师詹姆斯·梅拉特　　　加泰土丘遗址今景

图417

　　加泰土丘也被称为"世界上最古老的城市"或"人类最古老的定居点之一"，轻松打破了苏美尔的乌尔作为人类最古老城市的纪录。加泰土丘有150多间屋子，像蜂窝迷宫一样聚集在一起，没有街道。门开在天花板上，下梯子进屋。没有公共建筑，据称这是一个"平等主义社会"。

　　屋内墙上饰有壁画。那可是前7000—前6000多年的"史前壁画"哦，太珍贵了。画的多是人类围猎野兽的场景。但梅拉特去世之后，这些壁画被发现许多是梅大师自己画的，他有一个"造假作坊"。

　　梅拉特最初是在伊斯坦布尔大学教书，担任英国考古研究所的副所长，成功将研究所一位土耳其小姑娘秘书转为自己的老婆。1965年，他以老婆为原型，编出一个姑娘家藏宝物的故事，所谓"朵拉事件"（Dorak affair）：1958年他在火车上偶遇一位名叫安娜的伊兹密尔姑娘，手上戴着一个金手镯，说家里有更多。于是就去了她家，一睹收藏。之后他想发表这个故事，介绍这批文物。结果经核实，姑娘姓名和街道地名均不存在。可见梅大师撒谎编故事的能力实在高强。这个撒谎事件之后，梅拉特被控走私黑市文物，被土耳其驱逐出境，加泰土丘遗址也被关闭，被遗弃了30年。1990年才又重新开张。

　　梅拉特指认加泰土丘是一个崇拜母神（mother goddess）的地方，因为他在遗址"发现"了一尊巨乳的母神泥塑像（图418-左）。这个说法，引起了激烈的争议。

　　其实，一个泥塑像能在地底下保存6000—7000年？

加泰土丘的巨乳母神泥塑像

25000 年前维伦多夫的维纳斯，
西方艺术史第一件雕像

图 418

　　这尊巨乳"母神"，显然模仿了人称"西方艺术史第一件雕像"——维伦多夫的维纳斯（图 418- 右），也是巨乳丰体。1908 年，这件 11 厘米高的小石刻雕像，在奥地利东部的维伦多夫小村附近被发现，被认为是 25000 年前、也有说 30000 年前的作品，欧洲史前文明古老得吓人啊！但这种在中欧森林里发现的孤品，不可能是真的。

　　加泰土丘的壁画，画的大多是原始人围猎场景。

　　这些伪造的壁画围猎野鹿、野牛的场景（图 419- 左），与西班牙和法国的史前洞穴壁画（图 419- 右）极其相似。由此推断，西班牙和法国这两处"西方艺术史最早的绘画"也涉嫌伪造。

　　1879 年，一位西班牙业余考古学家绍托拉（M.S. de Sautuola）进入阿尔塔米拉岩洞。他 8 岁的女儿一起跟随，抬头发现了岩洞顶的壁画。这些壁画据称是 1.8 万—1.5 万年前旧石器时代的。因为画得太写实，保存得也太完好，在当时学术界遭到普遍质疑和嘲笑。绍托拉被指控造假。一位当地绅士

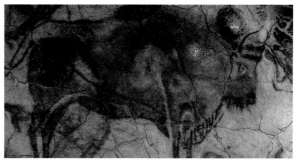

加泰土丘壁画：猎人围猎野鹿　　　西班牙阿尔塔米拉洞穴壁画的野牛

加泰土丘壁画：围猎野水牛　　　法国拉斯科洞穴壁画的野牛

图 419

出来举证，这些壁画是绍托拉让一位当代艺术家画的。直到 1902 年，壁画才被承认是真的。

后来，法国也发现了几处史前洞穴壁画。

1940 年，相距不远的法国西南部拉斯科山谷，四个少年带一条狗，平地里狗腿陷到一个地下小洞口（联想到"牛腿陷到一个小洞"），洞口垂直往下15 米，横向发现一个岩洞，岩洞壁上画满了壁画。9 天以后，"刚巧"旅居附近的法国第一位史前史专家亨利·布雷伊（Henri Breuil），就闻讯赶来，"发现"了这个有 1.5 万年历史的"法国的阿尔塔米拉"壁画……1948 年开放参观，但 1963 年就封闭不让人看了。

我曾在巴黎西北郊的圣日耳曼昂莱法国国家考古博物馆，参观过复制洞窟场景的拉斯科洞窟壁画。为什么不让人去看真迹？说是要保护真迹，但恐怕是害怕露馅吧。

"埋雷"被当场抓获的倒霉蛋

最倒霉的史前文物造假者，当推日本考古学家藤村新一。

藤村新一原本是在电力公司任职，考古是他的业余爱好。20 世纪 70 年代参与多地考古发掘，一不小心，混成日本最著名的考古学家。

此前，日本只发现过大约 3 万年前"旧石器时代后期"的东西。1981 年，藤村"发现"了 4 万年前"旧石器时代中期"的石器（图 420- 上）。1984 年，藤村又挖到 17 万年前"旧石器时代早期"的石器。

到了 20 世纪 90 年代，藤村的考古成就更不得了，嗖嗖地把日本文明的史前史往前推。1993 年，他宣称在上高森，发现了日本最古老的遗址。1994 年挖出了 50 万年前的石器，1995 年挖出了 60 万年前的石器，1999 年又挖到了 70 万年前的旧石器！

消息传来，日本举国欢腾，因为日本的史前文明史渐渐靠近 100 万年。藤村的考古发现，被写入了日本教科书。

藤村的小铲子简直犹如神助，挖到哪里，哪里就有惊人发现。指哪打哪，弹无虚发，所以他被日本媒体称为"神之手"。

但这种令上帝也疯狂的考古发现，终于引起了一些人的怀疑。

2000 年 10 月 22 日，藤村及其团队对外宣布，上高森遗址又将有重大发现，可能出土 57 万年之前的石器……日本的三大报之一

藤村新一伪造的旧石器

藤村新一"埋雷"被拍

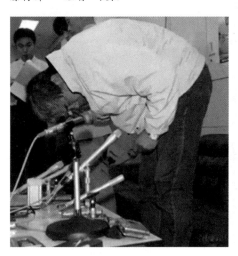

记者发布会上藤村新一鞠躬致歉

图 420

《每日新闻》，已派记者暗中跟踪了藤村半年。他们偷偷在藤村即将开挖的遗址现场不远处，安装了一台监控器。结果在开挖当天凌晨，藤村鬼鬼祟祟来到遗址，蹲下挖坑，从一个塑料袋里拿出事先准备好的 6 块石器，埋进地下，踩平地面之后悄悄离去（图 420- 中）……整个过程被当场拍到。

2000 年 11 月 5 日，《每日新闻》发表了一组藤村"埋雷"的照片，引爆惊天丑闻。藤村被迫召开记者会，向日本公众 90 度鞠躬致歉（图 420- 下）……

日本考古学会经过两年多的调查发现，藤村参与的 178 处考古发掘，其中 159 处涉嫌造假。所以这些遗址，包括上高森遗址，被认定毫无学术价值。

在巨大的心理压力下，藤村新一患了精神疾病，2003 年住进了精神病院。受藤村"旧石器捏造事件"牵连，日本考古学家贺川光夫因遭学术质疑而上吊自杀。

英国巨石阵为 1958 年新建

刚刚说欧洲西部是片生土，"历史"难以挖到就搞点"史前"的。你西班牙法国有史前壁画，就不兴咱英国也弄个史前巨石阵看看。这个巨石阵尽管也算是史前"新石器时代"（图 421- 左上），但英国人还算谦虚，将其定为前 2400 年的东西，迄今 4400 年。

巨石阵不算大，一个直径 30 米的圆圈，但也是英国的金字塔式的奇迹啊：许多巨石有 50 吨重。

英国先民与古埃及人一样牛叉，也能够从几百千米外的远方开采巨石，运到这索尔兹伯里平原，再把巨石吊起来，搭到 6 米多高的两块竖石上面……更牛的是，每当夏至那一天，初升太阳的光线与巨石阵主轴线成为一条直线。另两块石头的连线又与冬至日落方向重合……哇，英国先民这么早就精通天文学了！

但前几年，网上爆出大量照片，揭露英国巨石阵是现代起重机吊装搭建（图 421- 右）。有大量博客、推特和帖子，一致认为巨石阵是假的，是 1958 年新建。也有人出来辟谣反驳，说那是"修建"。

而出来反驳的，主要是 2014 年一位网名为"SPJ"的博文《巨石的疯

英国南部巨石阵

起重机吊装

石门周围空空，似乎搭建之初

起重机置放石块

图 421

狂——巨石阵是 20 世纪 50 年代建造的吗？》(*Megalithic Madness–Was Stonehenge Built in the 1950s?*)他认为 1958 年只是"修缮"："重新竖起"和"重新放置"。

这篇文章不长，所能提供的证据，只是 1835 年英国画家康斯太布尔的一张画，一份 1919 年的英国报纸谈到巨石阵，还引用了 1959 年英国工程部的文件，说两座石门于 1797 和 1900 年倒塌，于是 1958 年进行修缮，重新竖起。

有意思的是，作者也指控玻利维亚政府"重建"(rebuilt)实际上是新建提瓦纳库"巨石遗址"。他说"不相信英国政府会犯同样的罪过"。

感谢互联网，人们看到了几十张原本不会泄露到公众视野的现场照片。面对网上议论纷纷，未见英国有关官方出来辟谣。只有一个原因：越辟谣，越容易暴露真相，就不辟谣。

这几十张照片是无可置疑的证据，揭示英国巨石阵是 1958 年至 1964 年间新建的。

如果只是将倒塌的石门"重新竖起"，或搬开石块以便在原地重新挖坑，

运坦克用的拖车卸石块

载重拖车运石块

巨石榫凸榫眼（工程初期）

与左图同一个角度（工程中期）

图 422

完全不需要出动"长基拖车，一种用来运军用坦克的载重拖车"（图 422- 上）。这些拖车只是从外地运来巨石，到现场搭建。

石门三块石头，有乳头形榫凸和凹形榫眼，互相咬合（图 422- 下）。这样的榫头结构非常牢，未闻英伦历史上有大地震，不可能会坍倒。

最后想说，如果巨石阵这个英国的标志性"广告"1958 年之前一直存在，离伦敦只有 100 多千米，英国人早就会像宣传莎士比亚一样大肆宣传，人人皆知。为什么中国民国期间去英国的文人骚客，比如徐志摩、朱自清等人，从未提起巨石阵？

其实，只要不相信独眼巨人的鬼话，承认物理科学，人类是没有超自然的神力，运输搭建 30—50 吨重的巨石。巨石阵只能是现代起重机才能做到。

十二、福缅科指控的西方文物造假

福缅科纪录片有不少质疑西方历史的说法，值得重视。比如第 24 集，认为罗马帝国是文学虚构；罗马卡比托利欧博物馆的罗马母狼铜像，并非前 5 世纪的古罗马作品，而是中世纪雕刻家的伪造；罗马图拉真柱子可能建于 1588 年，因为其上顶着一个圣彼得雕像；圣彼得大教堂始建于 17 世纪；土耳其圣索菲亚大教堂不是建于 6 世纪，而是建于 16 世纪……

第 21 集，干脆标题就是《全世界的文物都是假的》，值得注意。

质疑古希腊雕刻

"很多（古希腊）雕刻都十分光洁，明显是使用金属工具雕刻的。就是说，雕像的年代比雕刻工具的出现还要早。铁器在中世纪的时候才得到普及……而青铜器具，一种用相当复杂的铜合金制造的器具，（古希腊）就更不可能出现了。"

"一切古代精美的雕刻，都要建立在人体解剖学知识的基础上……众所周知，历史上第一次描写人体的情况，是 1534 年……利用死去的人对人体结构进行研究，仅仅从 16 世纪后期才开始起步……这个名为《掷铁饼者》的世界著名雕刻，人们说这是公元前 5 世纪的东西……在 15 世纪之前，人们还不了解人体解剖学的时候，人们是怎么雕刻出如此详细的人体细节的呢？谁教会了古人这些知识？"

"有可能，这些所谓的古代文物（古希腊雕刻），都是宗教改革以后才出现的东西……这些'古代'雕刻就在欧洲的几个大型制作场被制造出来……宗教改革者发行他们的历史教科书，需要古希腊文物作为教具。这些全新的雕塑被当成真文物，其中很多被包装成古希腊的东西。"福缅科也例举了米开朗琪罗造假。

"1774 年，古董收藏家在佛罗伦萨购买了一大批据说是被发现的古代雕刻……1860 年才发现，雕塑的真正作者是雕塑家乔瓦尼·巴斯蒂里……这些雕像已经进入了各大博物馆，还被作为古代艺术的代表。"

"1908 年，莫斯科历史博物馆购买了一大批古代文物……但这些文物都是从古赫曼兄弟的文物造假车间生产出来的……他们的假文物进入了博物馆，有俄罗斯的，德国的，法国的，英国的，意大利的以及希腊的博物馆……有一位天才的工匠（xxx），制造所谓雅典古文物，有古代石棺，古代雕塑。他的假文物在很多年间充斥着全球的文物市场……从 1927 到 1945 年之间，雕塑伪造者的儿子不断发表文章，揭露事情的真相……于是他公布了影像，将假奥德赛雕像的制作过程公之于众。他在摄影机镜头前平静地创作，最后制作出了一个完全看不出破绽的古希腊雕像。"

科隆大教堂是 19 世纪的新建筑

福缅科质疑德国科隆大教堂（图 423- 左）是 19 世纪新建的，吓我一跳。

科隆大教堂高达 157.38 米，曾一度是世界最高建筑。我曾多次到访，每次都被教堂宏伟的气势所震撼。那黑乎乎的石块外墙，与乳黄色巴黎圣母院的柔和相反，给人一种泰山压顶的威严。

一般都是说，教堂开工于 1248 年，建了 600 多年，完工于 1880 年（也有说 1910 年）。给人感觉，仿佛是 1248 年已经开始建这个高大的教堂，那时就有这样巨大的形制，只是停停建建拖了 600 多年。

19世纪所谓的修补工程，其实是将原来的中世纪建筑拆掉，然后重新建造一座新的"中世纪"建筑。

福缅科发现一张 1825 年的图片

科隆大教堂，高 157 米

图 423

福缅科纪录片："一些古代建筑，被历史学家们故意增加了年龄。科隆大教堂是一个典型的例子……人们认为大教堂始建于1248年，1560年教堂建成完工……此后，仅进行过几次小规模的修复行动，几乎保持原样。但这种说法不符合历史事实。"

"教堂的修复情况，可以在教堂的员工手册中看到……科隆大教堂的全部建成，其实是在1836年以后。按照员工手册上的图示，我们今天能看到的教堂，几乎完全是19世纪建成的……小册子引用了一份1836年的城市画册，上面绘制着1825年建造科隆大教堂的情景。"（图423-右）

虽然这里的确曾经有一些中世纪的古老建筑，但我们今天看到的所谓中世纪大教堂，实际上是用19世纪的砖石建成……只有一种可能：整座塔楼都是19世纪建造的。19世纪的所谓修补工程，其实是将原来的中世纪建筑拆掉，然后重新建造一座新的'中世纪'建筑！"

福缅科提供的1825年的图片，其实有好多版本（图424-上），都显示1825年左右，教堂的高塔只建了一半，中部主体部分空空如也，还在"奠基"。只有教堂的东

教堂中部奠基图　1842年

1855年照片：完成中部主体

图424

殿已经先期建造完成。

但已完成的东殿和半截钟塔，也是 19 世纪初（或 18 世纪末）所建，建成不久。福缅科认为这个教堂原址可能有中世纪教堂。但我们今天看到的科隆大教堂，是将老的拆掉，完全新建。

还找到一张 1855 年的照片（图 424- 下），进一步证明，科隆大教堂主体部分是 19 世纪的新建筑。画面左侧的起重机，与 1825 年图片中的起重机完全一样。

西欧古代金币多是 15 世纪以后铸造

"古钱币造假事件，知名的已有上千起。16 世纪的意大利人乔瓦尼·卡维诺，就伪造了大量古董金币……19 世纪，德国的一个造假者，制作了 622 枚伪造的古代钱币。在模压机的帮助下，造假者伪造著名的罗马金银币。这些赝品到了 20 世纪，还在被世界各大博物馆收藏……今天看到的西欧古代金币大多数是 15 世纪以后铸造的。"

福缅科也提到了夏比拉伪造摩押文物丑闻。"所谓的古代文物，实际上都出自耶路撒冷的文物小作坊"。他认为"耶路撒冷老城的最古老建筑，建造时间不早于 14 世纪……考古学家们发现的所谓与《圣经》相符的考古证据，其实有很多问题，甚至有黑幕。在以色列，每过一段时间就会发生文物造假的丑闻……"

"如果你注意看，就会发现在博物馆里存在着大量假文物：从古代名画，古代装饰品，再到古代文献，最后令人惊讶的是，一些古代建筑，甚至整个古代遗址都是假的。"

今天的巴黎圣母院是 1864 年新建

福缅科"19 世纪的所谓修补工程，其实是重新建造一座新的'中世纪'建筑"，这句话让我醍醐灌顶，由此对巴黎圣母院是"中世纪"建筑，也发生了怀疑。

西方艺术史都说法国是哥特式建筑的故乡。哥特式建筑流行于 12—14 世纪，巴黎圣母院始建于 1163 年，完工于 1345 年，是其最辉煌的典范之一。

1997 年秋到 1999 年底，我在塞纳河边的巴黎国际艺术城住过两年多，离巴黎圣母院只有几百米，隔两座桥，是日常散步和经常路过的地方。

最初进巴黎圣母院，总被高而细的束柱惊叹。那些细细的圆柱石块是如何叠得这么准确，笔直上升，直至尖拱顶，与另一石柱相连。我也爬到过钟塔顶上，俯瞰巴黎，遥想雨果笔下的巴黎圣母院……当然，我也发生过一丝怀疑，教堂内部墙和柱子的石块非常的新，一点看不出年代久远的销蚀痕迹。石块太新了，这个印象始终留在我心底。

一般人们都以为，巴黎圣母院在中世纪的 1345 年就已经是今天这么高大。但我对巴黎圣母院的建筑历史做了一番探究后，发现巴黎圣母院与科隆大教堂一样，是拆掉旧的建新的，整个建筑是 19 世纪新建。

有一张画 1420 年英王亨利六世在巴黎圣母院加冕为法国国王的画（图 425），画中巴黎圣母院的空间颇为低矮。

1726 年，巴黎诺阿耶（Noailles）红衣主教大规模改造巴黎圣母院。"改换了所有的外形（profils），诸如山墙、圆花窗、南侧小钟楼"。他加固了扶壁、过廊和平台，尤其"重建了濒于塌陷的大穹顶""翻新教堂的屋架和屋顶"（维基百科法文版）……应该是 1726 年的这次"改造"或新建，才形成 18 世纪和 19 世纪初的巴黎圣母院形貌。

1731 年的"杜尔哥巴黎地图"（图 426- 左），就是 1726 年"翻新"之后的巴黎圣母院，形貌看上去与今天的巴黎圣母院比较接近。地图同时也显示，巴黎圣母院大门外的广场很小。主官医院横跨塞纳河两岸，占据大量空间。

一张 1775 年的巴黎圣母院版画（图 426- 右），更清楚地显示，当时巴黎圣母院的正门，与

图 425　英王亨利六世在巴黎圣母院加冕为法国国王　1431 年

巴黎圣母院和主宫医院　1731 年　　巴黎圣母院　1775 年

图 426

今天的比较接近。还可以看到主宫医院一个角。主宫医院直到 1867—1878 年间才最终拆除，巴黎圣母院大门前终于有了一个宽敞的广场。

但当时巴黎圣母院的规模，比今天的巴黎圣母院要小很多。理由后述。

1726 年"改造"的巴黎圣母院，100 年后到了 1830 年，变得极其破败不堪，"石砌状态可悲"，以致巴黎市政府考虑要将其"彻底拆掉"（l'abattre totalement）。1831 年雨果的小说《巴黎圣母院》出版，引起公众对圣母院残破相的关注。

法裔英国建筑师、画家普金（Auguste Charles Pugin）也见证了圣母院的残破。一次他在圣母院画画："突然他觉得整个教堂都要倒下来塌成碎片。地面仿佛在晃动，（吓得）他无法站立……回家像死人一样脸色惨白。"巴黎圣母院的确是一座快要倒塌的危楼，到了要"彻底拆掉"重建的地步。

巴黎市政府终于决定"重修"圣母院。工程主要由欧仁·维奥莱－勒－迪克（Eugène Viollet-le-Duc）负责，耗资 1200 多万法郎。工程从 1845 年开始，1864 年完成，历时约 20 年。

这次所谓修缮，其实是一次新建。

我们可以以图证史，从一些绘画中找到巴黎圣母院是新建的证据。

先来看两幅画。第一幅是画 1804 年，拿破仑在巴黎圣母院举办加冕当皇帝的典礼（图 427－左）。画面左侧是巴黎圣母院的东殿，数一下东殿的窗户：6 扇侧窗，加 1 扇朝正东，是 6 + 1。另一幅是普金画的巴黎圣母院。作为建

巴黎圣母院东殿，侧窗 6 扇＋正东 1 扇窗
1804 年

普金画的巴黎圣母院，东殿也是 6 + 1 扇窗
1830 年

图 427

筑图绘师，普金的绘画绝对精准。他画的圣母院东殿窗户也是 6 + 1。

还有一幅画巴黎圣母院侧面的画（图 428- 上），主厅的扶壁是 6 个，东殿窗户也是 6 + 1。再来看今天的巴黎圣母院照片（图 428- 下），清楚显示：巴黎圣母院主厅扶壁变成了 7 个，东殿窗户变成了 7 + 1！

说明什么？说明巴黎圣母院整个"扩容"了！主厅多了一道扶壁，东殿多了 1 扇侧窗，教堂大厅被拉长了。

有两个非常能说明圣母院是新建的细节：拿破仑加冕的画里，东殿窗尖拱比较尖（图 429- 左），而今天的尖拱比较圆钝。原先扶壁里没有孔，今天的扶壁里有三叶草花孔。这两个细节也是证明主体大厅是新建的铁证。

教堂主体大厅被确证是新建，那么正门塔楼就不可能是保留老的塔楼，尽管老塔楼与新塔楼长得很像。

让我们仔细辨认一下图 428 左老塔楼与今天新塔楼的区别。今天圣母院正门塔楼高 69 米，相当于 20 多层高楼（以每层 3.5 米算）。而老塔楼的高度，参照画中老塔楼边上一幢 5 层楼民居，大约是民居的两倍，撑死 50 多米高。还有老塔楼侧面有两道递级收缩的扶墙，新塔楼是垂直的柱子。两座塔楼侧面建筑细节差异明显，所以正门塔楼也是新建的。

所有证据表明，1845—1864 年间维奥莱 - 勒 - 迪克主持 20 年"修复"巴黎圣母院，其实是整个新建巴黎圣母院。

原先主厅 6 个扶壁，东殿 6 ＋ 1 扇窗

1864 年"修复"变成：主厅 7 个扶壁，东殿 7 ＋ 1 扇窗

图 428

源远流长的西方历史、考古和文物造假

原先窗尖拱比较尖，扶壁里没有三叶草花孔　　今天窗的尖拱变圆钝，扶壁里有三叶草花孔

图 429

新建的圣母院比 1830 年雨果悲叹的那个圣母院显然是大大扩大了，也大大增高了。我们今天看到的巴黎圣母院不是一个中世纪建筑，而是 1864 年翻新新建，迄今只有 150 多年历史。

十三、最新的西方考古造假嫌疑

西方考古文物造假的例证还有很多。比如意大利"都灵裹尸布"（据称包裹过耶稣尸体），巴基斯坦"波斯公主木乃伊"，美国"卡尔迪夫巨人像"（Cardiff Giant），"美国巨石阵"（America's Stonehenge），美国"卡拉维拉斯头骨"（Calaveras Skull），美国"蝙蝠溪石刻铭文"（Bat Creek inscription）等等，不胜枚举。

值得注意的是，西方当代考古造假，有愈演愈烈之态势。胆子越来越大，动不动就宣告惊天考古"发现"。随举三四例。

1. 2016 年 5 月 26 日，英国《卫报》报道：希腊考古学界宣告，在希腊北部的斯塔吉拉（Stagira），找到了亚里士多德的墓。有证据吗？没有。只有一堆石块，说是有 2400 年历史。还有一个骨灰瓮子，没有任何与亚里士多德有关的文字……如果没人出来争议，这个亚里士多德之墓，相信很快就会出现在希腊旅游地图上，带来一拨又一拨的游客。

2. 2017 年 9 月，据英国《每日邮报》报道，一批业余考古学家在伯克郡的一片田野里，发掘出一个古罗马遗址，地面上有马赛克镶嵌画，表现希腊神话场景，据说有 1600 年历史。这处"古罗马"马赛克镶嵌画"十分精美"，堪称"英国近 50 年来最令人兴奋的发现"。

3. 2019 年 7 月 18 日，环球网报道："耶路撒冷发现 9000 年前城市遗址，或将改写人类历史！"现在人们已不满足于 5000 或 7000 年的历史，动不动就破纪录。以色列考古界宣称，在耶路撒冷附近的莫特扎（Motza，不是莫扎特），也发现 9000 年前的遗址。据称是一个新石器时期的人类聚居村落，能住 3000 人，"一个真正的大都市"。

马上，该发现被称为"史前研究领域的一个'大爆炸'"。但稍稍看一下，就发现事情很不靠谱。原先发掘考古遗址，还得去砌一些石块墙基。而这个莫特扎遗址，人们都懒得用石块和砖头，直接用白编织袋装泥土，将白袋子堆成一个个方格子……

干旱缺水的耶路撒冷地区，土地并不肥沃。说是 9000 年前就有人类搞农业定居，形成"大都市"，怎么说也难以让人相信。

4. 2019 年 10 月 21 日，国外媒体又传来一个激动人心的消息：埃及考古界在埃及南部卢克索，新发现了 30 具 3000 年前的古代木乃伊棺材。媒体报道"这是一个稀罕的发现，古物在沙子地下埋了 3 个千年依然保存极佳"。埃及最高文物委员会秘书长说"这是埃及一个多世纪以来最大的发现"。

棺材被发现时，在地下是被叠放成两层。这也违反常情，人类历史上从未闻有此种棺材层叠的葬法。而且，这些棺材风格整齐，像一个棺材铺子做的。外观非常新，棺材边口木色干净，内壁上的画就像是昨天画的，鲜艳醒目，造假嫌疑过于明显。

2021 年，以色列考古部门宣称在死海边发现 10000 年前的植物编织篮子。最近又听说德国发现 3000 年前的青铜剑，出土时"还在发光"……

人总不能拎着自己头发离开地球。但西方人老是给我们看古埃及、古希腊、古两河地区的古人，甚至美洲一些原始部落，还有欧洲一些角落里的"史前人"，他们都能拎着头发离开地球——创造出一些非正常物理、非正常人力可以完成的"奇迹""神迹"，让我们目瞪口呆，让我们跪下，膜拜，然后自惭，自卑……

西方历史教科书说，这些高度文明、高度科技的"古代文明"，因为发生了几次火山喷发和地震，或莫名其妙的火灾，便半道而绝，说没就没了。但这些灾祸最多只能毁灭一座城市，而不可能毁灭一个民族和一个文明，让这个文明彻底消亡。

因此，西方历史称颂的古埃及、两河和印度河"古代文明"从来就没有存在过。西方古代历史只是"故事学"。西方考古学 19 世纪以来满世界"发现"和"发掘"的古代遗址，大多是造假，是"造古学"。

十四、西方人在中国的文物和历史造假

西方人在中国造假？听上去让人匪夷所思。但的的确确，西方人搞文物和历史造假，真地造到中国的土地上来，而且早在 400 年前就开始了。

最重大的案例，当推明代天启五年（1625 年），在西安发现的所谓唐代"大秦景教流行中国碑"。

西安碑林唐碑"景教碑"系传教士伪造

大秦景教流行中国碑，是一块在西方引起巨大轰动、但在中国长期默默无闻的石碑。这块石碑的发现，没有具体发现者，没有历史记载，只有传说。

话说明朝末年，在西安郊外，几位农民造房子挖地基（桥段熟悉吧，甘肃省博物馆一件"东罗马银盘"也是这么发现的），就挖到了这块在地下埋了800 余年的石碑。石碑体量巨大，碑身高约 2 米，宽 1 米，全碑高将近 3 米（2.8 米），重达两吨，是一个大家伙（图 430- 左）。

石碑看上去非常新，刻字清晰。碑首雕刻十分精美（右上）。碑额大字之上，有一个十字图案（右下），明确标志这是一块基督教的石碑。

农民马上报官，官就把这块碑移放到附近一座佛寺，据说是金胜寺里。然后就在寺里继续"埋没"了 300 年，无人知晓。

清同治时期金胜寺被毁，石碑荒弃野外（图 431- 左）。直到 1907 年，一个丹麦考古冒险家，名叫何尔谟（Frits V. Holm），不远万里来到中国，想把这块碑运回欧洲，这才引起中国官方注意。最终，石碑被移入西安碑林。

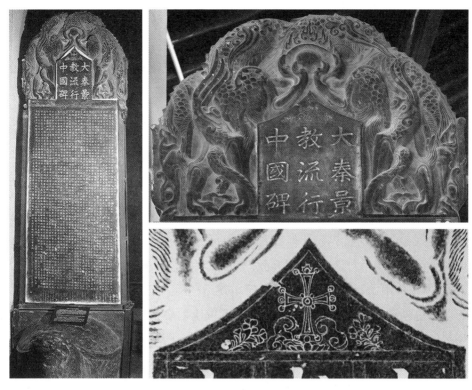

大秦景教流行中国碑　　　上：碑首雕刻十分精美　　下：碑额上的十字图案

图 430

图 431　　　　　　　　　石碑长久荒弃野外　　　耶鲁大学收藏复制石碑

源远流长的西方历史、考古和文物造假　　　　　　　　421

何尔谟运回了一块复制碑，再复制，分送西方13家博物馆和大学机构（图431-右）。西方将其当宝贝，影响巨大……

为什么这块碑在西方受到如此重视？因为这块石碑记载了西方基督教最早进入中国的历史。碑文约1800个字，开头讲了景教的一些基督教特征："唯我三一妙身"（三位一体），"室女诞圣于大秦"（基督诞生），"判十字以定四方""印持十字""七日一荐"（七天一礼拜）等。

碑文是波斯僧人景净撰写，大约讲了这么一个故事：

唐贞观九年（635年），景教主教阿罗本从波斯历尽艰险来到长安，唐太宗派宰相房玄龄带着仪仗队，出城外"郊迎"（好隆重）。迎入皇宫，太宗皇帝李世民给以亲切接见，让他在宫内翻译经书，促膝探讨教理。过了3年，贞观十二年，皇帝对这位外来和尚忽然心生欢喜，觉得这个景教好，"宜行天下"，所以传下圣旨，官费在长安义宁坊建造一所大秦寺。同时还让人把自己的肖像也画到寺内墙壁上。接下来又有5位唐朝皇帝接力支持景教。尤以唐高宗最为尽力，在各州建立景教寺，达到"法流十道""寺满百城"的盛况！唐玄宗对景教也非常热心，不仅派5个亲王亲临大秦寺，建立道坛，还派高力士送来5位先帝画像，放在寺内。最激动人心的是，他还亲自为大秦寺题写了匾额"天题寺榜，额戴龙书"。之后又有唐肃宗在多地设立景教寺。唐代宗和唐德宗也对景教关照有加……最后提到一位名叫伊斯的景教高僧，朝廷正三品"金紫光禄大夫"，皇帝赐他紫色袈裟，是景教的大施主，为弘扬景教事业做出了杰出贡献，所以建中二年（781年），大家愿意刻一块大石碑，颂扬他的丰功伟绩……

石碑上还刻有"古叙利亚文"（很可疑）和74位用"古叙利亚文"和中文书写的景教徒名字。

唐会昌五年（845年），武宗灭佛，也殃及灭了景教，石碑被教徒埋入地下。一直等到800年之后，又重现天日……

这是一块完全没有来历、内容脑洞大开、说法错漏百出的石碑。一切都是传说，来自欧洲传教士和中国教徒的传说。中国历史毫无记载，而西方极其重视。剃头挑子一头热。

有证据表明，这块石碑是外国传教士和中国教徒合谋伪造。

举证之前，先说"大秦景教流行中国碑"碑名里"中国"这个说法，就颇可质疑。尽管"中国"一词西周就已出现，但在近代以前，历朝历代一般不用"中国"作为国名，而是自称汉唐宋明清。只有外国人，以外国人的身份，才会称"中国"。

而急吼吼要表示基督教早已在"中国"流行，只有传教士才需要如此强调"中国"。1000年前基督教就已经"流行中国"，这既是说给中国人听，也是传回欧洲说给自己听，自我壮胆。

指证景教碑造假的理由很多，试举4条。

首先，这块石碑完全没有来历。它是何时何地发现，说法纷纭，至今没有定论。既没有发现石碑的见证人，也没有中国官府的正式记载。只有洋教士和中国信徒自己传说。而且他们自己之间，各种说法也自相矛盾，顾此失彼。当时不是手机微信时代，很难统一口径。

手头有一本朱谦之先生的《中国景教》，是中国研究景教最权威的著作。其中援引著名历史学家冯承钧先生的《景教碑考》，还参考数百种中国和西方研究景教的著述。尽管朱先生也认同景教就是基督教，但他提供了大量反证资料。读者只要不迷信，看完此书一定会明白，景教碑就是伪造的。朱先生为景教碑辩解，实际上非常牵强。

石碑发现于哪一年？有说是天启五年（1625），也有说天启三年（1623）。

主张1625年的，有葡萄牙传教士曾德昭（Alvaro Semedo），中国教徒徐光启和李之藻等人。1625年为主流说法。主张1623年的，有洋教士阳马诺（E.Diaz），中国教徒徐光启《景教堂碑记》提及"天启癸亥"。所以，发现时间说法混乱。

石碑发现于什么地点？更有三种说法。主流派认为发现于西安近郊，农民发现后就近移入金胜寺，所谓"长安说"。第二派认为发现于西安西南70千米的周至县，秦岭北麓的大秦寺（图432-上），所谓"周至说"。第三派是波兰教士卜弥格（Michel Boym），说石碑的发现地是在西安北边30千米的三原县，所谓"三原说"。

主张长安说的，有洋教士阳马诺，中国教徒徐光启和李之藻等人。后来大部分西方人都认同长安说，因为碑文上明确说大秦寺建在"长安义宁坊"（图432-下）。

主张周至说的也实力强大。有法国传教士夏鸣雷（Henri Havret）、英国景教碑研究者穆尔（A. C. Moule）、中国学者冯承钧和向达、日本学者佐伯好郎等人。原因是西安的大秦寺不可考，周至县的大秦寺至今依然寺塔屹立。

追究起来，长安说和周至说其实都站不住脚。唐长安和今西安，位置大小都相差很大。唐长安城的义宁坊，未必对应得上发现石碑的金胜寺（西安老城西城外丰镐东路）。如果说石碑是在周至县发现，县令让人将两吨重的石碑"运赴长安"，也是不可思议。

最关键的是，周至县的大秦寺，从来都是大秦禅寺，是一座完完全全、彻彻底底的佛家寺庙，绝无记录是景教教堂。寺塔也是宋代而非唐代风格。

所以，这块石碑到底是什么时间、什么地点被发现，完全是一笔糊涂账。这样一块完全没有来历的石碑，难道能作为真实历史证据？

第二，碑文来自对中国史籍的附会。

①最重要的"史实"，唐太宗在义宁坊为波斯僧人建寺

西安西郊周至县大秦寺塔

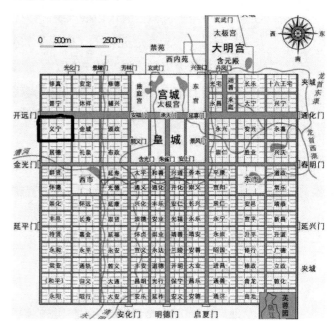

唐代大秦寺所在义宁坊位置

图432

之事，是附会了宋朝宋敏求《长安志》第十卷："（义宁坊）街东之北波斯胡寺：贞观十二年，太宗为大秦国胡僧阿罗斯立。"时间（贞观十二年）和地点（义宁坊），与石碑都对得上。但这里，胡寺根本没有说是景教寺。胡僧也不叫阿罗本，而是叫阿罗斯。

阿罗本的名字，是附会《唐会要》第四十九卷："波斯僧阿罗本远将经教，来献上京。"但阿罗本是波斯僧，并非来自大秦。

②经教并非景教。石碑所谓"景教"，是附会了"经教"之说。在发现景教碑之前，中国史册里从未出现过"景教"之说。中国史籍中只说有波斯教、波斯经教，或者波斯祆教、拜火教、火教、火祆教等，从未有说什么"景教"。

石碑渲染景教曾在唐代中国极其兴盛："法流十道""寺满百城"。那么无论如何，中国史籍应该有各地"景寺"兴旺情状的记载。但景寺一词，在中国史册全无踪迹。景门、景僧、景众等说法，也子虚乌有。

中国史籍只有说波斯寺、大秦寺或祆教祠。《唐会要》第四十九卷记载玄宗下诏："波斯经教，出自大秦，传习而来，久行中国，爰初建寺，因以为名……两京波斯寺宜改为大秦寺。"这也是景教碑暗中引用、附会的史籍。

③大秦寺不等于大秦景教寺。直接把大秦寺说成是大秦景教寺，毫无根据。

④大秦不是东罗马。中国史籍，包括佛教经典中，有大量关于大秦的描述。大秦的位置非常多变。一会是安息以西的"海西国"，或在西海里面，一会儿似乎在印度（四川云南通大秦）。也有说大秦就是波斯。玄奘提到印度人称中国为"摩诃至那"：摩诃为"大"，至那是"秦"（中国），是"大秦"的意思。古时中亚西亚人称中国为"马秦"，也是"大秦"的意思。大秦竟然可以是中国自己！

大秦并非东罗马，另有专论。这里先引用岑仲勉先生："黎轩、大秦、拂菻一类名称，都无非西方、西域的意义。不过所指的地域，却因时因人而广狭不同……"[1]

---

[1] 朱谦之，第150页。

景教碑本身并没有直接把大秦等同于东罗马。只是说"室女诞圣于大秦"。是 1642 年葡萄牙传教士曾德昭的《大中国志》，直接把大秦说成是叙利亚巴勒斯坦地区的"茹德亚"（Judea）。从此，大秦渐渐等同于东罗马或拜占庭帝国，于今成了学界定论。

大秦就是东罗马之说，竟然来自一个 17 世纪的西方传教士，并在今天中国成为常识，真是可悲复可笑！

第三，仿刻碑之说露了大马脚。一般人不知道，景教碑被发现之后，据称还有一块仿刻碑。故事来自传教士卜弥格："碑至长安"那天，西安太守痛丧长子，觉得这碑神异，震惊之余，"为作碑赞，又仿此碑，别刻一碑，皆置之西安城外一哩道观中"①……好家伙，凭空里竟然又多了一块碑！

读者不要小看这位卜弥格。"百艺大师"基歇尔 1667 年出版风靡欧洲、影响巨大的《中国图说》，最早在西方介绍景教碑的图像，就是卜弥格所画的景教碑图样（图 433）。但是，卜弥格画的景教碑长相，与我们所看到的景教碑完全不一样！这怎么解释？②

图 433　卜弥格画的景教碑

卜弥格弄出仿刻碑之说，还导致了原刻和仿刻的争议。窝尔（Wall）博士认为，原刻碑被山西巡抚隐藏了起来，世人一般看到的只是仿刻碑。于是他认定，今天人们看到石碑上的汉文是伪造的，叙利亚文是真的……③

第四，石碑长期遭受中外学者质疑。景教碑一经在西方介绍，立即引起当时欧洲"反基督教、反天主教新教、反耶稣会天主教"人士的质疑。他们

---

① 朱谦之，第 76 页。

② 我也是发现景教碑刚刚在中国发现，基歇尔就在西方迫不及待地大作介绍，才陡然怀疑景教碑的真伪。

③ 同①，第 76—79 页。

"认为石碑是伪造的，或认为铭文是在华耶稣会士篡改过的。最著名的三位早期怀疑者是，德国荷兰长老会学者霍恩（G. Horn）、德国历史学家斯皮策尔（G. Spitzel）和多明我会士闵明我（D. Navarrete）。之后，法国（新教）冉森会士和伏尔泰也持闵明我的观点。"（维基百科英语版）尤其闵明我也是来华传教士。

直到 19 世纪，西方学界依然质疑景教碑的真实性："著名的怀疑者包括诺曼（K. F. Neumann）、儒莲（S. Julien）、索尔兹伯里（E. E. Salisbury）和窝尔（C. Wall）"①。主持法兰西研究院汉学教席 40 年、"法国史上最受尊敬的汉学家"儒莲（1797—1873），也认为景教碑是伪造的。儒莲在西方享有很高的学术权威性。

朱谦之先生专门用一个章节讨论"景教碑的真伪问题——原刻与仿刻"，也提到上述西方学者"皆先后对景教碑真实性发生疑问"：伏尔泰在《中国信札》中认为景教碑是"耶稣会派教士之虔敬的赝造物，用来欺诳中国人之眼的。"诺曼认为"此碑为耶稣会士鲁德照（曾德昭）之伪作"。美国耶鲁大学教授索尔兹伯里更明确说"景教碑在今日一般为各学者所认为赝物"！②

中国也有许多学者质疑景教碑。清石韫玉《唐景教流行碑跋》中有："所谓景教流行者，则夷僧之黠者，稍通文义而妄为之耳。其实与摩尼、祆教无别。"③

另一位清代学者钱润道在《书景教流行中国碑后》也质疑："此碑明时始出土，宋人金石书皆未著录。不知果真唐碑否？……故疑此碑，乃明时中国习彼教之人伪撰，以夸张其教。故碑为明人伪撰，诈为明时始出土云。"④

北大高鹏程教授也质疑此碑：首先，当时就有金石家认为这块"唐碑"太新。第二，书写碑文的吕秀岩号称担任过"台州司马参军"，而台州地方志根本就没有记载唐朝他在台州当过官。第三，最铁证的是，石碑书法明显是柳体书风。而写碑那年（781 年），柳公权（778—865）刚刚出生才 3 岁，柳体还没有问世呢！

---

① 朱谦之，第 76—79 页。
② 同上，第 78 页。
③ 同上，第 6 页。
④ 同上，第 77 页。

景教碑可以确证是伪造无疑。

那么是谁伪造的？诺曼怀疑是洋教士曾德昭伪造。钱润道怀疑碑文是"中国习彼教之人伪撰"，让人眼前一亮。

尽管没有作案现场的直接证据，但完全可以根据已有的信息和犯罪逻辑做破案推理，发现有两位作案重大嫌疑之人。他们有充分的动机，也有充分的条件作案。

石碑由法国传教士金尼阁（Nicolas Trigault，1577—1628）策划，碑文则由"中国习彼教之"西安人、进士王徵（1571—1644）伪撰。二人共同伪造了这块石碑。

维基百科英文和法文版介绍金尼阁的词条，都没有提到金尼阁1625年曾在西安居留，非常怪异。西方公认曾德昭是1628年"第一个看见石碑的欧洲人"，有可能是在为金尼阁做掩护。声称石碑是1623年出土，也有故意搅浑时间之嫌，为金尼阁制造不在现场的假象。

金尼阁是利玛窦1610年去世之后，1611年来华。1613年他受命回欧洲，1615年在欧洲出版《基督教远征中国史》（*De Christiana Expeditione apud Sinas*，国内译为《利玛窦中国札记》）。1619年，他率领20多名传教士再次来到中国，其中包括汤若望等人。如果金尼阁不是因教会内部争议1628年在杭州自杀早逝，本来可以成为继利玛窦之后"基督教远征中国"的领军人物。

多种资料证明，金尼阁是1625年到西安，并在西安待了约两年。西安糖坊街最早的一座天主教堂，就是金尼阁主持在1625年开始修建。1625年，他还在西安教徒王徵的帮助下，出版了两本西安刻本的中文书——《推历年瞻礼法》和《况义》。1626年两人又合作完成《西儒耳目资》一书。两人在西安合作愉快，成果丰硕。直到1627年，金尼阁才离开西安去杭州。

还有，西方公认金尼阁在1625年就将碑文翻译成拉丁语，并将译文寄往欧洲。这意味着1625年石碑一出土他就在西安看到了碑文。

金尼阁是当时唯一在西安的传教士，同时他又有一位完全听命于他的中国信徒王徵。

王徵原籍西安北郊三原。卜弥格说在三原出土景教碑，其实说的是王徵的家乡。

王徵 1614 年赴京会试落第，认识了利玛窦的副手庞迪我，之后受洗入教。1622 年他 51 岁，考了 10 次之后终于考中进士，当上了直隶广平府推官。他深信自己考中进士是天主保佑的结果，愈加虔信天主教。他深深自责娶妾一事，因为当时在华传教士把娶妾视为重罪。他觉得自己罪孽深重，要求金尼阁给他解罪。在洋教士面前，他自感是个罪人，精神上完全被金尼阁控制。

卜弥格说："1625 年，耶稣会某神甫因为进士 Philippe（姓王）全家举行洗礼，特赴三原。数月前，周至人筑墙掘地得石（碑），至是神甫偕进士同往观之"。①

这位"某神甫"正是金尼阁！这位 Philippe 王，正是王徵，教名"斐理伯"。这段话透露了：1625 年金尼阁曾与王徵一起看到石碑（"同往观之"）。所以，最早见到石碑的欧洲人，根本不是西方宣扬的曾德昭，而是金尼阁。

这段话还给出一个至关重要的事实，金尼阁与王徵关系非同一般。王徵不仅学术上全力辅助金尼阁，精神上也听命于金尼阁，让金尼阁为他全家洗礼。

碑文 1800 字，旁征博引中国经典。引用《易经》30 处，《诗经》30 处，《春秋》20 处，对中国经典如数家珍，波斯僧人景净绝对做不到，金尼阁也写不出，只有"习彼教"的中国教徒王徵才写得出。王徵本是进士，引用儒家经典写这样的碑文，文才绰绰有余。

王徵又是西安人，对西安历史的典籍也稔熟于心。刻碑所需经费，洋教士不缺。当时，滚滚来自美洲葡萄牙和西班牙殖民地的黄金白银流入欧洲，罗马教廷不差钱。这么多明朝末年官员（俸禄可怜）被利玛窦等洋教士搞定、甚至皈依，恐怕与洋教士的钱袋不无关系。安排"发现石碑"事宜，明朝官员当地人王徵，都可以轻易搞定……

伪造一块石碑证明基督教在唐代就"流行中国"，将大大有助于在中国开展传教事业，传教士金尼阁作案动机充分。另一边是中国信徒王徵"斐理伯·王"，完全被神"父"金尼阁所操控。王徵为求解罪，给金尼阁伪撰碑文无可推辞。王又是当地人，作案能力和作案条件充分。

综上所述可以判定：这块景教碑，是 1625 年金尼阁在西安期间，与其中

---

① 朱谦之，第 74 页。

国信徒王徵合伙伪造。让人埋入地下，伪称农民掘地发现。

这恐怕也是西方人伪造历史而造假的最早一块石碑！

17世纪就到中国来造假石碑，那么18、19世纪造假，在希腊等地伪造遗址，就更不在话下。景教碑之后，西方人在埃及挖到罗塞塔碑，在伊朗挖到汉谟拉比碑，在约旦挖到摩押石碑，还有希腊博物馆里那么多类似中国形制的石碑，更可以造假。

景教碑既是假的，那么传教士艾儒略在泉州发现的景教墓碑，还有1908年法国汉学家伯希和在敦煌发现的《大秦景教三威蒙度赞》写本，还有2006年河南洛阳农民"盗墓"挖出的景教经幢等，自然都真不了。

但凡中国出土的"古文物"现场与西方人有关联，或与西方历史有牵涉，都需打几个问号。

中国人配合西方人造假，早有案例。19世纪末一些西方人在新疆发现"古卷"，有古代于阗文、吐火罗文、婆罗米文等多种文字，相当一部分是一位名叫斯拉木·阿洪的文盲所伪造（图434）。他的一些赝品至今还被收藏在大英博物馆等世界重要博物馆里。

西方那些大博物馆很大程度上，正是由成千上万个无名的阿洪、萨利姆（伪造摩押文物）、卡斯特拉尼（为大英博物馆提供赝品）……售卖的假文物

阿洪伪造的古卷

图434

阿洪伪造的中亚古文字

支撑起来的。

造假造到中国来了，简直是丧心病狂。

《坤舆万国全图》并非利玛窦所绘

今天中国的历史教科书都说，是利玛窦（1552—1610）给中国人带来了第一幅世界地图。称在利玛窦之前，中国人没有世界地理概念。是利玛窦在1602年，在李之藻辅助下，绘制了《坤舆万国全图》……

在讨论这幅地图之前，有必要对明末中国出现了一批"文化投降派"作一点说明。

万历朝末年，朝政废弛，党争激烈，社会危机加剧。一些士人屡试不第（徐光启考中秀才23年之后42岁才考中进士。王徵会试10次）。这时，从海外来了一些西方传教士，向他们宣传"天主"之教。加上他们用一些中国概念伪装天主教，让这些精神处于危机之中的中国士人，一下子就拜倒在这些洋和尚脚下，纷纷受了洗礼，皈依天主教。徐光启取教名徐保禄（Paul），李之藻取名李良（现译"列昂"Leon），杨廷筠成了杨弥格尔（Michel），王徵成了王斐理伯（Philippe）……

这些人当中，上海的徐光启（1562—1633），长期潦倒落魄，去广东教书。1593年就认识了耶稣会士，信教最早。后来官当得最大，影响也最大。人们把沪杭人徐光启、李之藻和杨廷筠称为明末"圣教三柱石"，其实应加上西安人王徵，也是一块大柱石。

除了这四柱石，还有诸如孙元化、瞿式耜、丁魁楚、庞天寿等一大批明末重臣都信了天主教。

在天主教里，教徒称呼神父都是叫"我的爸爸"（mon père）。天主教教皇，法语叫"Pape"，也是源自"爸爸"。利玛窦和金尼阁这些人，实际上成了中国教徒们的精神父亲。尤其徐光启和王徵都是受洗皈依以后才考中进士，更是感激涕零，听从洋师父。

当然，传教士拉拢中国士人官员入教，用金银贿赂也是重要原因。西班牙人和葡萄牙人在美洲发现了金矿银矿，掠夺了10万吨白银和近千吨黄金。传教士不仅用金银引诱中国人入教，还有金银买房置地建教堂。

万历进士沈漼在《参远夷疏》中揭示：传教士"广有赀财，量人而与""从其教者，每人与银叁两"。传教士拥有自己的"传邮"，来自澳门的金银源源不竭送到各地传教士那里。传教士们不差钱，出手阔绰。利玛窦就是靠一路行贿送礼，交结各地官员，最后得以进京。明朝万历首辅（相当于宰相）叶向高也被传教士重金贿赂，全力支持传教士的事业……

这是中国历史上空前未有的文化投降现象。他们不仅失去了自己的文化信仰，而且彻底跪倒在洋和尚面前，精神上被洋人控制。

事实上，16 世纪末的欧洲，文明和科学技术水平根本比不上中国。西班牙修道士门多萨 1585 年出版的一本《中华大帝国志》，把中国夸成了一朵花。之后，有关中华文明的信息和科技情报，主要通过耶稣会士信札，源源不断传回欧洲，导致 17 至 18 世纪欧洲大规模的崇拜中国，"以中国为模范"，所谓"中国热"……

而利玛窦等几位耶稣会士胆大包天，让中国信徒（徐光启等人）配合，直接把中国的知识说成是"泰西"的。他们本是一些来中国偷窃文明成果的文化大盗，但在今天中国的历史叙述里，被说成不远万里给中国送来科学知识的活雷锋。历史的荒诞莫过于此。

正是中国朝廷命官士人的文化投降，利玛窦们才得以公然把中国的东西说成是西方的。他们对利玛窦们的文化盗窃全力配合。

所谓利玛窦口授、徐光启笔录，两人"合作翻译"欧几里得的《几何原本》，实际上是地地道道的中国货。网名"时龙之传人"所写《〈几何原本〉真相，太惊悚了》，还有许多其他学者写的文章，对此做了论证。真相会越来越明。

而《坤舆万国全图》，是利玛窦作为文化大盗，将中国科技成果说成是西方成果的最典型案例。

1601 年，利玛窦历经曲折，终于进了北京。也是在这一年，李之藻（1565—1630）在北京认识了利玛窦。很快，1602 年，两人就一起画成《坤舆万国全图》（图 435）。该图长 4 米多，高 1.8 米，由 6 块屏风拼接而成，是一幅巨型绘制。

这是一幅以中国为中心的地图。小西洋和小东洋，大西洋和大东洋，东西分明。尤其地图上的"大西洋"今天依然是大西洋。地图把今天的红海称

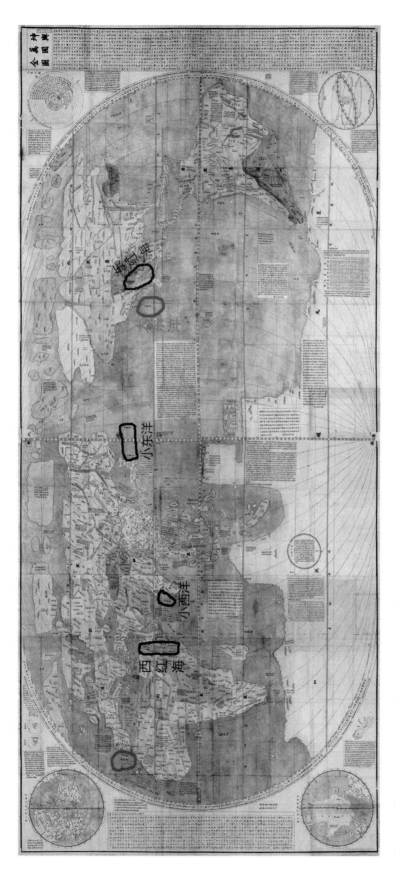

图 435 坤舆万国全图，1608 年彩版（根据 1602 年原刻）以非洲大陆西端为经度 0 度

作"西红海"，墨西哥的加利福尼亚湾称为"东红海"（图436），对这两条狭长的内海了解到如此程度，令人动容。地图是以一千多个中文地名标注。

利玛窦在地图上写了一个题录，声称坤图是根据他带来的一幅西方地图"鄙邑原图"，"重为考订"，增益而成（"增国名数百"）。就是说，坤图是他画的，真是无耻之尤。

利玛窦和当时西方地图的绘制者，只有一些粗浅的世界地理知识，没有可能画出坤图这样详尽的世界地图。

当时的欧洲人，还把中国当成300年前马可波罗给他们描绘的"契丹"（Cathay）。马可波罗搬用了蒙古人的说法，契丹的南方被称作"蛮夷"（mangi），所谓蛮子省。后来葡萄牙人开通了从欧洲直达中国的海路，欧洲人一头雾水，搞不清葡萄牙人在广东珠江口登岸的这块土地，是不是就是马可波罗笔下的契丹？

说来可笑，利玛窦来中国最重要的任务之一，就是要搞清中国和契丹是否是同一个国家。百度百科说："利玛窦首次（1598年）北京之行收获颇丰。他首先证明了《马可波罗游记》中记载的契丹就是中国，

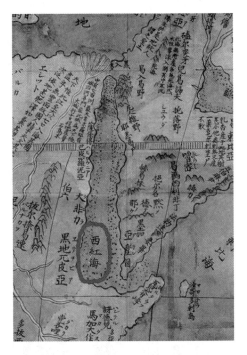

红海是西红海

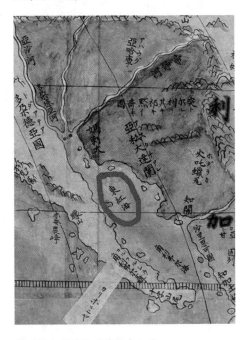

墨西哥加利福尼亚湾是东红海

图436

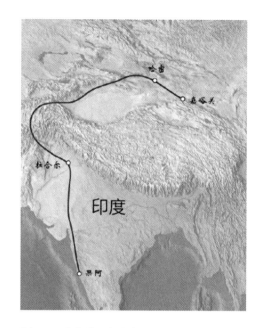

图 437　鄂本笃从印度出发寻找契丹

而国都'汗八里'即是北京。"利玛窦之前竟然不知道契丹就是中国，可见他的世界地理知识是多么不堪。

为了完成同样任务，耶稣会还派了一位在印度传教的葡萄牙人，名叫鄂本笃（Bento de Gois），1602 年他从印度出发，途经阿富汗，翻越帕米尔高原，1605 年抵达中国甘肃酒泉，终于弄清楚了契丹就是中国（图 437）。

最后终结这个问题的，是耶稣会士卜弥格。他来中国一个重要目的就是考证马可波罗提到的契丹地名，终于在17 世纪50 年代绘成《大契丹就是丝国和中华帝国》地图集，有了比较准确的中国地图。

再来看当时欧洲的地图绘制水平。现在一致都说利玛窦带来的是比利时地图绘制师奥特柳斯于 1570 年出版的《世界地图》（图 438），号称是近代第一幅世界地图[①]。地图上契丹（Cathaio，加泰）和中国，分别标注。

就算 1578 年利玛窦来华带来这张世界地图，第一眼我们就会发现，这幅地图绘制风格与坤图绘制风格完全没有相似性，尤其该地图没有画出朝鲜半岛。而坤图画的朝鲜半岛非常准确，地名详尽（图 439）。

比奥特柳斯更有名的荷兰地图绘制师墨卡托，就是所谓发明"墨卡托投影"的那位，16 世纪 70 年代也画过一张东亚中国地图，也没有画朝鲜半岛（图 440- 左）！他还是沿用马可波罗的说法，把中国标注为契丹和契丹南方"蛮夷省"。

英国最著名的同时代地图绘制师约翰·斯皮德（J. Speed），被称为"英国的墨卡托"，1626 年出版一幅地图，终于有了朝鲜半岛，但却是一个像一根

---

① 　这幅图很可疑。1521 年麦哲伦才好不容易完成环球航行。只用 50 年欧洲人就完成全球测绘？

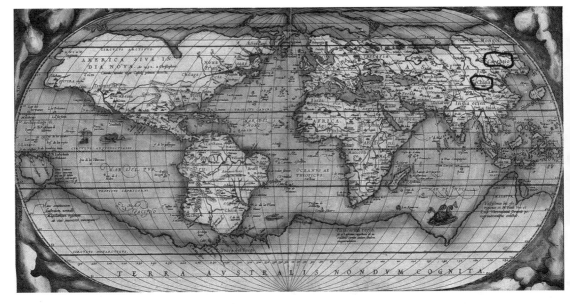

图 438　奥特柳斯《世界地图》，分别标注加泰与中国，没有朝鲜半岛　1570 年

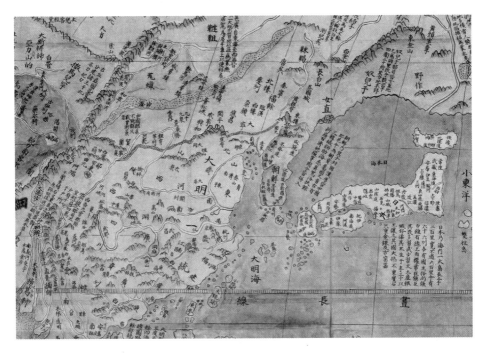

图 439　坤舆万国全图绘制朝鲜半岛非常准确，地名详尽

　　言不必称希腊——以图证史（上）

墨卡托绘中国地图，也没有朝鲜半岛   斯皮德绘《中国地图》，朝鲜是像一根胡萝卜
16 世纪 70 年代   的竖条海岛   1626 年

图 440

竖胡萝卜的海岛（图 440- 右）。当时的欧洲地图要么没有朝鲜半岛，要么把朝鲜半岛画成竖条胡萝卜。

这就是当时欧洲最顶级的世界地理和世界地图的水平。

再来看金尼阁 1615 年在欧洲出版利玛窦的遗稿《基督教远征中国记》，封面上有一幅中国地图。原图以西为上东为下。现转到以北为上看更清楚（图 441- 左、中），中国地形画得极其粗劣。这图的朝鲜半岛，也是一根胡萝卜。

这里要问，既然 1602 年利玛窦能画出朝鲜半岛非常准确的坤图，怎么到了 1615 年了，他的"札记"封面上朝鲜半岛还是一根胡萝卜？

甚至直到 1667 年，基歇尔出版《中国图说》，封面上的中国地图也是极其粗略（图 441- 右）。

因此，利玛窦绝对不可能超越当时欧洲人的世界地理知识，画出像坤图那样准确的世界地图。《坤舆万国全图》完全是中国人自己画的世界地图，利玛窦只是在上面，加了一些欧洲当地和其他地区的地理名字。

中国自古官府就有专门负责地理地图的机构官员，叫"职方"。1986 年，甘肃天水放马滩出土了 7 幅战国末期的木板地图，还有一幅西汉的纸质地图。这是世界上最早的地图，迄今 2300 余年。

金尼阁《基督教远征中国记》封面　1615 年

封面的中国地图，朝鲜像一根竖胡萝卜的海岛

基歇尔《中国图说》封面　1667 年

图 441

　　著名的宋代 1136 年石刻的《禹迹图》（图 442- 上），已经运用"计里画方"的方法，就是打方格画地图，非常先进，非常现代。明初明太祖时已经有一幅画欧亚非大陆相当成形的世界地图《大明混一图》（1389 年），尽管左边的欧洲和非洲缩小变形，但仍然可辨。

　　海外学者李兆良先生潜心研究《坤舆万国全图》，认为"郑和等人带领二十万人次，经历 28 年的大航海，沿途测绘世界地理"，在 1430 年已完成对美洲的测绘。坤图是郑和大航海经验的总结。

　　尤其坤图左上角的北极投影地图（图 442- 下），极其精准，基本重合现代卫星拍摄北极的照片！无论是 1602 年的利玛窦，还是同时代欧洲地图绘制者们，都绝无可能画出这样精准的北极地图。

　　意大利耶稣会士艾儒略，1623 年与杨廷筠合作，号称重新绘制利玛窦的《坤舆万国全图》，改名为《万国全图》（图 443）。据说他将自己名字题于左上角，将地图作者权窃为己有。其实这也是一幅明初中国人画的世界地图，最西边的是"大西洋"，最东边其实是同一个大西洋标为"大东洋"，这是一种以中国为中心的任性（而《坤舆万国全图》的"大东洋"是在美国和墨西哥的加利福尼亚附近）。

《禹迹图》，北宋
1136 年

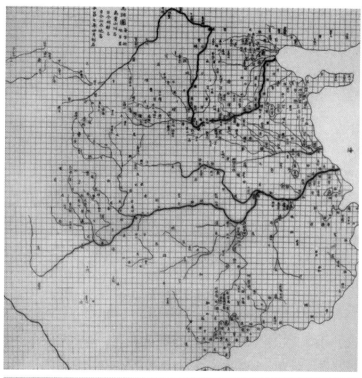

坤舆万国全图的
北极投影图，高
度精准

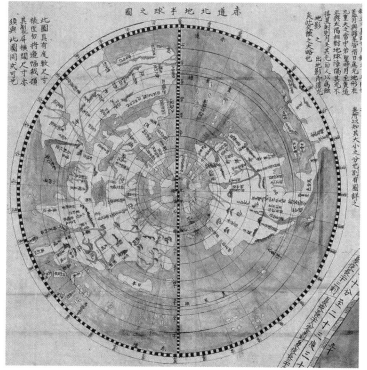

图 442

源远流长的西方历史、考古和文物造假

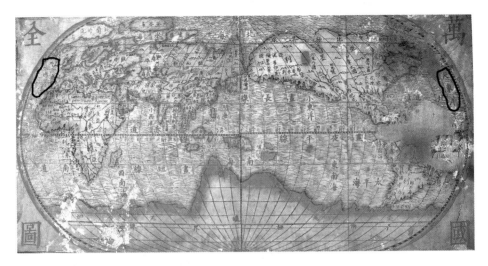

图 443 艾儒略"重绘"的《万国全图》 1623年

据李兆良先生的微博（2020.12.08），1542年罗马教皇有一个地球仪，上面标注的"东洋"（oceanus orientalis）和"西洋"（occidentalis），竟然是同一片海（图444）。西方人抄中国地图，抄作业都抄错。

中国明朝宫廷内府秘藏的中国科技知识，包括郑和远航完成对全世界的地理测绘资料，遭到传教士的偷盗，后来遭到满清统治者和西洋传教士的联合销毁，今天毁灭殆尽。

《坤舆万国全图》完全是由李之藻，依据明朝内府拥有的郑和测绘世界的地图资料，主绘而成。利玛窦只是提供了一些欧州地名，就大言不惭说是他画的，贪天之功据为己有。

李兆良先生2021年2月28日发表《坤舆万国全图的挑战——不谈地图测绘数据是枉然》一文，再一次指出：欧洲"从托勒密的地图到利玛窦死后200年的地图都是错误的……欧洲人几百年来找不到《坤舆万国全图》欧洲文字的地图原本"。《坤舆万国全图》正确地标出了北美阿拉斯加的高峰和海湾，而欧洲人抄袭出错，将其标到勘察加半岛。

又有2021年3月的最新消息：欧洲一些宣传利玛窦的机构网站，已彻底删除了利玛窦绘制《坤舆万国全图》的条目和网页，说明欧洲人已经放弃利玛窦是坤图作者的说法。

中国明朝所达到的科技成果的辉煌，令我们今人难以想象。《坤舆万国全

罗马教皇拥有的地球仪　1542 年　　　　东洋和西洋混为一谈

图 444

图》的北极投影地图，我们无法想象是怎么测绘出来的，就是明证。

《崇祯历书》被篡改，《西洋新法历书》不西洋

利玛窦时代的欧洲并没有自己的天文学。欧洲最早的国家天文台——法国巴黎天文台 1667 年才建立，英国格林威治天文台 1675 年建立，是利玛窦死后半个多世纪之后。就是说，要等到耶稣会士直接从中国搬回了中国天文学知识之后，西方才有了最早的天文台。

没有天文学，哪来的历法？

在 13 世纪蒙古人西征之后，中国天文历法知识通过波斯阿拉伯传到欧洲，欧洲才可能有历法。

在利玛窦来中国的 1582 年，教皇格里高利十三世宣布颁行新历法——格里高利历，取代原先儒略历。这个儒略历据说是从前 45 年就开始使用，实际上不可能。儒略历使用的时间不会很长，但已经误差了 10 天。教皇大笔一挥，直接删去 10 天，将 1582 年的 10 月 5 号改为 15 号！这就是当时西方的历法水平！

格里高利历来历不明。现在说法是由一位名叫阿罗伊修斯·里利乌斯

（Aloysius Lilius）的意大利维罗纳医生、天文爱好者发明，但其人生平不详。有研究者认为是 16 世纪初最早来中国的葡萄牙人在澳门获得了中国《授时历》，转给教皇，依照《授时历》制成格里高利历。此说更为可信。

英国人信奉新教不听天主教的罗马教皇，坚持用儒略历。到 1725 年 9 月 3 号，实在挺不下去了，才改用格里高利历。一夜之间，时间跳到 9 月 14 号，少了 11 天，导致英国市民骚乱。

俄罗斯 1917 年所谓"十月革命"，是儒略历的 10 月 25 日。而实际上，这一天是 11 月 7 日，差了 13 天。苏联是 1918 年 1 月 26 日才采用新历。

这就是欧洲历法的真相。

耶稣会士来中国，除了传教，最重要的任务就是来中国偷窃科技知识。他们出发前大多在欧洲都有结对的通信人，将他们在中国获得的各类知识用信札寄给通信人，把买到弄到的中国书籍寄回欧洲。

天文历法知识，不是某个个体可以单干出来。天文历法只能是众人集体，几代几十代，千百年积累出来。

天文历法服务于农业，不误农时需要准确的节气定时，所以中华文明从一开始就注重天文历法。

早在两汉，中国天文历法就达到极高水平，到元代达到空前的高峰。中国伟大的天文学家郭守敬（1231—1316），推算出回归年长度为 365.2425 日。现在是 365.2422，仅有小数点之后 4 位数微小误差，一年误差仅 26 秒！

1582 年西方的历法一年误差 10 天，而之前 300 年，中国元朝郭守敬的历法已精确到一年只差 26 秒！这是何等巨大的差距，简直相距天壤。

正如李兆良先生说："实际上，以西方传教士挂名的著作：天文，数学，机械，水利，农学等等，全部是明代官员根据中国文献改写，冒西方传教士名出版……利玛窦对世界的贡献是把中国的科技带给西方，不是反之。整个西学东渐是一场骗局，本来骗皇帝，结果骗了全中国 400 年。"

崇祯二年（1629 年），礼部尚书徐光启（徐保禄）受命主持重修历法。作为天主教徒，他几乎一切都听命于传教士。他邀请西方传教士参与"崇祯改历"。要知道，制定历法属于中国帝王最重要的国家事务之一。

自徐光启主修崇祯历法，开始了洋教士参与并掌控中国皇家天文台的可悲历史。

最早受邀参与编修《崇祯历书》的传教士，是德国人邓玉函（J. Schreck）和意大利人龙华民（N. Longobardi）。这两位并非天文学家：邓早年学医，龙是学文学哲学神学出身。接着又举荐德国人汤若望（J. Adam Schall）和葡萄牙人罗雅谷（G. Rho）参与其事。他们都不是研究天文历法的专业人士，都是业余，是真正的"民科"。

这些传教士们只能是借助于中国信徒，趁着改历，直接学习高度机密的中国天文历法知识，边学边干。

翻阅《元史》第 10 卷，有 300 多页专门讲天文历法，精确标出"岁实"（一回归年）为：三百六十五万二千四百二十五分，还研究"岁余岁差"等现象，精确到"分"和"秒"。对于"交食"（日月亏蚀），详细记载了从《诗经》《尚书》开始，"三千四百（零）八年"间的日食月食现象……传教士只需稍有数学基础，稍加钻研，就可以"速成"为天文历法工作者。

汤若望成功忽悠了中国皇家天文机构——钦天监的官员李祖白，让他受洗皈依了天主教。在李祖白的"辅助"下，搞文科的汤若望，迅速成为"天文学家"。

后来的耶稣会士钱德明曾在信中说："天文学家传教士都不编制历书，他们从不负责为中国人计算数据。他们的职责仅为审核历书……"[①]

自然，这些业余的传教士"新法"代表队，在推算和观测中多有差错，有时误差还很大。由于明初明太祖禁止民间研究天文历法，致使中国士人研习天文历法知识大受限制。所以另一个由布衣魏文魁领队的中国队，使用中国"旧法"推算，也有失误，但有时比新法更准确，各有胜负。正是这个原因，1634 年历书完工之后，崇祯皇帝一直没有下诏颁行。

明朝覆亡清朝初立，出于一种对汉族士人的不信任，顺治皇帝重用耶稣会士。1644 年，清廷迁都北京伊始，就把汉人赶出了钦天监主管的位置，竟然任命洋人汤若望担任钦天监监正（国家天文台台长）。从汤若望开始，到最后一位钦天监监副葡萄牙人毕学源（G. P. Pereira）于 1838 年去世，数十位西方传教士掌控中国国家天文台长达近 200 年！

顺治二年（1645 年），汤若望将原先有 137 卷的《崇祯历书》，删减为

---

① 毕诺，第 8 页。

103卷，公然改名为《西洋新法历书》，提交清廷颁布施行。

中科院自然科学史研究所的李亮先生，中国科技大学的吕凌峰和石云里先生，合写过一篇《被"遗漏"的交食——传教士对崇祯改历时期交食记录的选择性删除》。

他们通过对照韩国奎章阁藏明刻本《崇祯历书》中的《古今交食考》和《治历缘起》等资料，发现汤若望在删改《崇祯历书》时，不仅删去崇祯7年（1634）3月日食新法推算出现的明显失误，还删去另外9次交食的记录。就是说，超过三分之一的交食，新法推算失利的信息记载被删除！

与此同时，汤若望也把记录改历过程的《治历缘起》，从12卷删减为8卷，也是删去三分之一。对于新法不利的奏疏等信息，通通被删除。中国原有的大统历被贬诬，"西洋新法"的准确性被夸大……

这是一种何等重大的历史篡改和造假啊！

如果没有韩国保留的原始版本，《崇祯历书》被动过手脚遭篡改，就永远不为人知晓，伪史就成了正史。

正因为汤若望肆意篡改原始历史文献，掩饰西法失误，以致今天的我们，都以为西洋新法推算每次都"与天密合"，比中国旧法更精准。

而事实上，汤若望完全没有用什么"西洋历法"，因为当时西方国家刚刚用上源自中国的格里高利历，西方还没有国家天文台，哪来的天文观测？哪有什么西洋历法？汤若望无非是靠了李祖白，装模作样。真正干事的，还是中国天文官员。所以这部所谓的《西洋新法历书》，其实依然是中国自己的历书，根本上延续了郭守敬的《授时历》。汤若望故意特别强调"西洋"，实在无耻。

耶稣会士为了夸张"西洋文明"，毫无廉耻地把中国的东西说成是他们的东西。在成功进入中国皇宫之后，又直接篡改中国文献，使中国史籍的可信性也遭受污染。

科学网胡刚的《科技不是西方文明，只是把中国御书房书籍改抄》一文揭露：西方近代科技书籍，是源于对中国御书房书籍的翻译和改抄。中国朝廷的御书房，是一个科技宝库。"西方传教士在中国皇宫御书房，这个开放的学院里，待了数百年。他们是在中国皇宫御书房里，成为各种科学家的。"清初，"所有汉族官员被赶出了皇宫御书房……汤若望被孝庄皇后认做干爹，获得自由进出御书房的权利……（传教士们）最终将皇宫御书房抢劫一空。"

在清朝，明朝皇家档案遭到毁灭性销毁。明朝郑和下西洋的航海史料消失得无影无踪。"世界有史以来最大的百科全书"明朝《永乐大典》神秘失踪，全书 11095 册（22877 卷），今天残剩 800 余册。

据王彬主编《清代禁书总述》，有 3236 种书籍被满清统治者禁毁。清朝编纂《四库全书》，销毁了 13600 卷对满清不利的书籍，总数 15 万册。除了焚毁书籍，满清还对明代档案进行系统地销毁。今天明代档案仅剩 3000 余件，据估计不少于 1000 万份明代档案被销毁。

宋应星的《天工开物》，一部中国先进工农业科技的总汇，被誉为"中国 17 世纪工艺百科全书"，在清朝也被禁毁。由于传教士们的辛勤搬运，《天工开物》17—18 世纪传播到欧洲，但在中国竟然失传。今天的版本，是民国时期从日本找回来的。

明朝科技档案在清朝大量消失，除了清朝统治者贬抑汉人和编《四库全书》的原因之外，进入中国皇宫受到皇帝宠幸的西方传教士们，无疑脱不了干系。

正因为明朝典籍的巨大空白，我们今天对西方传教士在中国肆无忌惮的造假难以察觉，反而迷信传教士们的无耻说法——《坤舆万国全图》是利玛窦画的，《时宪历》是汤若望编的。

历史的阴谋，竟然在 400 年前，明末清初的中国就已经展开。

人造石，人造石，人造石，
埃及遗址只是横店影视城而已

——兼答《观察者网》L 先生

2021 年 1 月 23 日，我做了《以图证史：从希腊出发追索西方虚构历史》直播讲座（图 445）把之前拙书稿发在微信公众号的 8 个片段合在一起讲，讲了 8 个问题。但网民只抓住埃及金字塔一个问题，感觉是被带歪了节奏，聚焦到我讲古埃及造假的一个局部小问题。而其他同样重要，希腊雅典、两河文明和波斯文明遗址造假，钢铁是中华文明第五大发明等却被忽略了。

其实埃及金字塔是不是混凝土，已没什么好讨论的。两位世界最顶级的材料科学家，法国戴维多维茨（J. Davidovits）和美国巴索姆（M. Barsoum）教授，已明确宣布埃及大金字塔是"假石头"，是人造石（图 446）。

戴维多维茨什么人？材料科学的国际学术大咖。他拥有法国国家功绩勋章（Ordre National du Mérite）。1994 年，获美国全国科学技术协会和材料学会联盟授予他金绶带奖。他是美国化学学会、美国陶瓷学会和美国混凝土研究所会员，纽约科学院院士，头衔多得吓人。他还撰写或合作撰写了几百篇科学论文，并获得 40 多项专利，是一位真正的学界大牛。

图445 《以图证史》讲座海报

图446 埃及大金字塔是模制的人造石，是科学确证，无需再论

巴索姆什么人？他拥有400多篇被高度引用的发表文献。2009年，成为德雷塞尔大学的格罗夫纳讲席教授。他是瑞典皇家工程科学院国际院士，美国陶瓷学会和世界陶瓷学院会员。2000年，他被授予洪堡－马克斯·普朗克研究奖。2008年，为瑞典林雪平大学的客座教授。之后在伦敦帝国理工学院做研究，并在2017年获得法国格勒诺布尔纳米科学基金会卓越奖。2020年又

获得世界陶瓷学院国际陶瓷奖⋯⋯也是一位专业大咖。

至于他们两个认为金字塔历史古老，那是另外的问题。我的讲座也明确说："戴维多维茨并不认为金字塔是现代伪造，而是坚定维护金字塔的历史真实性。"但一些网民抓到这一点，以为我回避这一点。比如一个名叫LC的在《观察者网》上发文"这位教授的论据让人哭笑不得"，就以这一条来质疑我。真是可笑。首先该先生可能小时候逻辑能力先天缺陷，我们讨论的是金字塔是否是混凝土。我引用他俩也仅仅引用他们认定是混凝土的结论。至于金字塔建造的时间，我是用历史图像证明，金字塔建于1809年之后。但这位L先生用两位科学家承认金字塔是古埃及人建造，来否认我认为金字塔是混凝土建的，逻辑在哪里？这才让人哭笑不得！

他还放出一张西方有人在17世纪测量过金字塔的图片。他不知在我视频里，有众多宣称到过埃及，甚至自称爬过金字塔的西方人，画了形形色色千奇百怪的金字塔图片，可以铺一个长廊，没有一幅是真的。这位测量者的图片也能当真？

这位先生显然没有看过我的视频。不了解论证就质疑、嘲笑，似乎缺乏一个读书人起码的素质。他也只有在知乎这种经常有邪气带节奏的平台上混混而已。

两位世界最顶级的材料科学家已认定埃及大金字塔是混凝土，已是最终的科学结论，没有什么可以再讨论的。

还有一些网友质疑我引用福缅科。他们忽略了沸点视频2分多钟的采访小视频里就有一页讲座PPT："尽管福缅科基于俄罗斯中心论，把蒙古帝国说成是俄罗斯帝国，也质疑中国明代长城，确有相当多的观点缺乏根据站不住脚。但他质疑西方古代历史的论证里面，相当一部分是有实证，极富启发意义，值得重视。"

我明确不认同福缅科的一些谬论，但不妨碍他还有别的真知灼见。正如苹果有一小块烂了，其他部分还是可以吃的。

还要回应一些考古界人士：不去考证那把在土耳其发现的铁刃铜柄匕首是什么玩意儿（图301），不去实践一下，陨铁是不可能直接锻打成高硬度的刀剑铁刃。一味迷信西方伪科学论证只要含有镍就是陨铁，把中国商朝的铁刃铜钺说成陨铁，从而把钢铁的发明——中华民族第五大发明、甚至是最重要的发明之专利拱手让人，迷信西方考古学灌输给中国人的"冶铁西来说"，这才是中国考古界崇洋"官科"的耻辱！

还有人举证1623年意大利传教士艾儒略出版的《职方外纪》描写过金字塔，1672年比利时传教士南怀仁出版的《坤舆图说》介绍过"七大奇迹"之一埃及"尖形高台"。其实，这两位传教士根本就没见过金字塔，也是风闻西方一些"东游记"文字和图片，来对中国人吹嘘西方而已。中国人民太善良，以为西方人写在书里的就是真的。他们不知道西方人历史造假，是多么的无底线！

西方19世纪（乃至20世纪上半叶）的考古学，大量都是"造古学"。

西方在13世纪蒙古人西征之前，或者在纸张传入欧洲之前的历史，基本不可信。西方古代史是不折不扣的故事学。

下面想来谈一谈西方的人造石问题。

自从16世纪中欧海路开通，中国瓷器大量涌入欧洲，非常金贵，被喻为"白金"。西方人立即想尽各种办法，研究仿制中国瓷器。这种珍贵人造石，需要特殊配方和1200℃高温才能烧制出来。但西方由于没有找到高岭土，也没有获得窑炉高温的技术，这种努力长期没有成功。

直到18世纪，一位法国耶稣会传教士殷弘绪（Francois Xavier D'entre-ecolles），专门到江西传教12年（1707—1719年），兼职经济间谍，终于偷窃走了中国制作瓷器的配方秘密。西方才有了自己的瓷器。

有意思的是，有心栽花花不开，西方长期仿造不出来中国瓷器，无心插柳却研制出各种各样的人造石。水泥首先在西方发明，不是偶然。

感谢一位同道爱国网友给我提供了人造石（artificial stone）相关信息。根据维基百科：

西方17世纪发明了人造石，18世纪传入英国。英国女商人伊莲诺·科德（Eleanor Coade），发明了一种独家秘方的"科德石"（Coade stone），属于陶瓷石，风靡于1769年到1833年的英国。

1844年，出现一种专利硅质石，是将沙子和燧石粉置于碱性溶液，通过高温蒸汽锅炉加热，将硅质颗粒黏合在一起，可以做花瓶、墓碑、砂轮和磨石。可见，这是一种高硬度的人造石。

它可以做墓碑，甚至做砂轮，实际上已是一种人造花岗岩了。

紧接着出现一种"维多利亚石"（Victoria stone），将碾碎的花岗岩细粒和波特兰水泥机械混合，浇入模具定型，再放入硅酸钠溶液中浸泡大约两周，使其硬化。这种使用花岗岩粉的人造石质地紧密，非常耐风雨抗污染。

最新的人造石叫"工程石"（Engineered stone），混合大理石粉或石英粉、树脂和颜料，用真空振荡，铸造成块。制作人造大理石，不在话下。

许多人造石配方，是行业内部的核心机密或家传秘方，高度保密，秘不示人。

我是在 17 世纪法国旅行家斯蓬的《东游记》里，第一次发现"浇铸石"（pierre fondue）的说法（图 447）。英语叫 Cast stone（铸石），是人造石的另一种称呼。斯蓬描述，在当时法国里昂已大量运用"浇筑石"。还提到日内瓦有一座使用人造浇筑石的巨大十字架。可见在 17 世纪，西方人造石已开始进入日常生活。

根据维基百科，"铸石"是一种模拟天然石材的建筑石块，成分是水泥、砂子、细碎石或优质天然砂砾和矿物颜料，其物理性能超过大多数天然建筑石材。

铸石可以替代天然石灰石、褐砂石、砂岩、青石、花岗岩、板岩、珊瑚岩等天然建筑石材。这就是说，人造石可以模仿几乎所有的天然岩石。

到了 19 世纪，西方人造石技术已经非常成熟。有大量专利石头，配方绝密。人造石灰石，人造花岗岩，都是小意思。

我们一直没有注意到西方大量使用人造石，没有注意到西方的人造石可以做得几乎跟真的一样，非常像天然石灰石和天然花岗岩，很坚硬。

比如英国人造"科德石"，用途广泛，可以用作建筑石块，代替天然花岗岩石块。伦敦很多城市建筑，甚至白金汉王

图 447　斯蓬 1674 年《东游记》里描述"浇铸石"（pierre fondue）

宫，都用到科德石块。

也许你走在西方城市街道上，人行道旁的石墙你以为是天然石，其实是人造科德石（图448）。

科德石也可以用来浇铸公共雕塑，石质优良，逾百年依然很新（图449）。看上去是石雕，其实是浇铸的假石头。

但，人们做梦也不会想到，西方会用人造石来伪造古文物和古遗址，伪造古代雕刻。

首先戴维多维茨惊人揭示，一些古埃及的硬石罐是人造的，是人造硬石（图450）。我在希腊克里特岛博物馆，见过一模一样的硬石制品，现在可以肯定也是人造硬石。

图448　德国的科德石块街门

戴维多维茨还揭露，南美玻利维亚普玛彭（Pumapunku）神庙遗址的火山岩，非常硬，也是人造石（图451）！而遗址号称有1500年甚至2万年历史。

俄罗斯科学家曾从埃及神庙遗址提取花岗岩样本，用电子显微镜分析，发现样本的花岗岩颗粒排列不规则，证明不是天然花岗岩，而是人造花岗岩（图452-左）。

一些花岗岩上的象形文字，刻痕深又干净。即使用现代工具，也难以在天然花岗岩上刻出这样的刻痕。只有浇铸人造花岗岩，当岩体还没有完全硬化时，才能刻出如此光滑的刻痕（图452-右）。

埃及神庙遗址里，可以发现大量人造花岗岩被用来做墙体、柱子和雕刻。有一些人造花岗岩出现破损现象，说明人造的终究比不上天然的，时间一久就会开裂，剥落（图453、图454）……

图坦卡蒙墓里沉重的石英岩棺椁，体量比入口大，被怀疑是在墓里面浇铸（图455）。图坦卡蒙墓里的文物都是伪造的，前文"法老的诅咒"篇有

科德石浇铸狮，伦敦威斯敏斯特桥　　　　　科德石浇铸狮身人面像

图 449

图 450　戴维多维茨揭露古埃及硬石罐是人造石（pierre artificielle）

图 451　南美玻利维亚普玛彭古遗址是人造火山岩

附录　人造石，人造石，人造石，埃及遗址只是横店影视城而已

花岗岩颗粒排列不规则，不是天然花岗岩

只有在人造花岗岩没有硬化时，才能刻出如此光滑的深痕

图 452

图 453　埃及神庙柱子的人造花岗岩破损剥落

图 454　埃及人造花岗岩雕像，表面剥落

图 455 图坦卡蒙墓的石
英岩棺椁体量比入口大

迈锡尼狮门拱巨石涉嫌浇铸石　　　　　　黎巴嫩巴勒贝克巨石涉嫌浇铸石

图 456

专论。

　　人造石还涉嫌用于伪造西方古代遗址。希腊迈锡尼的狮门，高度疑似浇铸石。黎巴嫩巴勒贝克古罗马遗址 2000 多吨的巨石，也涉嫌是浇铸石（图456）。

　　维基百科承认：人造石用途广泛，可以就近在现场铸造，免去运输石头。这一条太关键了！坐实了我长期的怀疑：大部分西方古代遗址附近都没有采石场。希腊巴塞的阿波罗神庙等古代建筑遗址，都处于荒僻之地，只能用人造石来建才可以解释。因此，大部分西方古代遗址都涉嫌使用人造石。

　　其实，人造石是破解西方伪造古代建筑和古代遗址的命门。

土耳其帕加马宙斯祭坛遗址

希腊德尔菲阿波罗神庙遗址

图 457

　　回想起来，土耳其帕加马的宙斯祭坛和希腊德尔菲的阿波罗神庙，两处遗址都是一个石块的平台，平台上都是井字形方格子，非常相似（图 457）。

　　那些石块块形整齐，比较了一下，石质也非常相似（较细腻）。请看德尔菲遗址的石块（图 458），切割整齐，绝不是钢凿打凿出来的石块，高度涉嫌是用统一模具浇铸出来的人造石，极其像中国泥制压模的青砖。

图 458　德尔菲遗址的石块不是凿出来的，而是模制，像切割整齐的青砖

事实上，这些石块的风化，也非常像青砖的损毁。

德尔菲遗址，是 1880 年由法国人"发掘"的。帕加马遗址是 1878 年由德国铁路工程师卡尔·胡曼（C. Humann）"发现"的。胡曼之前修过公路和铁路，真是不会修路基搞石砌的不是好考古学家。

人造石还可以用来伪造古代雕刻。伊拉克据称建于古罗马时期的哈特拉古城，是联合国"世界文化遗产"。结果城里的古罗马雕刻被砸，一铁榔头下去，里面竟然有一截钢架（图 459）！

伊拉克博物馆里的古代雕刻也一样，砸毁以后里面有钢筋，确证这些所谓的"古代雕刻"是现代人造石伪造的（图 460- 上）。这也同时表明，在当今西方博物馆里，用人造石伪造古代雕刻，非常普遍。

福缅科的视频也有揭露，人造石可以作为加工艺术雕像的材料，"作为艺术品的雕塑使用比较柔软的人造石，在今天已经随处可见了"（图 460- 下）。一些看上去是古代雕刻，其实是现代人造石浇铸塑像。

人们做梦也不会想到，我们一直以为，西方雕刻家技艺高超，能雕刻出与真人完全一样的雕刻。而真相却是，这些古代雕刻不是雕刻出来，而是浇铸出来的，是人造石塑像。

伊拉克哈特拉古城古罗马雕像原貌

伊拉克博物馆古代雕像被砸，里面露出钢筋

极端组织成员砸雕像，
头像碎落竟露出了一截钢架！

图 459

人造石浇铸雕像

图 460

　　用人造石浇铸来伪造古代雕像，技术上毫无问题。制模与制作石膏像一样，可以是真人制模，也可以用泥塑制模。往模具里灌入人造石的粉浆，固化以后拆掉模具，就可以获得人造石塑像（图461、图462）。

　　英国的科德石，就曾大量被用来做仿古雕像。科德旧居里，就有仿古面具。我在土耳其经常可以看到，类似这种面具的"古代雕刻"。

　　英国老皇家海军学院大门，纳尔逊门上的仿古科德石浇铸塑像，看上去与帕加马宙斯祭坛的"古希腊雕刻"没什么区别。而帕加马的"古希腊雕刻"，已确证其伪造。纳尔逊门的科德石浇铸塑像，可以做得与"古希腊雕刻"没有差别，也是证伪"古希腊雕刻"的又一证据（图463，464）。

图 461　用真人石膏制模

用泥塑像制模　　　　　　拆去模具，获得石膏或人造石塑像

图 462

图 463　人造科德石浇铸古典塑像，格林威治老皇家海军学院纳尔逊门

人造科德石浇铸古典塑像（前图局部）

德国柏林帕加马博物馆"古希腊雕刻"

图464

　　　　　　　　　　　　　　言不必称希腊——以图证史（上）

还有一尊用人造科德石浇铸的仿古花神塑像，其复杂的衣纹表现，与博物馆里"古代雕刻"，完全没有区别（图465）……

图465　人造科德石浇铸像《法尔内塞花神》，可以塑造精致的衣纹褶皱

西方也曾爆出伪造古代雕刻的丑闻。意大利天才造假雕塑家多塞纳，伪造了许多"古希腊"和古代雕刻，卖给西方最著名的大博物馆（图411）。

1937年，又有一位意大利裔法国人克雷莫奈斯，伪造萝卜地里的一尊维纳斯雕像，引起法国轰动。这件"萝卜地里的维纳斯"与卢浮宫里的断臂维纳斯非常接近，可以结为姐妹（图412）。而断臂维纳斯本身前文已证明也是现代伪造（图233）。

还有大英博物馆里额尔金的大理石雕像，卢浮宫里福维尔的古希腊浮雕，已确证其实为现代伪造（参看前文）。一直觉得，大英博物馆的"命运三女神"不像是雕刻出来，高度嫌疑是人造科德石浇铸（图466）。

卢浮宫里还有一尊卡诺瓦的雕像《爱神吻醒普赛克》（图467-上），每次在现场看，都觉得不像是雕刻的，而是塑造出来的。

2005年，爆出美国哥伦比亚大学讲师卡特森指控米开朗琪罗伪造古希腊雕刻《拉奥孔》。我完全认同卡特森的指控。

当我看到西方人造石可以浇铸"古代"雕像，尤其图465那尊用人造科德石浇铸的花神像，忽然怀疑米开朗琪罗那件成名作《哀悼基督》（图467-下），有极大嫌疑是人造浇铸石塑像，因为那种衣纹是没法雕刻的。

这个世界上本没有什么"古埃及"、"两河流域"和"古印度"文明（三地都处于高温热带沙漠气候），都属虚构故事。

埃及大金字塔，正如戴维多维茨所展示，是用泥砂混合石灰水的砂浆，浇铸出来的一种比较低级的人造石。

所谓"古埃及遗址"，不过是人造石堆出来的主题公园，横店影视城而已……

图466 大英博物馆《命运三女神》高度嫌疑是人造科德石浇铸塑像

卡诺瓦《爱神吻醒普赛克》

米开朗琪罗《哀悼基督》
高度嫌疑是浇铸石塑像

图467

附录　人造石，人造石，人造石，埃及遗址只是横店影视城而已

我们要唤起后浪千千万，努力揭穿西方虚构历史、贬压中华文明的真相。需要说明的是，我并不是一个人在战斗。2019 年 8 月，首届西史辨伪研讨会在北京举行，初步形成"西史辨伪"学派。

魂兮归来，重返中国！